Die offene Gesellschaft

Zuwanderung und Integration

Herausgegeben von
Siegfried Frech und
Karl-Heinz Meier-Braun

Die offene Gesellschaft

Zuwanderung und Integration

Herausgegeben von
Siegfried Frech und
Karl-Heinz Meier-Braun

WOCHEN
SCHAU
VERLAG

Bibliografische Information der Deutschen Bibliothek

Die Deutsche Bibliothek verzeichnet diese Publikation in der Deutschen Nationalbibliografie; detaillierte bibliografische Daten sind im Internet über http://dnb.ddb.de abrufbar.

www.wochenschau-verlag.de

Diese Buchproduktion ist eine Kooperation zwischen der Landeszentrale für politische Bildung Baden-Württemberg und dem Wochenschau Verlag.

Titelgestaltung: Ohl Design
Gesamtherstellung: Wochenschau Verlag
Titelbild: dpa

Gedruckt auf chlorfreiem Papier
ISBN 978-3-89974326-5

Inhalt

Siegfried Frech/Karl-Heinz Meier-Braun

Einleitung: Zuwanderung und Integration

Migration und Integration sind emotional hochgradig besetzte Themen. Die Debatte über Menschen mit Migrationshintergrund wird hierzulande häufig sehr vereinfachend geführt und verstellt eine unvoreingenommene Sicht auf die positiven Seiten gelungener Integration. Bereits alltägliche Beobachtungen reichen aus, um festzustellen, dass vermehrte Kontaktmöglichkeiten zwischen Angehörigen verschiedener Kulturen nicht automatisch zu einem besseren gegenseitigen Verständnis führen. Peter Glotz hat diesen Zustand einmal äußerst treffend charakterisiert: Eine multiethnische Gesellschaft könne nicht „auf der naiven Hoffnung aufgebaut werden, dass die deutsche Arbeiterschaft Hammelfleisch lieben lernt und die französische Bourgeoisie sich für die Kultur des Maghreb begeistert" („Die Zeit" vom 29.9.1989). Wird das „Ausländerthema" dann noch in den Medien populistisch instrumentalisiert, führt dies zu Akzeptanzproblemen der bundesdeutschen Bevölkerung gegenüber Migrantinnen und Migranten. Dies verstärkt den in den deutschen Köpfen ohnehin negativ besetzten Migrationsbegriff. Angst vor scheinbarer Überfremdung, vor Arbeitsplatzverlust und relativer Benachteiligung sind beliebte Schreckensszenarien, die hierzulande noch immer die Tagesordnung – nicht nur der Stammtische – bestimmen.

Dieser vereinfachende und emotional geführte Diskurs hängt nicht zuletzt damit zusammen, dass sich die Bundesrepublik Deutschland mehr als 50 Jahre mit dem Begriff „Einwanderungsland" schwer tat und sich um dieses Eingeständnis „herumgedrückt" (vgl. Meier-Braun 2002, S. 7ff.) hat. Allem Anschein nach hat sich nun endlich die Einsicht durchgesetzt, dass die Bilanz der Zu- und Einwanderung eindeutig positiv zu bewerten ist. Integrierte Migrantinnen und Migranten stellen eine kulturelle, gesellschaftliche Bereicherung und nicht zuletzt einen ökonomischen Zugewinn dar. Doch dies ist nur die eine Seite der Medaille. Regelmäßig wiederkehrende Debatten über durchaus zu konstatierende Probleme (so genannte „Parallelgesellschaften", schlechte Bildungsabschlüsse, Arbeitslosigkeit, religiöser Fundamentalismus usw.) drängen die positiven Aspekte in den Hintergrund.

Eine deutliche Wende in Sachen Migration und Integration zeichnete sich mit der Reform des Staatsangehörigkeitsrechts (2000) und mit dem neuen Zuwanderungsgesetz, das am 1. Januar 2005 in Kraft trat, ab. Mit dem Zuwanderungsgesetz bekannte sich die Bundesrepublik offiziell zu ihrer Rolle als Einwanderungsland. Das Inkrafttreten des Zuwanderungsgesetzes bedeutet die Verabschiedung von einer jahrzehntelangen „Lebenslüge", mit der sich die Politik nicht offen als Einwanderungsland bekannte, Einwanderung zum Tabuthema erklärte und dadurch bei der einheimischen Bevölkerung Überfremdungsängste erzeugte. Es ist offenkundig, dass die bisherige Integrationspolitik im Rückblick „als eine Kette von Fehlentscheidungen, Illusionen und Augenwischereien erscheint" (Lau 2007). Obwohl die grundsätzliche Debatte um die Frage, ob Deutschland denn nun ein Einwanderungsland ist, ein Ende gefunden hat, sind weitere Schritte anzumahnen: die Erarbeitung und vor allem die Umsetzung einer umfassenden und langfristig angelegten Integrationskonzeption. Zwei Kernfragen, mit denen sich die Beiträge des vorliegenden Buches beschäftigen, werden auch nach der Verabschiedung des Zuwanderungsgesetzes weiterhin die Diskussion beherrschen: „Wie viele Einwanderer soll Deutschland angesichts seiner drohenden Überalterung in den kommenden Jahrzehnten aufnehmen? Wie ist ihre Integration zu gestalten, um dem Entstehen von ‚Parallelgesellschaften' entgegenzuwirken?" (Meier-Braun/Weber 2005, S. 23).

Der Weg zum Einwanderungsland war ein reichlich langer

Weg! *Karl-Heinz Meier-Braun* zeichnet diesen langen Weg nach und beleuchtet kritisch die verschiedenen Phasen der Ausländerpolitik. Er bilanziert die Ausländerpolitik seit den 1950er-Jahren, als die ersten so genannten „Gastarbeiter" nach Deutschland geholt wurden, bis zum Inkrafttreten des Zuwanderungsgesetzes im Jahre 2005. *Karl-Heinz Meier-Braun* entwirft ein Panorama der Geschichte der Zuwanderung und analysiert in sechs Phasen die zumeist von arbeitsmarktpolitischen Überlegungen geprägte und unter dem Gesichtspunkt der Integration oft halbherzig betriebene Ausländerpolitik Deutschlands. Vergessen scheint, dass gerade die „Pioniermigranten" (Bade) ein entscheidender Faktor für das deutsche „Wirtschaftswunder" gewesen sind. Die ökonomische Rechnung der Wirtschaft ging auf, die menschliche und soziale Dimension hingegen blieben weitgehend außer Acht. Alle sechs Phasen in diesem Politikfeld waren von zumeist kontrovers geführten und symbolisch aufgeladenen Debatten begleitet. Alle diese Debatten zeigen im Kern, dass Zuwanderer als „Konjunkturpuffer" dienten, primär als volkswirtschaftliches Bilanzproblem betrachtet und dem Gesetz des momentanen Vorteils überlassen wurden. Das am 1. Januar 2005 in Kraft getretene Zuwanderungsgesetz, dessen Eckpunkte von *Karl-Heinz Meier-Braun* erörtert werden, markiert den Beginn einer siebten Phase der Ausländerpolitik. Die Wichtigkeit einer funktionierenden Integrationspolitik wird von der Großen Koalition hervorgehoben und es hat den Anschein, dass sich ein Umdenken in Politik und Gesellschaft abzeichnet. So war der 2006 im Kanzleramt abgehaltene „Integrationsgipfel" (14. Juli 2006) ein richtungweisender Schritt, weil Defizite benannt und Maßnahmen zu einer besseren Integrationspolitik in Angriff genommen wurden. Ein weiteres wichtiges Signal war die längst überfällige „Deutsche Islamkonferenz", bei der Vertreter der Muslime – eine Religionsgemeinschaft mit immerhin 3,2 Millionen Anhängern – beteiligt waren. Eine entscheidende Weichenstellung ist der Umstand, dass man nicht mehr *über* Migranten redet, sondern sie endlich aus der Minderheitennische holt und *mit* ihnen auf gleicher Augenhöhe redet. Ob sich ein Paradigmenwechsel in der deutschen Einwanderungspolitik durchsetzt, muss sich zukünftig noch zeigen. Gleichwohl – so das Resümee des einleitenden Beitrags von *Karl-Heinz Meier-Braun* – besteht auf den Ebenen der Sozial-, Bildungs- und Bevölkerungspolitik ein mit erheblichen Anstrengungen verbundener Nachholbedarf. Solange es kein politisch klares und vor allem realisierbares Integrationskonzept gibt, wird die Illusion aufrechterhalten, dass alleine schon ein Zuwanderungsgesetz und Sprachkurse eine erfolgreiche Integration gewährleisten könnten.

Der Koalitionsvertrag zwischen CDU/CSU und SPD schreibt eine nachhaltige Integrationspolitik explizit als „Schlüsselaufgabe" fest. Dies wird durch die Tatsache unterstrichen, dass *Maria Böhmer* am 29.11.2005 ihr Amt als Beauftragte der Bundesregierung für Migration, Flüchtlinge und Integration antrat. Als Erste in diesem Amt ist sie als Staatsministerin dem Kanzleramt zugeordnet. Schwerpunkt ihrer Arbeit ist die Integrationsförderung der in Deutschland lebenden Migrantinnen und Migranten. Der Beitrag von *Maria Böhmer* skizziert die Integrationspolitik aus bundespolitischer Sicht und benennt die Leitlinien dieser Politik. Der „Integrationsgipfel" war der Auftakt zur Erarbeitung eines Nationalen Integrationsplans, der im Sommer 2007 vorgelegt werden soll. Der Plan soll klare Ziele, konkrete Maßnahmen und Selbstverpflichtungen aller beteiligten Ebenen von Bund, Ländern, Kommunen und gesellschaftlichen Akteuren sowie Kriterien für die Evaluierung und Umsetzung von Zielvorgaben und Maßnahmen enthalten. Entsprechende Arbeitsgruppen wurden zu folgenden Schlüsselbereichen eingerichtet: Weiterentwicklung der Integrationskurse, Förderung der deutschen Sprache, Sicherung der Bildung und Ausbildung, Erhöhung der Arbeitsmarktchancen, die Verbesserung der Lebenssituation von Frauen und Mädchen mit Migrationshintergrund, die Förderung der Integration vor Ort und schließlich die Stärkung der Bürgergesellschaft.

In Deutschland leben 15,3 Millionen Menschen mit Migrationshintergrund. Dies entspricht nahezu 20 Prozent der

Bevölkerung. Davon besitzen 7,3 Millionen eine ausländische Staatsangehörigkeit. Trotz dieser Tatsache tut sich dieses Land mit der Integration der Zu- und Eingewanderten immer noch schwer. *Dieter Oberndörfer* belegt dies zunächst mit einem zeitgeschichtlichen Rückblick. Gerade weil die jahrzehntelange Zuwanderung nach dem so genannten „Gastarbeitermodell" gestaltet und vornehmlich an ökonomischen Interessen ausgerichtet wurde, sind die Debatten über „Einwanderung" und „Integration" bis heute Tabuthemen geblieben. Ein Blick in die Geschichte der Zuwanderung zeigt die Bandbreite unzureichender Integrationskonzepte und den mangelnden politischen Willen, tragfähige Modelle der Integration zu etablieren. Wenn auch Expertenberichte die Blockade teilweise aufweichen konnten, wurden deren Vorschläge nur halbherzig umgesetzt. Notwendige Reformvorschläge für eine sozialverträglich gestaltete Einwanderung wurden oft ausgeblendet oder blieben auf halbem Wege stehen. So entpuppt sich das im Jahr 2005 verabschiedete Zuwanderungsgesetz als ein „Zuwanderungsverhinderungsgesetz" (Dieter Oberndörfer). Seit dem Inkrafttreten im Jahre 2005 ist die Einwanderung nach Deutschland nahezu zum Erliegen gekommen: „Wir haben in Deutschland mehr eine gefühlte Einwanderung" (Wolfgang Schäuble). Deutschland hat – wie im Übrigen die meisten EU-Länder – keine Erfahrungen mit gesteuerter qualifizierter Zuwanderung. Die „Besten in der Welt machen einen Bogen um Deutschland" (Bade 2007). *Dieter Oberndörfer* charakterisiert dieses Vorgehen als kleinmütig, das letztlich zu „miesen Noten für die Zuwanderungspolitik" (Financial Times) führt. Eine sozialverträglich ausgestaltete Integrationspolitik, nicht billige Polemik und Schreckensszenarien „selbst ernannter Experten", entspricht den vitalen Interessen der Aufnahmegesellschaft. Deshalb bleibt die Integration der Zuwanderer eine vorrangige politische und gesellschaftliche Herausforderung. „Leben in kultureller Vielfalt" meint die Akzeptanz von kulturellem Pluralismus und erweist sich als die große Zukunftsaufgabe der bundesrepublikanischen Gesellschaft. Erwähnen sollte man abschließend die Tatsache, dass die Bundesregierung den Sachverständigenrat für Migration und Integration inzwischen abberufen hat und sich somit auch keinem kritischen Rat von außen mehr stellen muss (vgl. Bade 2007).

Seit einigen Jahren erfreut sich die Metapher von der „Parallelgesellschaft" einer hohen Aufmerksamkeit. Neuerdings kursieren gar die Wortschöpfungen „Separatgesellschaften" oder „ethnische Kolonien" (Stefan Luft), die vorschnell und in populistischer Manier als Ursache bzw. Erklärungsmodell für Ausländerkriminalität herhalten müssen. Mit dem emotional aufgeladenen Begriff „Parallelgesellschaft" verbindet sich das apokalyptische Bild einer unkontrollierbaren, das Gewaltmonopol des Staates nicht akzeptierenden, zumeist islamischen Bedrohung. Weitaus nüchterner ist jedoch die rationale Definition des Begriffs: „Parallelgesellschaften" entwickeln sich in einer ethnisch, sozial und weltanschaulich homogenen (Minderheiten-)Gruppe auf freiwilliger Basis in mehr oder weniger deutlicher Abgrenzung zur Mehrheitsgesellschaft. Solche Segregationen sind für die kulturelle und soziale Selbstbehauptung nicht unwichtig, weil sie die Identität stabilisieren und die Integration in die Aufnahmegesellschaft erleichtern. *Matthias Micus* und *Franz Walter* schildern diesen Prozess gelingender Integration am Beispiel der so genannten „Ruhrpolen" und der parteipolitischen Milieus. Gerade an diesen historischen Belegen zeigt sich das Diktum von Klaus J. Bade: „Als bedrohliche Ausnahmesituation aber erlebt die Gegenwart nur, wer die Geschichte nicht kennt" (Bade 1992, S. 9). Gefährdungen für eine demokratisch verfasste Gesellschaft ergeben sich erst dann, wenn „Parallelgesellschaften" den Dialog verweigern und ihre eigenen Werte absolut setzen. Diese Abgrenzung kann mithin als Reflex auf Gegebenheiten der Aufnahmegesellschaft gedeutet werden: Mangelnde Teilhabe- und ökonomische Erfolgschancen, sich dramatisch verschlechternde Integrationsbedingungen und eine nur „partielle" Integration lassen in jüngster Zeit die Empörung gerade der dritten Einwanderergeneration wachsen. Die zu beobachtende neue „Kultur der Armut" lässt eher auf einen Mangel an parallelgesellschaftlichen Strukturen, die eine Brücke zur Mehrheitsgesellschaft schlagen könnten, schließen. Armut und gesellschaftliche Marginalisierung haben nämlich, was mitunter verschwiegen wird, eine immer stärkere ethnische Komponente. So zeigt ein Blick auf die Jugendkrawalle in den französischen Vorstädten, dass der bloße Besitz formaler Rechte und der Staatsbürgerschaft keine hinreichenden Bedingungen für eine gelungene Integration sind. Die Empörung speiste sich gerade aus der nur partiellen Integration. Dies war ein Grund, warum sich die Wut gegen Symbole staatlicher Präsenz (Schulen, öffentliche Bibliotheken, Kindergärten) und gegen Prestigeobjekte der etablierten Schichten (z.B. Autos) richtete.

Spätestens seit PISA (Programme for International Student Assessment), der viel diskutierten internationalen Studie zur Qualität der Schulbildung, hat die deutsche Gesellschaft es Schwarz auf Weiß: Dieses Land verweigert den Eingewanderten strukturell den sozialen Aufstieg. Das deutsche Bildungssystem ist ein Grundpfeiler für die Reproduktion sozialer Ungleichheit. Notwendig sind Maßnahmen einer nachholenden Integrationspolitik, welche die zweite und vor allem dritte Generation der Zu- und Eingewanderten so weit qualifizieren, dass sie auch am Ausbildungs- und Arbeitsmarkt teilhaben können. Der Beitrag von *Inken Keim* und *Rosemarie Tracy* bringt zwei Gesichtspunkte in die aktuelle Diskussion über die unzureichenden Bildungschancen von Migrantenkindern ein: Auf der Grundlage neuerer sprachwissenschaftlicher Forschungen plädieren die Autorinnen für eine Überwindung der Defizitannahme und zeigen anhand konkreter Beispiele, warum es dringend notwendig ist, vereinfachte Vorstellungen über die sprachlichen Kompetenzen von Migrantenkindern zu überwinden. Ergebnisse der neueren Spracherwerbs- und Mehrsprachigkeitsforschung widerlegen weit verbreitete Vorurteile. Bisher ist es offensichtlich nicht gelungen, Bedingungen zu schaffen, unter denen sich das Lernpotential von Migrantenkindern optimal entfalten kann. Aus sprachwissenschaftlicher Perspektive ist das Problem klar zu identifizieren:

Kinder von Migranten sind unterfördert und damit auch unterfordert. Bei der Beurteilung der Leistungen von Migrantenkindern muss daher ein grundlegender Perspektivenwechsel stattfinden, der sich von der Defizitorientierung verabschiedet und künftig das würdigt, was Migrantenkinder bisher unter den gegebenen Lern- und Lebensbedingungen bereits erreicht haben.

Weil sich „Machtbereiche von Gesellschaften" (Andreas Wüst) nicht automatisch öffnen, ist die politische Partizipation und Repräsentation von Migrantinnen und Migranten für eine gelingende Integration und Teilhabe am gesellschaftlichen Leben wichtig. Wahlrecht, parlamentarische Präsenz und die Mit-Entscheidung von Personen mit Migrationshintergrund sind wichtige Elemente der politischen Integration von Einwanderern und tragen zum Abbau struktureller Defizite bei. Es gibt bislang nur wenig empirische Analysen des Wahlverhaltens von eingebürgerten Personen in Deutschland. Aus verschiedenen Gründen hat es lange gedauert, bis Migranten als politisch relevante Subjekte und nicht nur als Objekte der Politik wahrgenommen wurden. Die Arbeiten von *Andreas M. Wüst* zum Wahlverhalten von Migranten haben hier eine entscheidende Lücke geschlossen: Herkunft, Zeitpunkt der Einwanderung, kulturelle und religiöse Orientierung der eingebürgerten Personen prägen die Wahlbeteiligung, Parteibindung und die politischen Präferenzen. Die jeweiligen Parteipräferenzen sind prägnant und hängen in entscheidendem Maße von dem durch die Parteien jeweils vertretenen Gesellschaftskonzept ab: Aussiedler aus Russland und Osteuropa wählen überwiegend die Unionsparteien, eingebürgerte Ausländer favorisieren die SPD und die Grünen. Bei Abgeordneten mit Migrationshintergrund ist auffallend, dass sie der Repräsentation „ihrer" gesellschaftlichen Gruppe einen hohen Stellenwert einräumen und somit die nur unzureichend vertretene (Minderheiten-)Sicht in den politischen Prozess einbringen.

Grenzüberschreitende Wanderungen in weltweitem Maßstab werden in den kommenden Jahren zunehmen. Das daraus resultierende wirtschaftliche Wachstum einzelner Gesellschaften wirft Fragen der Verteilung und des Umgangs mit sich daraus ergebenden Konfliktlinien auf. Die abstrakte neoklassische Sicht bewertet Migration positiv, weil sie den „Reichtum der Nationen" (Adam Smith) mehrt und unvollkommene Märkte ausgleicht. Verlässt man die Gefilde dieser nationalökonomischen Modellwelt, wird offenkundig, dass Migration zu ökonomischen Divergenzen führen kann: Zuwanderung erhöht das Humankapital und Wachstum der Aufnahmegesellschaft. Es ist unbestritten, dass Zuwanderung in langfristiger Perspektive in den Aufnahmegesellschaften Wohlstand sichern hilft. Einwanderung leistet einen günstigen Beitrag zur Wohlstandssicherung, wirkt sich positiv auf die Arbeitsproduktivität und Wettbewerbsfähigkeit einer Volkswirtschaft aus und leistet somit nicht unerhebliche Wertschöpfungsbeiträge. So haben z.B. nachweislich ausländische Unternehmer in den letzten Jahren fast eine Million Arbeitsplätze geschaffen. Die Zahl der Selbstständigen mit Migrationshintergrund stieg seit Beginn der 1990er-Jahre auf 65 Prozent und liegt derzeit bei etwa 300.000 (Rollmann 2007). Innergesellschaftliche Konfliktlinien entstehen dann, wenn sich die Verteilungsfrage stellt, d.h. der durch Zuwanderung ausgelöste Strukturwandel produziert Gewinner und trotz einem volkswirtschaftlichen Zugewinn auch relative Verlierer. Grundsätzlich stellt sich allerdings die Frage, ob die Verdrängung einheimischer Arbeitskräfte eine Ursache der Migration ist oder – so die These von *Thomas Straubhaar* – ein offensichtlicher Beleg für die räumliche und berufliche Immobilität vom Arbeitsplatzverlust Betroffener. Die Frage nach dem Sozialkasseneffekt – mithin ein weiteres Spannungsfeld – ist aufgrund unzureichender Analysen nicht eindeutig zu beantworten. Positive Auswirkungen auf die Sozialkassen hängen stets vom Ausmaß der Integration der Zugewanderten ab. Der Grad der Integration wiederum wird von den politischen Rahmenbedingungen der Aufnahmegesellschaft bestimmt. Während die positiven Vorteile der Zuwanderung kaum thematisiert werden, erweisen sich die negativen Phänomene (z.B. höhere Sozialhilfe- und Arbeitslosenquote), die mit der Zuwanderung einhergehen und populistisch weidlich ausgenutzt werden, bei genauerem Betrachten letztlich als ein generelles Problem des Sozialstaats und als eine Folge unzureichender politischer sowie ökonomischer Steuerung.

Die deutsche Bevölkerung wird in den nächsten Dekaden spürbar altern, wird weniger, älter und bunter werden. Nicht nur der Altersdurchschnitt wird erheblich steigen, auch der Anteil der älteren Bevölkerung, der nicht mehr im Erwerbsleben steht, wird sich bis zum Jahr 2050 voraussichtlich verdoppeln. Mit diesem Alterungsprozess sind erhebliche Belastungen der Sozialsysteme verbunden. Dies gilt für umlagefinanzierte wie auch kapitalgedeckte Rentenversicherungssysteme, die Gesundheitsversorgung und die Pflegeversicherung. Einem immer kleineren Teil der Erwerbsbevölkerung stehen immer größere Teile einer nichterwerbstätigen Bevölkerung gegenüber, deren Unterhalt durch die sozialen Sicherungssysteme finanziert werden muss. Angesichts dieser Entwicklungen wird in der öffentlichen Diskussion häufig die Hoffnung geäußert, durch Zuwanderung die Alterung der Bevölkerung aufzuhalten oder zumindest zu mildern. Angesichts stabiler Fertilitätsraten ist Migration tatsächlich die unbekannte Größe in allen demographischen Szenarien. Die Vorstellung, dass durch Zuwanderung der Alterungsprozess aufgehalten werden kann, ist laut *Herbert Brücker*, der in seinem Beitrag die wirtschaftlichen Effekte der Migration in alternden Gesellschaften analysiert, aus zwei Gründen eine Illusion. Erstens ergibt sich, weil die Migrationsbevölkerung auch altert, ein dramatischer Zuwanderungsbedarf, wenn die Altersstruktur der Bevölkerung in Deutschland konstant gehalten werden soll: Nach einem Szenario der Vereinten Nationen müsste die Bevölkerung in Deutschland auf 180 Millionen Personen wachsen, um dieses Ziel zu erreichen. Zweitens altern die Bevölkerungen in den Herkunftsregionen der Migration ebenfalls, so dass es fragwürdig ist, ob ein derartiges Wanderungspotential überhaupt existiert. Allerdings steigen durch den demographischen Wandel die Gewinne durch Zuwanderung in Deutschland. Auch wenn der Alterungsprozess global ist, steigt das demographische Gefälle in der Welt durch die rapide Alterung in den entwickelten Ländern. Die Produktivität des Kapitaleinsatzes kann deshalb dadurch erhöht werden, wenn entweder verstärkt in Ländern mit jüngeren Bevölkerungen investiert wird, oder wenn Teile dieser Bevölkerungen in entwickelten Länder wachsen. Empirische Untersuchungen zeigen, dass durch Kapitalmobilität nur kleine Teile dieses Produktivitätspotentials genutzt werden können. Deutschland und andere OECD-Länder können deshalb erheblich von der Zuwanderung profitieren. Realistisch sind Wanderungsgewinne, die sich auf ein bis zwei Prozent des Bruttoinlandsproduktes in den Einwanderungsländern belaufen. Auch wenn durch Migration die Alterung nicht aufgehalten werden kann, so helfen diese Gewinne doch, die Kosten des demographischen Wandels zu senken.

In der aktuellen Debatte über Zuwanderung spielen Massenmedien deshalb eine entscheidende Rolle, weil sie das Bewusstsein ihrer Rezipienten und damit den öffentlichen Diskurs prägen. Medien filtern Informationen, bereiten sie auf und beeinflussen durch die Art und Weise der Darstellung in nicht unerheblichem Maße die öffentliche Wahrnehmung. Im Laufe der letzten Jahre kamen Studien zu dem Ergebnis, dass Medien häufig in einer skandalträchtigen und diffamierenden Weise über Migrantinnen und Migranten berichten und wesentlich zu einem Negativimage beitragen. So werden zum Beispiel osteuropäische Zuwanderer meist in Zusammenhang mit kriminellen und mafiösen Straftaten gebracht. Auch wird in der deutschen Berichterstattung über Straftaten, in die „Ausländer" verwickelt waren, mit geradezu penetranter Regelmäßigkeit auf ihre Nationalität oder ethnische Herkunft hingewiesen. Sensationslüsterne Schlagzeilen und einschlägige Stereotypen haben Nachrichtenwert, nicht das alltägliche friedliche Zusammenleben von Zugewanderten und Deutschen. Selbst weltoffene Journalisten sich seriös gebender Wochenmagazine vermischen in ihrer Berichterstattung nur allzu oft das Thema Migration mit Terrorismus und innerer Sicherheit und zeichnen damit ein Bild, das letztlich eine Bedrohung für den inneren Zusammenhalt der bundesdeutschen Gesellschaft suggeriert. Zeitungs-, Rundfunk- und Fernsehkonsumenten übernehmen diese transportierten Zerrbilder zumeist unhinterfragt. Dies prägt letztlich auch die Haltung im Hinblick auf Modelle des Zusammenlebens zwischen Menschen unterschiedlicher Herkunft und Kulturen. Die von *Christoph Butterwege* erörterten Beispiele, deren Inhaltsanalyse und die dabei zutage tretenden Sprachbilder zeigen mehr denn je, dass eine seriöse Berichterstattung anzumahnen ist, die sich dem journalistischen Ethos verpflichtet fühlt und elementare Persönlichkeitsrechte achtet.

Im Zeitalter der Globalisierung ist Migration mittlerweile zur Normalität geworden. Ein gelegentlicher Blick über den „nationalen Tellerrand" könnte hier zu einer notwendigen Versachlichung der Diskussion beitragen: Migration und deren Auswirkungen machen an keiner Grenze, an keinem Status und an keiner Staats- und Regierungsform halt (vgl. Süssmuth 2005, S. VII). Gerade weil Migration ein weltweites Phänomen ist und dessen Lenkung immer schwieriger wird, kann kein Land die Probleme im Alleingang lösen. Ob Kriege, Flucht, Suche nach Arbeit, Perspektivlosigkeit oder Armut – weltweite Migrationsbewegungen zählen zu den großen Herausforderungen und epochentypischen Problemen unserer Zeit. Internationale Wanderungsbewegungen haben im Lauf der letzten Jahre sowohl innerhalb von Regionen als auch zwischen den Kontinenten deutlich zugenommen. Mit dem 2005 veröffentlichten „Bericht der Weltkommission für Internationale Migration" und einem „Hochrangigen Dialog" zu Beginn der 61. UN-Generalversammlung tragen die Vereinten Nationen dieser Aufgabe in besonderer Weise Rechnung. Bei der Vorstellung der deutschen Fassung des Weltmigrationsberichtes wurde deutlich, dass bisherige Konzepte der Steuerung und Begrenzung von Zuwanderung einerseits, des Flüchtlingsschutzes andererseits und auch integrationspolitische Maßnahmen auf dem Prüfstand stehen. Doch nicht nur den Nationalstaaten kommt beim Schutz der Migranten eine große Bedeutung zu. Die Internationale Völkergemeinschaft – so eine der Hauptthesen von

Karl-Heinz Meier-Braun im abschließenden Beitrag des Buches – ist ebenfalls aufgerufen, sich in Fragen weltweiter Migration zu engagieren und Handlungsoptionen aufzuzeigen.

Alle Autorinnen und Autoren wollen mit ihren Beiträgen detaillierte Informationen vermitteln, zur notwendigen Versachlichung der Debatte beitragen und Fakten bereitstellen, die für das Verständnis des komplexen und kontrovers diskutierten Themas wichtig sind. Alle Beiträge münden letztlich in die Frage, wie ein Zuwanderungs- und Integrationskonzept zu gestalten ist, das nicht nur die ökonomische, sondern auch die soziale Dimension berücksichtigt. Mithin die Frage also, wie das Zusammenleben von Menschen verschiedener Herkunft gelingen kann. Toleranz ist nämlich eine Kompetenz und meint mehr als eine bloße moralische Tugend. Toleranz zeigt sich in einer pluralistischen Gesellschaft gerade darin, dass eine Vielzahl kultureller Lebensstile nebeneinander und miteinander existieren kann. Dank gebührt abschließend allen Autorinnen und Autoren, die zur Diskussion beigetragen haben, und dem Wochenschau Verlag für die stets gute und verlässliche Zusammenarbeit.

Stuttgart, Februar 2007

Literatur

Bade, Klaus J. (2007): Wir bekommen nur die zweite Garnitur. In: Das Parlament vom 15.1.2007, S. 5.

Bade, Klaus J. (1992): Deutsche im Ausland – Fremde in Deutschland. Migration in Geschichte und Gegenwart. München

Lau, Jörg (2007): Abschied von den Lebenslügen. In: Das Parlament vom 15.1.2007, S. 1.

Meier-Braun, Karl-Heinz/Weber, Reinhold (Hrsg.) (2005): Kulturelle Vielfalt. Baden-Württemberg als Einwanderungsland. Stuttgart

Meier-Braun, Karl-Heinz (2002): Deutschland, Einwanderungsland. 2. Auflage, Frankfurt am Main

Meier-Braun, Karl-Heinz (1995): 40 Jahre „Gastarbeiter“ und Ausländerpolitik in Deutschland. In: Aus Politik und Zeitgeschichte. Beilage zur Wochenzeitung Das Parlament, 25.8.1995, S. 14-22.

Rollmann, Annette (2007): Im neuen Land sein eigener Chef. In: Das Parlament vom15.1.2007, S. 6.

Süssmuth, Rita (2006): Migration und Integration: Testfall für unsere Gesellschaft. München

Süssmuth, Rita (2005): Migration und Integration zählen weltweit zu den politischen und gesellschaftlichen Schlüsselfragen. In: Global Commission on International Migration: Migration in einer interdependenten Welt: Neue Handlungsstrategien. Bericht der Weltkommission für Internationale Migration. Herausgegeben von der Deutschen Gesellschaft für die Vereinten Nationen. Berlin

Karl-Heinz Meier-Braun

Der lange Weg ins Einwanderungsland Deutschland

Erste Phase: Ausländerpolitik unter dem „Rotationsprinzip"

Die erste Phase der Ausländerpolitik im Nachkriegsdeutschland, in der die Ausländerbeschäftigung als vorübergehende Erscheinung gesehen wurde, dauerte immerhin von 1952 bis 1973. Ausländerpolitik war in diesen rund zwanzig Jahren in erster Linie deutsche Arbeitsmarktpolitik. Die Anwerbung erfolgte im Interesse der Wirtschaft, die einen wachsenden Bedarf an Arbeitskräften hatte. Schon damals wurde der wichtigste Eckpunkt der Ausländerpolitik definiert, der noch bis vor kurzem galt: die Bundesrepublik ist kein Einwanderungsland! Abgesehen vom Ausländerrecht und seinen Ausführungsbestimmungen existierte lange Zeit kein übergreifendes Konzept infrastruktureller, sozial- und bildungspolitischer Maßnahmen in der Ausländerpolitik. Das Ausländergesetz wurde als Fremden- und Ausländerpolizeirecht verstanden, mit einem vielfältigen Abwehrinstrumentarium einschließlich Abschiebung und Ausweisung. Die wichtigste Grundlage war und ist: Ausländerpolitik bedeutet in erster Linie Arbeitsmarktpolitik. Das heißt: die deutschen Arbeitsmarktinteressen, wie sie die politisch Verantwortlichen in Bund und Ländern definieren, stehen im Mittelpunkt.

Jahrzehntelang bestimmte das Rotationsprinzip, das der damalige Ministerpräsident Hans Filbinger 1973 in die Diskussion gebracht hatte, die Ausländerpolitik. Im Kern ging es bei diesem umstrittenen Vorschlag darum, dass die ausländischen

Arbeitskräfte nach einiger Zeit – Filbinger sprach damals von drei Jahren – wieder freiwillig nach Hause zurückkehren sollten. Dieses Wunschdenken, dass die „Gastarbeiter“ über kurz oder lang wieder heimkehren würden, bestimmte jahrzehntelang die Ausländerpolitik in Deutschland.

Oft wird vergessen, dass das so genannte Wirtschaftswunder im Nachkriegsdeutschland und der Aufbau der Sozialsysteme ohne die „Gastarbeiter“ nicht erreicht worden wären. Viele Deutsche stiegen aufgrund der Beschäftigung von „Gastarbeitern“ in bessere berufliche Positionen auf. So schafften nach den Berechnungen des Migrationsforschers Friedrich Heckmann zwischen 1960 und 1970 rund 2,3 Millionen Deutsche vor allem wegen der Ausländerbeschäftigung den Aufstieg von Arbeiter- in Angestelltenpositionen. Nach Angaben des Bundesarbeitsministeriums aus dem Jahre 1976 ermöglichten die ausländischen Arbeitnehmer eine starke Verringerung der Arbeitszeit der Deutschen unter Beibehaltung eines starken Wirtschaftswachstums. Die ausländischen Arbeitnehmer zahlten Steuern, ohne in entsprechendem Umfang öffentliche Leistungen in Anspruch zu nehmen. Bereits 1971 hätten sonst die Beiträge zur staatlichen Rentenversicherung erhöht werden müssen. Auch das „Rentenloch“, bereits damals schon beklagt, wäre ohne diese Beiträge nicht zu stopfen gewesen. Den von den ausländischen Arbeitnehmern in die Rentenversicherung gezahlten Beträgen stand nur rund ein Zehntel an Leistungen gegenüber. Die Rentenversicherung wurde lange Zeit weit gehend von den ausländischen Arbeitnehmern geradezu subventioniert.

Trotzdem meldeten sich schon bald kritische Stimmen zu Wort, die vor dem „Gastarbeiterboom“ warnten. In der Wirtschaftskrise der Jahre 1966/67 sorgte Bundeskanzler Ludwig Erhard, der als Wirtschaftsminister die ersten Anwerbeversuche mit italienischen Arbeitskräften unternommen hatte, für Schlagzeilen mit dem Ausspruch, wenn jeder Deutsche eine Stunde in der Woche länger arbeite, brauche man die ausländischen Arbeitskräfte nicht. Ausländer mussten schon bald als „Sündenböcke“ herhalten; eine

BIB Hörf
Ausleil

Kürzel : SOC

Name : Soccarras, Anne
Abteilung: Aktuelle Tübingen
Standort : Studio Tübingen
Telefon : 07071 / 209-194 Benut

Bitte Ausleih-Nummern eingeben:

Bemerkungen:

Bearbeiter :

F-Tasten
1=ausl.u.neue Seite 3=Pers.Liste 4=Per
11=Ausl-Nr. 13=Barcodedr.einz. 15=ausl.

k-Ausleihe >EALP1
an Personen 09.08.07 17:31:16

über

rstatus: 2

Daten 5=Menü 7=Teile 9=Storno 10=ausl.
Quittung 17=Barcodedr.alle 19=Fristen

Funktion, die sich des Öfteren in schlechten wirtschaftlichen Zeiten und auch in Wahlkämpfen wiederholen sollte. Wahlerfolge verzeichneten in den 1960er-Jahren bereits Parteien mit ausländerfeindlichen Parolen. So gelang der rechtsradikalen NPD (Nationaldemokratische Partei Deutschlands) zwischen 1966 und 1968 der Einzug in sieben deutsche Landtage. In Baden-Württemberg erreichte die Partei 1968 überraschend fast zehn Prozent der Stimmen.

In den 1960er-Jahren lief die Anwerbung ausländischer Arbeitskräfte weiterhin auf Hochtouren. 1960 wurden Anwerbeabkommen mit Spanien und Griechenland abgeschlossen, es folgten die Türkei (1961), Portugal (1964) und das damalige Jugoslawien (1968). 1965 traf die Bundesregierung entsprechende Vereinbarungen mit Tunesien und Marokko, was weitgehend unbekannt geblieben ist.

Zweite Phase: Konsolidierung der Ausländerbeschäftigung

Die zweite Phase der Ausländerpolitik dauerte von 1973 bis 1979 und stand unter dem Motto „Konsolidierung der Ausländerbeschäftigung." Die Auseinandersetzung über die Vor- und Nachteile der Ausländerbeschäftigung setzte Anfang der 1970er-Jahre vor allem deshalb ein, weil immer mehr „Gastarbeiter" ihre Familien nachholten und erkennbar wurde, dass die Ausländerbeschäftigung eben doch kein vorübergehendes Phänomen sein konnte. Die Diskussion über Kosten und Nutzen der Arbeitsmigranten sowie die Furcht vor sozialen Konflikten schlug sich im Anwerbestopp für ausländische Arbeitskräfte nieder, der am 23. November 1973 verhängt wurde. Gleichzeitig wurde damals eine erste Eingliederungspolitik für die ausländischen Familien angekündigt, die langfristig in der Bundesrepublik bleiben wollten. Der Anwerbestopp forderte allerdings den Familiennachzug geradezu heraus und führte dazu, dass diejenigen, die schon da waren, auf Dauer blieben. Allein bis zum Anwerbestopp kamen

14 Millionen Migranten nach Deutschland. Elf Millionen zogen in diesem Zeitraum wieder weg. Eigentlich wurde Deutschland in dieser frühen Phase schon zum Einwanderungsland, was aber von Politik und Gesellschaft immer noch nicht akzeptiert wurde.

Dritte Phase: Integration im Mittelpunkt

In einer dritten und kurzen Phase von 1979 bis 1980 standen Integrationskonzepte im Mittelpunkt der Ausländerpolitik. 1979 legte der erste Ausländerbeauftragte der Bundesregierung und frühere Ministerpräsident von Nordrhein-Westfalen, Heinz Kühn, ein Memorandum vor. Kühn kritisierte die bisherige Ausländerpolitik, die zu sehr von arbeitsmarktpolitischen Gesichtspunkten geprägt worden sei. Er forderte die Anerkennung der „faktischen Einwanderung" und beispielsweise ein Kommunalwahlrecht für Ausländer. Kühn wies damals schon auf den Geburtenrückgang und die Auswirkungen auf den Arbeitsmarkt hin. Es gebe keine „Gastarbeiter" mehr, sondern Einwanderer.

1980 blieb die damalige SPD/FDP-Bundesregierung mit ihren ausländerpolitischen Beschlüssen allerdings weit hinter den Forderungen ihres Ausländerbeauftragten zurück und lehnte seine Vorschläge für ein Ausländerwahlrecht oder Einbürgerungserleichterungen für ausländische Jugendliche ab.

Vierte Phase: Wende in der Ausländerpolitik

Die vierte Phase der Ausländerpolitik dauerte von 1981 bis 1990 und lässt sich unter das Motto „Wende in der Ausländerpolitik" stellen. Aus einem kurzen Wettlauf um Integrationskonzepte wurde 1981 plötzlich ein Rennen um eine Begrenzungspolitik. Zahllose, zum Teil äußerst dramatisierende Warnungen vor den „Ausländerproblemen" und Ankündigungen, diese durch restriktive Maßnahmen zu lösen, standen im Mittelpunkt der 1980er-Jahre. Die Realitäten eines Einwanderungslandes wurden in weiten Teilen von Gesellschaft und Politik weiterhin nicht gesehen. Zu einem vorausschauenden und umfassenden Zuwanderungs- und Integrationskonzept kam es nicht.

Forderungen nach „Begrenzungsmaßnahmen" bestimmten die Ausländerpolitik zu Beginn der 1980er-Jahre. So machte der baden-württembergische Innenminister und spätere Bundespräsident Roman Herzog deutlich, dass die Frage nach den Belastbarkeitsgrenzen jetzt zunehmend in den Mittelpunkt der Ausländerpolitik rücke. Die Landtage von Nordrhein-Westfalen und Hessen stellten fest, dass die Aufnahmemöglichkeiten ihrer Länder erschöpft seien. Die Ministerpräsidenten Lothar Späth und Johannes Rau forderten übereinstimmend, Ausländer bei „einem Missbrauch des Gastrechts sofort auszuweisen." Auch der Bundesbeauftragte für Ausländerfragen, Heinz Kühn, meinte, dass die „Grenzen der Belastbarkeit durch die Aufnahme ausländischer Zuwanderer erreicht" seien. Hessens Ministerpräsident Holger Börner sagte in einem Interview: „(...) ich halte einen weiteren Zustrom von Türken in die Bundesrepublik für nicht möglich. Ich bin eher bereit, unsere Vertragstreue im EG-Vertrag zu riskieren." Eine bundesweite „Allparteienkoalition" unter dem Motto „Verringerung der Ausländerzahlen" prägte die ausländerpolitische Debatte.

Die sozialliberale Bundesregierung geriet in dieser Zeit in der Ausländerpolitik immer mehr unter den Druck der CDU/CSU-Opposition, der von den unionsregierten Bundesländern verstärkt wurde. Unter Zugzwang gesetzt, formulierte die Bundesregierung selbst am 2. Dezember 1981 eine Begrenzungspolitik. Als „Sofort-Regelung" empfahl sie den Ländern unter anderem die Senkung des Nachzugsalters von 18 auf 16 Jahre. Bremen folgte diesem Vorschlag aus verfassungsrechtlichen Bedenken nicht. Außerdem wurden damals die Wohnraumrichtlinien verschärft. In Baden-Württemberg mussten Ausländer zwölf Quadratmeter pro Familienmitglied nachweisen, unabhängig davon, ob es im Heimatland lebte oder nicht. Eine Voraussetzung, die seinerzeit nach Angaben des Bundesbauministeriums 1,2 Millionen Deutsche nicht erfüllen konnten. Bundeskanzler Helmut Schmidt sagte am 11. November 1981 bei einer Pressekonferenz: „Die Bundesrepublik soll und will kein Einwanderungsland werden. Einigkeit (...) bestand auch darüber, dass der Zuzug und die Nachführung von Familienangehörigen unter Anwendung aller rechtlichen Mittel im Rahmen des Grundgesetzes gestoppt werden soll (...)."

„Rückkehrbereitschaft stärken" – das Motto der Ausländerpolitik setzte sich zu Beginn der 1980er-Jahre durch. Das neue Klima der ausländerpolitischen Diskussion artikulierte sich auch im so genannten „Heidelberger Manifest" vom 17. Juni 1981. Zahlreiche Intellektuelle wandten sich darin gegen die – wie es hieß – „Unterwanderung des deutschen Volkes" durch Ausländer, gegen die „Überfremdung unserer Sprache, unserer Kultur und unseres Volkstums." Ausländerfeindlichkeit schlug sich Anfang der 1980er-Jahre in so genannten Bürgerinitiativen „Ausländer-Stopp" nieder. Unter Androhung von Anschlägen und mit Parolen „Deutschland den Deutschen!" versuchte beispielsweise 1982 in Baden-Württemberg eine ausländerfeindliche Gruppe, Firmen zu erpressen. Sie verlangte die Entlassung ausländischer Arbeitnehmer.

Nach dem Wechsel zur CDU/CSU/FDP-Koalition nahm die Ausländerpolitik bereits in den Koalitionsvereinbarungen 1982 einen breiten Raum ein. In seiner Regierungserklärung am 13. Oktober 1982 nannte Bundeskanzler Helmut Kohl die Ausländerpolitik sogar als einen der vier Schwerpunkte seines „Dringlichkeitprogramms", gleichberechtigt mit der Wirtschafts- und Außenpolitik, ein bis dato einmaliger Vorgang in der deutschen Politik der Nachkriegszeit. Die neue Bundesregierung setzte eine Kommission „Ausländerpolitik" ein, die sich am 16. November 1982 konstituierte. Nach zahlreichen Ankündigungen beschloss die Bundesregierung am 22. Juni 1983 einen „Gesetzentwurf zur befristeten Förderung der Rückkehrbereitschaft von Ausländern", wobei sie Vorschläge der früheren Koalition, aber auch der baden-württembergischen Landesregierung aufgriff.

Obwohl die Bundesregierung diese Rückkehrmaßnahmen

als Erfolg darzustellen versuchte, muss eine kritische Bewertung anders ausfallen. Das Rückkehrförderungsgesetz ist eher als eine Spar- und Sanierungsmaßnahme für die Rentenversicherung auf Kosten der ausländischen Arbeitnehmer zu sehen. Dieser Spareffekt wird auf drei bis vier Milliarden Mark veranschlagt. Bei der Rückkehrhilfe für arbeitslose Ausländer rechnete die Bundesregierung mit Einsparungen beim Arbeitslosen- und Kurzarbeitergeld in Höhe von damals rund 90 Millionen Mark und mit 240 Millionen beim Kindergeld. In Wirklichkeit war die Rückkehrförderung, wie viele andere ausländerpolitische Entscheidungen auch, also eher eine symbolische Maßnahme – gerade im Hinblick auf eine beunruhigte deutsche Bevölkerung.

Fünfte Phase: Asylpolitik im Brennpunkt

Eine fünfte Phase in der Ausländerpolitik begann 1990 und dauerte bis 1998, dem Jahr, in dem nach dem Regierungswechsel zu Rot-Grün eine erneute Wende in der Ausländerpolitik erfolgte. Noch zu Beginn dieser Phase trat am 1. Januar 1991 ein neues Ausländerrecht in Kraft, für das sich der damalige Bundesinnenminister Wolfgang Schäuble eingesetzt hatte. Das Gesetz verbesserte zwar das Aufenthaltsrecht für lange in Deutschland lebende Ausländer, brachte aber keine entscheidende Verbesserung bei der Einbürgerung. In den 1990er-Jahren stand aber die Asylpolitik im Vordergrund, die „Gastarbeiter" gerieten fast in Vergessenheit. Als neue Einwanderungsgruppe kamen nach dem Ende des Kalten Krieges die Aussiedler hinzu.

1990 und in den folgenden Jahren wiederholte sich die Diskussion um die Zuwanderung nach Deutschland, nun mit veränderten Rollen. Waren es zehn Jahre zuvor die Türken, die im Fokus der Begrenzungspolitik standen, konzentrierte sich die Debatte nun auf die Asylbewerber, deren Zahl im Jahre 1992 mit rund 440.000 im Bundesgebiet ihren Höhepunkt erreichte. Wiederum schien es der CDU/CSU und den unionsregierten Bundesländern zu gelingen, das „Ausländerthema" gegenüber der

SPD zu dominieren. Schließlich stimmte auch die SPD – mit dem Rücken offensichtlich zur Wand – der Grundgesetzänderung im so genannten „Asylkompromiss“ zu. Das „Superwahljahr 1994“ und die Befürchtung, die Legitimationsbasis in der Bevölkerung zu verlieren, spielten dabei wohl eine entscheidende Rolle. Vergeblich hatten SPD-Abgeordnete um die stellvertretende Parteivorsitzende und spätere Bundesjustizministerin Herta Däubler-Gmelin versucht, die Änderung des Artikels 16 im Grundgesetz zu verhindern.

Im Landtagswahlkampf in Baden-Württemberg im Jahre 1996 wiederholte sich die Einwanderungsdebatte, die früher um Türken und Asylbewerber geführt wurde. Angesichts hoher Arbeitslosigkeit, so argumentierten diesmal die Sozialdemokraten, sei es unverantwortlich, über 200.000 Aussiedler ins Land hereinzulassen. Diese Argumentation brachte der SPD jedoch keine Wählerstimmen. Allerdings warnte auch Stuttgarts Oberbürgermeister Manfred Rommel frühzeitig davor, „nach Osteuropa zu fahren und in so starken Umfang Aussiedler anzuwerben“. Rommel wörtlich: „Wir stehen vor einer gewaltigen Aufgabe in der Unterbringung und Eingliederung der Aussiedler. Diese Aufgabe kann man nicht dadurch erfüllen, dass gelegentlich die schwarz-rot-goldene Fahne gehisst wird, sondern nur dadurch, dass man ein finanziertes Einwanderungs- oder Eingliederungsprogramm aufstellt und Schritt für Schritt verwirklicht.“ Die Integrationsprobleme bei dieser Zuwanderungsgruppe zeigen sich gerade in letzter Zeit, nicht nur in Baden-Württemberg. Eine Steuerungs- und Integrationspolitik hätte in diesem Bereich nach Einschätzung zahlreicher Experten deutlich früher einsetzen müssen. Heute scheinen sich in der Zuwanderungspolitik manche Fehler der Vergangenheit zu rächen.

Sechste Phase: Das Ringen um ein Zuwanderungsgesetz

Die sechste Phase der Ausländerpolitik, die 1998 begann und bis Ende 2004 andauerte, könnte man unter das Motto „Das Ringen um ein Zuwanderungsgesetz" stellen. Zunächst einmal sollte sich Grundsätzliches mit einem klaren Bekenntnis zum Einwanderungsland ändern. So jedenfalls kündigte es die 1998 neu gewählte Bundesregierung von SPD und Bündnis 90/Die Grünen in ihrem Koalitionsvertrag an. Die schließlich verabschiedeten erleichterten Einbürgerungsbestimmungen vor allem für Ausländerkinder, die am 1. Januar 2000 in Kraft traten, stellten einen gewissen Wendepunkt in der Ausländerpolitik dar. Zum ersten Mal rückte eine Bundesregierung damit vom Abstammungsprinzip (Ius sanguinis – „Recht des Blutes") ab, wonach die Staatsangehörigkeit von den Eltern abgeleitet wurde. Kern der Reform ist die Einbürgerung durch das Geburtsrecht (Ius soli – „Recht des Bodens, Landes"), wonach die Staatsangehörigkeit vom Geburtsort bzw. -land abgeleitet wird. Das Staatsangehörigkeitsrecht aus dem Jahr 1913 wurde damit zu Grabe getragen und ein historisch bedeutsamer Kurswechsel in der Ausländerpolitik vorgenommen. In der 1999 veröffentlichten Broschüre der Bundesregierung zum neuen Staatsangehörigkeitsrecht wurde denn auch zum ersten Mal in der Geschichte der Bundesrepublik – eigentlich in der deutschen Geschichte überhaupt – regierungsamtlich festgestellt: „Deutschland ist schon längst zum Einwanderungsland geworden."

In den Jahren 2001 bis 2004 entwickelte sich eine kontroverse und bisweilen dramatisch zu nennende Debatte um das Zuwanderungsgesetz. Mit großer Mehrheit verabschiedete der Bundestag schließlich nach langem Hin und Her am 1. Juli den Zuwanderungskompromiss. Nur zwei Abgeordnete der Unionsfraktion und die beiden Vertreter der PDS stimmten gegen das Gesetz. 18 Abgeordnete der Grünen gaben mit ihrem Ja eine Erklärung zu Protokoll. Das in der Öffentlichkeit als Zuwanderungsgesetz bezeichnete Reformwerk stand von Anfang an unter der Überschrift „Gesetz zur Steuerung und Begrenzung der Zuwanderung und zur Regelung des Aufenthalts und der Integration von Unionsbürgern und Ausländern (Zuwanderungsgesetz)". Zur Klarstellung wurde im Vermittlungsverfahren auf Wunsch der Unionsparteien im Paragraf 1 (Zweck des Gesetzes) die Formulierung aufgenommen, dass das Gesetz Zuwanderung „unter Berücksichtigung der Aufnahme- und Integrationsfähigkeit“ ermöglicht und gestaltet. Die ursprüngliche Forderung der Union – „unter Berücksichtigung der nationalen Interessen und der nationalen Identität“ – wurde allerdings nicht im Gesetz verankert.

Ob im Ergebnis der langwierigen Verhandlungen das von der rot-grünen Regierung und Innenminister Schily angekündigte „modernste Zuwanderungsrecht Europas“ steht, erscheint fraglich. Für viele Beobachter war am Ende des Allparteienkompromisses eher der kleinste gemeinsame Nenner geblieben, auch wenn das Gesetz immer noch besser ist als der frühere Zustand. Auch der damalige Bundespräsident Johannes Rau bewertete das Gesetz als zwiespältig. Rau bedauerte, wie „zäh und schwierig“ manche Erkenntnisprozesse in Deutschland verliefen und verwies dabei genau auf die Diskussion, ob Deutschland ein Einwanderungsland sei oder nicht. „Haarspalterisch“ sei jahrelang darüber gestritten worden – „nun ist die Begriffsdebatte beigelegt und allseits anerkannt, dass Deutschland Einwanderung braucht und steuern muss“.

Auf die Forderung der Unionsparteien hin wurde der Paragraf 20, „Zuwanderung im Auswahlverfahren“, mit der Möglichkeit der Einwanderung nach einem Punktesystem bereits in den Vermittlungsgesprächen gestrichen. Von dieser Möglichkeit wollte die Bundesregierung überhaupt erst in etwa zehn Jahren Gebrauch machen. Zum ersten Mal in der Geschichte der Bundesrepublik Deutschland wäre damit aber Zuwanderung durch ein solches Auswahlverfahren möglich gewesen. Eine genau festgelegte Anzahl von qualifizierten Bewerbern hätte unabhängig von einem konkreten Arbeitsplatzangebot – ausgerichtet nach den wirtschaftlichen Interessen Deutschlands – ins Land geholt werden können. Dies wäre eine historische Neuerung in der deutschen Migrationspolitik gewesen, angelehnt an den Erfolgen klassischer Einwanderungsländer wie Kanada, Australien und den USA. In der Praxis hätten Bundestag und Bundesrat einem solchen Verfahren zustimmen müssen, so dass auf keinen Fall – wie von den

Gegnern der Regelung unterstellt – mit diesem Paragrafen 20 Tür und Tor für eine erhöhte Zuwanderung geöffnet worden wäre. Auch eine Null-Zuwanderung wäre aus arbeitsmarktpolitischen Gründen durchaus möglich gewesen.

Inhaltlich ging es in weiten Teilen des Kompromisses ausschließlich um Sicherheitsfragen und eigentlich gar nicht mehr um das Gesamtwerk eines Zuwanderungsgesetzes. Dabei wurde von allen Beteiligten die Messlatte schrittweise höher gehängt. Während Politiker aus der CDU/CSU-Bundestagsfraktion bei den Sicherheitsfragen immer höhere Forderungen aufstellten, von denen klar war, dass sie alle anderen Fraktionen als unzumutbar ablehnen würden, steuerten allem Anschein nach auch die Grünen auf ein Scheitern der Verhandlungen zu. Sie erklärten die Gespräche zwischenzeitlich für beendet, weil sie ihrer Wählerschaft den Verhandlungsstand nicht mehr als Reformwerk darstellen konnten.

Wesentliche Eckpunkte des Zuwanderungsgesetzes

Das Zuwanderungsgesetz enthält eine komplette Novellierung des Ausländerrechts, das – so wurde immer wieder kritisiert – selbst von Rechtsanwälten nicht mehr zu durchschauen war. Statt fünf Aufenthaltstiteln gibt es jetzt nur noch zwei: eine (befristete) Aufenthaltserlaubnis und eine (unbefristete) Niederlassungserlaubnis. Ein neues Bundesamt für Migration und Flüchtlinge wurde geschaffen, das aus dem bisherigen Bundesamt für die Anerkennung ausländischer Flüchtlinge in Nürnberg hervorging. Die Behörde soll die verstreuten Maßnahmen bündeln, Integrationskurse für Ausländer und Spätaussiedler entwickeln und durchführen, oder auch wissenschaftliche Forschungen über Migrationsfragen in Auftrag gegeben. Eine solche Bundesbehörde wurde seit langem gefordert und ist eine wichtige Bundeseinrichtung für Integration und Zuwanderung. Gestrichen wurde allerdings der Paragraf 76 „Sachverständigenrat für Zuwanderung und Integration“. Dieser vom Bundesinnenminister eingerichtete

Zuwanderungsrat hatte sich bereits am 26. Mai 2003 unter dem Vorsitz von Rita Süssmuth konstituiert. Nach dem Gesetzentwurf sollte der Zuwanderungsrat einen gleichen Stellenwert wie etwa die „Wirtschaftsweisen" bekommen. Sang- und klanglos wurde dieses wichtige Gremium zu Grabe getragen, nachdem es seinen ersten Bericht veröffentlicht und vorgeschlagen hatte, in stark begrenztem Umfang Zuwanderung zuzulassen. Dadurch war der Expertenkreis beim Bundesinnenminister offensichtlich in Ungnade gefallen.

Im Bereich der Arbeitsmigration ist von den ursprünglichen Plänen nicht mehr allzu viel übrig geblieben. So bleibt der Anwerbestopp für Nicht- und Geringqualifizierte erhalten. Hochqualifizierten kann jetzt eine Niederlassungserlaubnis gewährt werden. Mit- oder nachziehende Familienangehörige dürfen eine Erwerbstätigkeit ausüben. Selbstständige bekommen im Regelfall eine Aufenthaltserlaubnis, wenn sie mindestens eine Million Euro investieren und mindestens zehn Arbeitsplätze schaffen – eine Hürde, die nur wenige überspringen können. Hinzu kommt, dass nach Paragraf 21 bei der Prüfung, die für den Ort der geplanten Tätigkeit zuständigen „fachkundigen Körperschaften, die zuständigen Gewerbebehörden, die öffentlich-rechtlichen Berufsvertretungen und die für die Berufszulassung zuständigen Behörden zu beteiligen" sind. Die Aufenthaltserlaubnis wird auf längstens drei Jahre erteilt. Nach drei Jahren kann eine unbefristete Niederlassungserlaubnis erteilt werden, „wenn der Ausländer die geplante Tätigkeit erfolgreich verwirklicht hat und der Lebensunterhalt gesichert ist". Ausländische Studenten dürfen nach ihrem erfolgreichen Studienabschluss zur Arbeitssuche bis zu einem Jahr in Deutschland bleiben. Für Qualifizierte bestehen Ausnahmeregelungen: Im begründeten Einzelfall kann eine Arbeitserlaubnis erteilt werden, wenn ein öffentliches Interesse an einer Beschäftigung besteht. Bei allen Regelungen haben Deutsche und im Inland Beschäftigte Vorrang vor neuen Zuwanderern.

Verbesserungen bringt das Zuwanderungsgesetz ansatzweise im

humanitären Bereich. Das Flüchtlingskommissariat der Vereinten Nationen (UNHCR) würdigte die Verabschiedung des Zuwanderungsgesetzes deshalb als „positives Signal weit über Deutschland hinaus". So wird nichtstaatliche und geschlechtsspezifische Verfolgung als Fluchtursache anerkannt und unter anderem festgehalten: „Eine Verfolgung wegen der Zugehörigkeit zu einer bestimmten sozialen Gruppe kann auch dann vorliegen, wenn eine Bedrohung des Lebens, der körperlichen Unversehrtheit oder der Freiheit allein an das Geschlecht anknüpft." Diese Formulierungen gehen sogar über die Richtlinien der Europäischen Union hinaus. Eine Aufenthaltserlaubnis soll bei Abschiebungshindernissen erteilt und damit so genannte Kettenduldungen vermieden werden, wenn die Ausreisepflicht nicht innerhalb von 18 Monaten vollzogen werden konnte. Im Ermessen der Länder liegt es, Härtefallkommissionen einzurichten. Die oberste Landesbehörde darf dann auf Ersuchen einer solchen Härtefallkommission anordnen, dass ein „ausreisepflichtiger" Ausländer bleiben darf. Im Asylverfahren wurde auch die Weisungsunabhängigkeit der Einzelentscheider im Amt des Bundesbeauftragten für Asylangelegenheiten abgeschafft.

Beim Kindernachzug bleibt es erstaunlicherweise bei der geltenden Rechtslage und einem Nachzugsanspruch bis zum 16. bzw. 18. Lebensjahr. Über diesen Punkt und den erweiterten Flüchtlingsschutz hatten sich jahrelang die Parteien gestritten. Vor allem die Opposition hatte der Bundesregierung vorgeworfen, damit zum Anstieg der Zahl der Zuwanderer beizutragen. Umso erstaunlicher ist es, dass die Einigung in diesem Punkt und beim erweiterten Flüchtlingsschutz in aller Stille erfolgte und die alten Argumente nun offensichtlich keine Rolle mehr spielten.

Zum ersten Mal wird durch das Gesetz ein Integrationsanspruch für Neuzuwanderer eingeführt. Wer nicht an den Integrationskursen teilnimmt, muss mit aufenthaltsrechtlichen Sanktionen rechnen. So genannte „Bestandsausländer" – solche also, die schon länger in Deutschland leben –, können zu Kursen verpflichtet werden, wenn sie das Arbeitslosengeld II beziehen, besonders integrationsbedürftig sind und Plätze zur Verfügung stehen. Bei

Verletzung der Teilnahmepflicht sollen die Sozialleistungen gekürzt werden. Die Kosten der Integrationskurse trägt der Bund. Für neue Zuwanderer (einschließlich Spätaussiedler) wurde mit rund 188 Millionen Euro jährlich an Kosten für Integrationskurse gerechnet. Für die Kursteilnahme von jährlich etwa 60.000 bereits hier lebenden Ausländern belaufen sich die Kosten auf rund 76 Millionen Euro. Eigenbeiträge der Kursteilnehmer sind – gestaffelt nach finanzieller Leistungsmöglichkeit – vorgesehen. Die Länder sollen die Kosten für die sozialpädagogische Betreuung und für die Kinderbetreuung tragen.

Nach den Anschlägen in Madrid am 11. März 2004 wurden im Vermittlungsverfahren umfangreiche Vorschläge der Unionsparteien zu Sicherheitsaspekten aufgenommen. Die FDP-Landtagsfraktion in Stuttgart wies in diesem Zusammenhang beispielsweise darauf hin, dass bereits jetzt umfangreiche Ausweisungsmöglichkeiten bestehen und dass nach Angaben des Innenministeriums der spezielle Ausweisungsgrund „Unterstützung des internationalen Terrorismus", der nach dem Terrorismusbekämpfungsgesetz vom 9. Januar 2002 eingeführt wurde, in Baden-Württemberg noch gar nicht angewendet werden konnte.[1] So wurde jetzt eine Abschiebungsanordnung im Zuwanderungsgesetz eingeführt, die von den obersten Landesbehörden und bei besonderem Bundesinteresse durch den Bund aufgrund einer „tatsachengestützten Gefahrenprognose" erlassen werden kann. Rechtsschutz ist nur in einer Instanz vor dem Bundesverwaltungsgericht möglich. Eine Regelausweisung von Leitern verbotener Vereine wurde eingeführt. Eine Ermessensausweisung für „geistige Brandstifter" – beispielsweise „Hetzer" in Moscheen – wurde im Gesetz verankert. Eine Regelanfrage über verfassungsfeindliche Erkenntnisse wird vor der Erteilung einer Niederlassungserlaubnis und vor der Entscheidung über eine Einbürgerung eingeführt.

Zur Verwirklichung der Freizügigkeit in der Europäischen Union schafft das Gesetz die Aufenthaltserlaubnis für Unionsbürgerinnen und Unionsbürger ab. Künftig besteht nur noch – wie für Deutsche – eine Meldepflicht bei den Meldebehörden.

Bei Familienangehörigen von Spätaussiedlern wird der Nachweis über Grundkenntnisse der deutschen Sprache als Voraussetzung für die Einbeziehung in den Aufnahmebescheid eingeführt, wodurch die Zugangszahlen in diesem Bereich weiter verringert werden sollen.

Ausländerpolitik als Symbolpolitik

Das Ringen um das Zuwanderungsgesetz ist eines der zahlreichen Beispiele für die parteipolitische Politisierung der Ausländerpolitik. Bereits am 22. März 2002 war in der umstrittenen Bundesratsitzung „eine politische Kampfsituation auf die Spitze getrieben worden", wie es Bundespräsident Johannes Rau kritisierte. Im Hinblick auf die anstehenden Bundestagswahlen ging es in erster Linie um eine Machtprobe zwischen Bundeskanzler Gerhard Schröder und seinem Herausforderer und bayerischen Ministerpräsidenten Edmund Stoiber, denn schließlich handelte es sich um ein Kernstück rot-grüner Politik. Dabei hatten die Parteien mit ihren Konzepten gar nicht so weit auseinander gelegen. Der Gesetzentwurf war bereits ein „rot-grün-schwarzer" Kompromiss. Man hätte sich durchaus einigen können, wenn man gewollt hätte, aber alle Parteien setzten die Zuwanderungspolitik zum Machterwerb und Machterhalt ein.

Schon immer war Ausländerpolitik eine Art von Symbolpolitik, bei der einer beunruhigten Wählerschaft konsequentes Handeln vorgeführt werden sollte; sie war ein Mittel, um sich politisch zu profilieren. Die Interessen und Bedürfnisse der Minderheiten, der früheren „Gastarbeiter", Flüchtlinge, Asylsuchenden oder Spätaussiedler und ihre Integration in die Gesellschaft standen weniger im Mittelpunkt als die „politische Ausschlachtung" des Themas. Ausländerpolitik ist so bisweilen auch ein Beispiel dafür, wie jahrzehntelang in einem Bereich Politik gemacht werden kann, ohne auf eine Bevölkerungsgruppe, die der Ausländer, Rücksicht nehmen zu müssen. Im Gegenteil, lange Zeit konnte Politik geradezu auf dem Rücken der Betroffenen ausgetragen werden, ohne dass sie sich dagegen wehren konnten, vor allem weil sie kein Wahlrecht hatten. Das hat sich in letzter Zeit geändert, denn jetzt geht es um schätzungsweise eine Million Stimmen Deutscher ausländischer Herkunft. Die Parteien haben diese Wählergruppe entdeckt.

In seiner letzten „Berliner Rede“ ging Bundespräsident Johannes Rau im Mai 2004 auch wegen des Ringens um das Zuwanderungsgesetz mit allen beteiligten Akteuren hart ins Gericht: „Vertrauen in die Politik wird auch zerstört, wenn der Eindruck entsteht, in nahezu jeder Frage gehe es in erster Linie darum, wer sich gegen wen durchsetzt, wer wem am meisten schadet, wer zurückgesetzt wird oder sich wieder ein Stück weiter nach vorne gekämpft hat. Dadurch werden nicht nur wichtige Sachfragen als Nebensache behandelt, so dass am Ende oft das Falsche oder Dilettantisches herauskommt. Dadurch entsteht auch der fatale Eindruck, in der Politik komme es letztlich nur darauf an, wer die Macht hat und nicht so sehr darauf, was er mit ihr macht.“ Und Rau sagte in deutlichen Worten weiter über das Zuwanderungsgesetz: „Die Entwicklung bei den Gesprächen über ein Integrations- und Zuwanderungsgesetz ist ein besonders schlimmes Beispiel für diese Art von Politik.“[2]

Auf Wählerstimmen und -stimmungen wird auf jeden Fall bis zum heutigen Tage Rücksicht genommen. So erklärt sich offensichtlich auch die widersprüchliche Position von Otto Schily in der Zuwanderungspolitik. Noch 1984 hatte er ein Wahlrecht für Ausländer gefordert. Als Bundesinnenminister sprach er davon, dass „die Grenze der Belastbarkeit überschritten“ sei. Auch Schilys Äußerung, die „beste Form der Integration ist Assimilierung“, hätte von einem seiner Amtsvorgänger der Union stammen können.

Siebte Phase: Integration wieder im Mittelpunkt?

Die Große Koalition von CDU/CSU und SPD erklärte 2005 das Thema Integration zu einer Schwerpunktaufgabe. Der Posten einer Staatsministerin für Integration und Migration wurde im Kanzleramt geschaffen und mit Maria Böhmer besetzt. 2006 veranstalte die Bundesregierung einen so genannten „Integrationsgipfel“ und eine erste „Deutsche Islamkonferenz“. Auch das Zuwanderungsgesetz wurde unter die Lupe genommen, denn es zeigte sich beispielsweise, dass die Hürden für die Zuwanderung von Hochqualifizierten viel zu hoch waren. Abzuwarten bleibt, ob diese neuen Ansätze in der Integrationspolitik zu Taten führen, oder ob es wieder bei einem „Strohfeuer“ wie vor 25 Jahren in der dritten Phase der Ausländerpolitik bleibt.

Deutschland braucht auf jeden Fall Einwanderer, denn die Zukunftsperspektive sieht so aus: „weniger, älter und bunter“. Auf die Auswirkungen der demographischen Entwicklung, die erst in den letzten Jahren ins Bewusstsein von Politik und Medien rückten, hatte übrigens bereits 1988 Wolfgang Schäuble noch als Kanzleramtschef in einem Aufsatz unter der Überschrift „Älter und weniger“ hingewiesen. Schäuble sagte „einen empfindlichen Mangel an Nachwuchs – und später an Arbeitskräften in allen Bereichen von Wirtschaft und Gesellschaft“ voraus. Er forderte Gegenmaßnahmen in der Familienpolitik, stellte aber fest: „Langfristig werden wir nicht umhin können, die Schrumpfung der deutschen Bevölkerung zumindest teilweise durch einen verstärkten Zuzug von Ausländern auszugleichen. Das wird schon der Arbeitsmarkt erbringen. Ihr Anteil an der Gesamtbevölkerung wird wachsen und damit auch die kulturellen und sozialen Probleme. (...) Die Integrationspolitik sollte danach ausgerichtet werden.“ Schäuble weiter: „Stärkerer Zuzug ausländischer Arbeitnehmer verspricht Erleichterung für die Soziallasten der Deutschen in der Bundesrepublik. Allerdings werden Qualifikationsunterschiede und Sprachbarrieren dem Ausländerzuzug Grenzen setzen.“ Diese vorausschauenden Aussagen blieben allerdings damals wie heute ohne politische Konsequenzen.

Sicher ist allerdings, dass durch Zuwanderung die Entwicklung zu einer immer älter werdenden und schrumpfenden Bevölkerung gar nicht mehr rückgängig gemacht werden kann.

Man müsste praktisch nur noch Kinder einwandern lassen, was natürlich absurd ist. Zuwanderung ist also kein Allheilmittel gegen das „Altersheim Deutschland". Einwanderung, gezielt ausgesucht, kann diesen Trend jedoch etwas abfedern und sollte in diesem Sinne eigentlich als Glücksfall begriffen werden. Insbesondere wenn man bedenkt, dass schon bald nicht mehr vier Erwerbstätige einen Rentner sozusagen ernähren müssen, sondern nur ein Berufstätiger auf einen Rentner kommt. Eine zukunftsorientierte Zuwanderungspolitik müsste sich endlich dieser Herausforderung stellen. Jetzt ist Deutschland zwar ein Einwanderungsland, der Anwerbestopp bleibt jedoch bestehen und die Zuwanderungszahlen bewegen sich auf ein Rekordtief zu. Mit anderen Worten: Wir sind ein Einwanderungsland ohne Einwanderer geworden. Insgesamt hat zwar in den letzten Jahren ein Perspektivenwechsel stattgefunden. Jedoch sind jetzt schon wieder Rückschritte zu verzeichnen.

Selbst mit dem neuen Zuwanderungsgesetz, das am 1. Januar 2005 in Kraft getreten ist, bleiben Integrationsprobleme, aber auch Ausländerfeindlichkeit und Gewalt gegen Ausländer in Deutschland bestehen. Fremdenfeindlichkeit – darin sind sich alle Beteiligten einig – darf auf Dauer kein Element der politischen Kultur Deutschlands werden. „Ausländerpolitik" darf nicht ausgrenzen. Integrations- und Zuwanderungspolitik sollte vielmehr ein selbstverständlicher Bestandteil der Sozial-, Schul- und Bevölkerungspolitik sein und als ganz normales Politikfeld behandelt werden. Auch die Medien sollten besser aufklären und gelungene Beispiele von Integration und interkultureller Begegnung in die Öffentlichkeit bringen. Die Umsetzung eines „bundesweiten Integrationsprogramms", das laut Paragraf 43 des Zuwanderungsgesetzes und in der Folge des Integrationsgipfels entwickelt wird, ist bitter notwendig, denn Nachholbedarf besteht auf fast allen Ebenen.

Anmerkungen

1 Landtag von Baden-Württemberg: Drucksache 13/3045, Sitzung vom 23. März 2004.

2 Johannes Rau: Vertrauen in Deutschland – eine Ermutigung. Berliner Rede am 12. Mai 2004, S. 5.

Literatur

Der Artikel stützt sich im Wesentlichen auf folgende Veröffentlichungen des Autors:

Meier-Braun, Karl-Heinz (1979): Freiwillige Rotation – Ausländerpolitik am Beispiel der baden-württembergischen Landesregierung. München

Meier-Braun, Karl-Heinz (1980): „Gastarbeiter“ oder Einwanderer? Anmerkungen zur Ausländerpolitik in der Bundesrepublik Deutschland. Berlin

Meier-Braun, Karl-Heinz (1982): Die Türkei und die Türken in Deutschland. Stuttgart

Meier-Braun, Karl-Heinz (1988): Integration oder Rückkehr? Zur Ausländerpolitik des Bundes und der Länder, insbesondere Baden-Württembergs. Mainz/München

Meier-Braun, Karl-Heinz (1995): 40 Jahre „Gastarbeiter“ und Ausländerpolitik in Deutschland. In: Aus Politik und Zeitgeschichte. Beilage zur Wochenzeitung Das Parlament, 25.08.1995, S. 14-22.

Meier-Braun, Karl-Heinz (2002): Deutschland, Einwanderungsland. Frankfurt am Main, 2. Auflage

Meier-Braun, Karl-Heinz/Weber, Reinhold (Hrsg.) (2005): Kulturelle Vielfalt. Baden-Württemberg als Einwanderungsland. Schriften zur politischen Landeskunde Baden-Württembergs, Band 32. Stuttgart, 2. Auflage

Maria Böhmer

Integrationspolitik aus bundespolitischer Sicht: Herausforderungen und Leitlinien

„Niemand kann oder soll seine Bindungen an die Orte seiner Kindheit oder zu seiner Familie einfach kappen. Auf gar keinen Fall. Aber wer hier in Deutschland eine neue Heimat gefunden hat, und erst recht, wer hier geboren und groß geworden ist, gehört dazu und prägt mit seiner Herkunft, mit seinen Traditionen, mit seiner Kultur und mit seinem Glauben das Gesicht unseres Landes mit. Das ist auch Ihr Land. Und daraus erwächst Verantwortung."

(Bundespräsident Horst Köhler, 5.10.2006)

Aufbruchstimmung in der Integrationspolitik

Nach den kontroversen Debatten der vergangenen Jahre um Zuwanderung und Integration befindet sich Deutschland heute in einer integrationspolitischen Aufbruchstimmung. Politik und Gesellschaft haben erkannt, dass die Integration von Zuwanderern eine der großen politischen und gesellschaftlichen Herausforderungen der Bundesrepublik Deutschland ist.

Die Bundesregierung hat deshalb Integration als Schlüsselaufgabe unserer Zeit definiert und zum Schwerpunkt ihrer Politik bestimmt. Sie versteht Integration als Querschnittsaufgabe für Politik und Gesellschaft und folgt damit einem Ansatz, in dem Integration nicht allein im Kontext von Zuwanderung gesehen wird. Integrationsbelange durchdringen vielmehr eine Vielzahl von Politik- und Lebensbereichen, von der Familie über Kindergarten, Schule und Berufswelt bis hin zur Altenpflege. Zum Verständnis von Integration als Querschnittsaufgabe gehört auch, dass Integration eine „Mehrebenenpolitik" sein muss. Bund, Länder und Kommunen stehen gemeinsam in der Pflicht. Den Kommunen kommt aber eine besondere Bedeutung zu, da die wesentlichen Integrationsleistungen „vor Ort" im alltäglichen Mit- und Füreinander erbracht werden. Integration wird damit zu einer bereichs- und verantwortungsübergreifenden Aufgabe.

Der Bundeskanzlerin war es deshalb ein wichtiges Anliegen, die Beauftragte der Bundesregierung für Migration, Flüchtlinge und Integration als Staatsministerin samt Arbeitsstab im Bundeskanzleramt und im Kabinett zu verankern. Die Aufgaben der Integrationsbeauftragten sind in Paragraf 93 des Aufenthaltsgesetzes festgelegt.

Auszug aus der Regierungserklärung von Bundeskanzlerin Angela Merkel, 30.11.2005:

„(...) Wir sind ein tolerantes, wir sind ein weltoffenes Land. Deutschland ist zugleich ein Land, das seine Traditionen und seine Kultur pflegt. Das eine kann es ohne das andere nicht geben; denn Heimat gibt gerade in Zeiten des sehr schnellen Wandels, in denen wir leben, den Halt, den die Menschen brauchen, jedem Einzelnen und unserem Land als Ganzem. Deshalb haben wir nicht ohne Grund unserem Koalitionsvertrag den Titel ‚Gemeinsam für Deutschland' gegeben. Parallelgesellschaften, in denen die grundlegenden Werte des Zusammenlebens in unserem Land nicht geachtet werden, passen nicht in dieses Denken.

Schlüsselaufgabe Integration

Deshalb ist Integration eine Schlüsselaufgabe unserer Zeit. Mit der Ansiedelung der Beauftragten für Migration, Flüchtlinge und Integration im Kanzleramt habe ich sehr bewusst ein Signal gesetzt, dass dies eine gesamtpolitische Aufgabe ist, der wir große Beachtung schenken wollen.

Ich bin der Überzeugung, dass Integration nur gelingen kann, wenn ausländische Kinder konsequent dazu gebracht werden und auch die Möglichkeit haben, Deutsch zu lernen. Wir werden deshalb gerade in den Schulen das Erlernen der deutschen Sprache fördern. Besser gesagt, wir werden die Länder in ihrem Bemühen unterstützen, dass Kinder nur dann in die Schule kommen dürfen, wenn sie der deutschen Sprache mächtig sind. Ansonsten haben sie vom ersten Schultag an nicht die Chancen, die wir ihnen geben müssen, um auch ihnen ein gutes Leben in unserem Land zu ermöglichen.

Wir brauchen einen Dialog mit dem Islam. Wir müssen einander verstehen lernen; das gehört dazu. Wir müssen im Übrigen darauf achten, dass wir unsere eigene Religion, das Christentum, ausreichend verstehen, soweit wir Christen sind – das gilt auch für andere, die anderen Religionen anhängen –; denn einen Dialog der Kulturen kann man nur führen, wenn man sich seiner eigenen Kultur auch wirklich bewusst ist.

Wir werden das offen und ehrlich tun. Wir werden vor allen Dingen Differenzen eindeutig benennen, wo immer sie auftreten.

Deshalb sage ich an dieser Stelle ganz ausdrücklich – ich sage dies auch als Frau –: Zwangsverheiratungen oder Ehrenmorde – beides schreckliche Begriffe – haben nichts, aber auch gar nichts mit Ehre zu tun und sie haben auch gar nichts in unserer Gesellschaft zu suchen.

Wir können sie nicht dulden, wir wollen sie nicht dulden. Wir werden das deutlich machen. (...)“

Schwerpunkt ist die Integrationsförderung der in Deutschland lebenden Migrantinnen und Migranten. Die Beauftragte unterstützt die Bundesregierung bei der Weiterentwicklung ihrer Integrationspolitik. Mit ihrer Arbeit trägt sie dazu bei, Bedingungen zu schaffen, unter denen Deutsche und Migrantinnen und Migranten gut und friedvoll zusammen leben und arbeiten können. Sie wirkt nicht gerechtfertigten Ungleichbehandlungen von Migrantinnen und Migranten entgegen und berät sie in Fragen der Einbürgerung.

Integration als gesamtgesellschaftliche Aufgabe

Als gesamtgesellschaftliches Anliegen ist Integration aber nicht allein Aufgabe des Staates. Zwar können Staat und Politik die Rahmenbedingungen für Integration schaffen, gesetzliche Regelungen allein reichen jedoch nicht aus. Integration in die Gesellschaft erfordert eine aktive Bürgergesellschaft, die sich durch wechselseitige Verantwortung, Eigeninitiative und Engagement auszeichnet. Der Einzelne ist ebenso gefragt wie Medien, Kultur, Sport, Wirtschaft, Kirchen, Religionsgemeinschaften und viele andere gesellschaftliche Gruppen. Die Zivilgesellschaft kann und muss eine besondere Verantwortung im Integrationsprozess übernehmen.

Auszug aus dem Koalitionsvertrag von CDU, CSU und SPD vom 11.11.2005:

„Migration und Wanderungsbewegungen sind eine zentrale Herausforderung unserer Zeit. Eine gelungene Integration der Menschen, die auf Dauer zu uns kommen, ist von grundlegender Bedeutung für die innere Verfassung unserer Gesellschaft. Integration kann nur gelingen, wenn Migration gesteuert und begrenzt wird. Die damit verbundenen Aufgaben lassen sich nur durch eine ressortübergreifende Zusammenarbeit im Rahmen einer Gesamtkonzeption bewältigen. Zur Bekämpfung von Fluchtursachen wollen wir das Zusammenwirken aller Politikbereiche bei der Zusammenarbeit mit Herkunft- und Transitstaaten verstärken und koordinieren und auf europäischer Ebene diese Vorgehensweise unterstützen.

Die Integration von Ausländern und Aussiedlern in die deutsche Gesellschaft ist eine Querschnittsaufgabe vieler Politikbereiche. Sie bleibt ein Schwerpunkt der Politik der Bundesregierung. Wir werden die Integrationsmaßnahmen auf Bundesebene beim Bundesamt für Migration und Flüchtlinge bündeln und es damit als Kompetenzzentrum für Integration stärken.

Wir werden einen intensiven Dialog mit den großen christlichen Kirchen und mit Juden und Muslimen führen. Ein interreligiöser und interkultureller Dialog ist nicht nur wichtiger Bestandteil von Integrationspolitik und politischer Bildung; er dient auch der Verhinderung und Bekämpfung von Rassismus, Antisemitismus und Extremismus. Gerade dem Dialog mit dem Islam kommt in diesem Zusammenhang eine bedeutende Rolle zu. Dabei ist es ein Gebot des wechselseitigen Respekts, auch Differenzen, die die Dialogpartner trennen, eindeutig zu benennen. Dieser Dialog wird nur gelingen, wenn wir insbesondere junge Muslime sozial und beruflich besser integrieren. (…)

Beim Integrationsprozess von Frauen ausländischer Herkunft stehen ihre gleichberechtigte Teilhabe am politischen, wirtschaftlichen und kulturellen Leben sowie die Vermittlung der deutschen Sprache für den Einstieg in Bildung und Beruf im Vordergrund. Die begonnenen Maßnahmen zur Integration ausländischer Frauen sollen weiter verstärkt und ihre gesellschaftliche und berufliche Integration vorangebracht werden. Die Gleichberechtigung von Frauen und Männern wird als wichtiger thematischer Schwerpunkt in die Maßnahmen zum interreligiösen Dialog aufgenommen.
Zwangsverheiratungen können nicht geduldet werden. Wir wollen Zwangsverheiratungen verhindern und prüfen zu diesem Zweck alle geeigneten Instrumente. Wichtig sind Aufklärungen über Rechte und Pflichten sowie die Stärkung des Selbstbewusstseins und der selbst bestimmten Lebensführung von Mädchen und Jungen. Zur Prävention und Bekämpfung von Zwangsverheiratungen sollen die Rechtstellung der Betroffenen verbessert, Betreuungs-, Beratungs- und spezifische Hilfsangebote sowie Präventionsmaßnahmen ausgebaut werden. Zwangsverheiratungen werden als Straftatbestand in das Strafgesetzbuch aufgenommen. (…)“

Dabei müssen wir verstärkt von den Erfahrungen derjenigen profitieren, für die Integration und Integrationsarbeit alltäglich gelebte Praxis ist. Wir benötigen ihre Perspektive und ihren Zugang zu den Problemen. Insbesondere Migrantinnen und Migranten müssen Teil der Verantwortungsgemeinschaft werden. Sie können eine wichtige Rolle als Vorbilder, Vermittler, Brückenbauer und „Lotsen“ einnehmen. Wir sollten sie gezielt in die Integrationsarbeit einbinden und ihre Erfahrungen stärker als bisher nutzen. Integration wird damit zu einer Politik der bürgerschaftlichen und gleichberechtigten Kooperation.

Integrationsgipfel als Signal

Der Integrationsgipfel vom 14. Juli 2006 ist Ausdruck dieses gewandelten Verständnisses und damit einer neuen Phase der deutschen Integrationspolitik. Erstmalig in der Geschichte der Bundesrepublik Deutschland hatte die Bundeskanzlerin zu einem

Integrationsgipfel eingeladen, bei dem Migrantinnen und Migranten sowie Vertreter aller politischen Ebenen und gesellschaftlichen Gruppen gemeinsam an einem Tisch zusammenkamen, um sich über Leitlinien von Integration zu verständigen. Der von der Bundeskanzlerin als „fast historischer Moment“ bezeichnete Gipfel war der Auftakt zu einem fortlaufenden Dialog, als dessen Abschluss ein Nationaler Integrationsplan mit klaren Zielen, konkreten Maßnahmen und Selbstverpflichtungen erarbeitet wird. Er dient einer nachhaltigen Integrationspolitik. Sowohl beim Gipfel als auch im Nachfolgeprozess steht der Dialog mit den bei uns lebenden Migrantinnen und Migranten im Mittelpunkt. Wir müssen mit den Migrantinnen und Migranten sprechen und nicht länger über sie. Denn erfolgreiche Integrationspolitik darf nicht nur für, sondern muss gemeinsam mit Migranten gestaltet werden.

Die jüngst eingerichtete Deutsche Islamkonferenz ist eine unverzichtbare Ergänzung zum Integrationsgipfelprozess. „Der Islam ist Teil Deutschlands und Europas. Der Islam ist Teil unserer Gegenwart und unserer Zukunft“, so hat der Bundesminister des Innern, Wolfgang Schäuble, die Herausforderung beschrieben, vor der wir stehen. Wir brauchen einen langfristig angelegten Dialog der Kulturen, der allen Gesprächspartnern hilft, die Verunsicherung im Umgang mit kultureller und insbesondere religiöser Vielfalt zu überwinden. Die Deutsche Islamkonferenz bildet den Rahmen für diesen schwierigen Prozess.

Integrationsland Deutschland: eine Bestandsaufnahme

Heute leben in Deutschland rund fünfzehn Millionen Menschen, die einen Migrationshintergrund haben oder als Spätaussiedler zu uns gekommen sind. Jedes dritte Kind unter sechs Jahren entstammt einer Zuwandererfamilie oder einer binationalen Ehe. Schätzungen gehen davon aus, dass im Jahr 2010 in den großen deutschen Städten bereits jeder Zweite unter vierzig Jahren einen Migrationshintergrund haben wird.

Der überwiegende Teil der bei uns lebenden Migrantinnen und Migranten hat längst seinen Platz in unserer Gesellschaft gefunden und ist voll integriert. Viele sind in der Zwischenzeit zu „Aufsteigern“ in unserer Gesellschaft geworden. Sie haben wesentlich zur wirtschaftlichen Kraft und kulturellen Vielfalt Deutschlands beigetragen. Dazu zählen auch rund 300.000 Unternehmer, die eine Million Arbeitsplätze geschaffen haben. Andere sind vom Wandel am Arbeitsmarkt betroffen, der mehr und mehr qualifizierte Arbeitskräfte verlangt. Insgesamt zeigt sich aber, dass erfolgreiche Integration eine Bereicherung für beide Seiten ist – für die Zugewanderten und für das Zuwanderungsland.

In der jüngsten Zeit rückt verstärkt in den Blick, dass gerade bei der zweiten und dritten Generation deutliche Integrationsdefizite bestehen. Zu nennen sind in erster Linie die mangelnde Beherrschung der deutschen Sprache, Schwächen in Bildung und Ausbildung, in der Folge eine höhere Arbeitslosigkeit, die fehlende Akzeptanz von Grundregeln unseres Zusammenlebens bis hin zur Verletzung von Gesetzen, nicht zuletzt von Frauenrechten. Wir müssen verhindern, dass in der zweiten und dritten Einwanderergeneration eine „verlorene Generation“ entsteht. Für die Zukunft der Menschen in unserem Land wird es von entscheidender Bedeutung sein, dass alle bereit und willens sind, diese Defizite zu beheben – im Interesse der Migranten selbst und vor allem auch im Interesse der gesellschaftlichen und wirtschaftlichen Zukunft Deutschlands.

Die Debatte um Integration konzentriert sich allzu oft auf Negativbotschaften wie Gewalt an Schulen, (Selbst-)Ausgrenzung in Ghettos, Angst vor potenziellen Terroristen sowie Missverständnisse und Überreaktionen im Verhältnis zu den bei uns lebenden Muslimen. All dies bleibt nicht ohne Folgen für die Akzeptanz von Migranten und für die Vermittelbarkeit einer nachhaltigen Integrationspolitik des „Förderns und Forderns“.

In der Debatte um Integration müssen wir stärker als bisher betonen, dass trotz aller Schwierigkeiten, Versäumnisse und

Defizite die Integration von Zuwanderern in Deutschland nicht gescheitert ist. Es gibt zahlreiche beeindruckende Beispiele gelungener Integration, die die Integrationsleistungen der vergangenen Jahrzehnte und sogar Jahrhunderte widerspiegeln – denkt man beispielsweise an die Hugenotten und die polnischen Bergarbeiter im Ruhrgebiet. Auch die erfolgreiche Integration von Millionen von Vertriebenen und Flüchtlingen nach dem Zweiten Weltkrieg ist eine wichtige Erfahrung. Die Beispiele belegen, dass Deutschland nicht erst seit der Anwerbung der „Gastarbeiter" Migration und Integration zu bewältigen hat. Unser Land blickt auf eine lange und prägende Migrationstradition mit zahlreichen Beispielen erfolgreicher Integration zurück. Trotz aller Schwierigkeiten haben wir uns in den vergangenen Jahrzehnten einen reichhaltigen Erfahrungsschatz erarbeitet, den wir stärker als bisher für einen positiven, pragmatischen und selbstbewussten Umgang mit Migration und Integration nutzen sollten.

Mit unseren Bemühungen um eine systematische Integrationspolitik fangen wir nicht bei Null an. Durch die alltägliche Integrationsarbeit in vielen Bereichen verfügen wir über einen großen Fundus an erfolgreichen Projekten, Ansätzen und Instrumenten. Getragen wird diese Arbeit von einer Vielzahl engagierter und motivierter Menschen. Mit dem Zuwanderungsgesetz ist ein erster wichtiger Schritt hin zu einer systematischen Integrationsförderung von rechtmäßig auf Dauer im Bundesgebiet lebenden Migrantinnen und Migranten vollzogen worden. Die Bundesregierung hat sich zu ihrer Verantwortung für die Sprachförderung der Zugewanderten und deren Orientierung über Recht, Kultur, Geschichte und das Staatswesen Deutschlands bekannt. Die Integrationsmaßnahmen des Bundes enthalten bereits Elemente, die Integration fördern, aber auch mangelnden Integrationswillen sanktionieren. Indem wir Menschen, die neu zu uns kommen, ein bestimmtes Maß an Integrationsbemühungen abverlangen, befördern wir auch Akzeptanz für Migration in der Aufnahmegesellschaft und helfen den Migrantinnen und Migranten an den Möglichkeiten, die unser Land bietet, teilzuhaben.

Integrationspolitische Rahmenbedingungen im Wandel

Sowohl die strukturellen Rahmenbedingungen für Integrationspolitik als auch die individuellen Anforderungen für erfolgreiche Integration haben sich im Laufe der letzten fünf Jahrzehnte entscheidend gewandelt: So müssen wir angesichts des demographischen Wandels und des wachsenden weltweiten Wettbewerbs um die besten Köpfe zukünftig Zuwanderung auch gezielt für die wirtschaftlichen und gesellschaftlichen Interessen Deutschlands nutzen. Bildung und Ausbildung sind wesentliche Faktoren für eine erfolgreiche Teilhabe am gesellschaftlichen, politischen und wirtschaftlichen Leben. Gelingt dies langfristig nicht, ist der innere Zusammenhalt unserer Gesellschaft gefährdet.

Migrationssteuerung und bewusste Integrationsgestaltung

Mit der Globalisierung verstärken sich der weltweite Informationsfluss und die allgemeine Mobilität. Sowohl wirtschaftlich motivierte Wanderungsprozesse als auch inter- und intrastaatliche Fluchtbewegungen nehmen kontinuierlich zu. Dies führt zu einem ständigen Austausch nicht nur von Kapital, Waren und Dienstleistungen, sondern vor allem auch von Menschen, Ideen, Kulturmustern, Wertvorstellungen und Lebensstilen. Die meisten Zielländer von Migrationsbewegungen setzen deshalb zugleich auf die Steuerung der Zuwanderung und die bewusste Gestaltung der Integration.

Bei der Steuerung globaler Migrationsbewegungen steht vor allem die Frage nach der Anwerbung von Hochqualifizierten im Mittelpunkt. Wie in anderen europäischen Ländern gibt es in Deutschland einen wachsenden Bedarf an hoch qualifizierten Arbeitnehmern, der durch Aus- und Weiterbildung nicht gedeckt werden kann. Um im weltweiten Wettbewerb um die besten Köpfe bestehen zu können, muss Deutschland deshalb verstärkt Hochqualifizierte für den deutschen Arbeitsmarkt gewinnen.

Gerade bei dieser Gruppe von Arbeitsmigranten haben wir die Chance, Zuwanderung als Gewinn zu vermitteln.

Im Jahr 2005 hat Deutschland nur sehr wenige Hochqualifizierte angezogen. Schätzungen gehen von 700-900 Hochqualifizierten aus, die auf der Grundlage von Paragraf 19 des Aufenthaltsgesetzes nach Deutschland gekommen sind. Gleichzeitig müssen wir aus der zunehmenden Abwanderung aus Deutschland insbesondere von jungen Menschen und Hochqualifizierten Konsequenzen ziehen. Sie ist ein ernst zu nehmender Indikator für die geringe Attraktivität Deutschlands als Forschungs-, Unternehmens- und Lebens(stand)ort und steht synonym für den Verlust von Bildungsressourcen und Humankapital.

Die rechtlichen Regelungen bedeuten eine zu hohe Hürde für die Zuwanderung Hochqualifizierter. Die Erfahrungen in der Praxis machen eine Erleichterung der Arbeitsaufnahme für Hochqualifizierte und Selbstständige notwendig. Dazu ist die Höhe der Einkommensgrenze bei Hochqualifizierten, des Investitionsvolumens bzw. der zu schaffenden Arbeitsplätze bei Selbstständigen dringend zu überprüfen. Über die rechtlichen Grundlagen hinaus müssen aber auch Unternehmen, Universitäten und Forschungseinrichtungen daran mitwirken, die Attraktivität Deutschlands für Hochqualifizierte zu steigern. Dazu gehört beispielsweise ein aktives „Anwerben" von erfolgreichen Absolventen an renommierten Hochschulen oder eine stärkere Service-Orientierung bei der Betreuung von Absolventen und Wissenschaftlern (z.B. Einrichtung eines Career-Service). Es gilt, diese Menschen willkommen zu heißen und ihnen einen guten Start in unserem Land zu ermöglichen. Nur dann kann unser Land von dem Potenzial dieser Menschen profitieren. Der Blick über den Tellerrand lohnt. Die Instrumente zur Anwerbung von Hochqualifizierten sind in anderen Ländern – beispielsweise Kanada, Australien und den USA – inzwischen sehr ausgefeilt. Es werden nicht nur Anreize für die Hochqualifizierten selbst, sondern auch für deren Familienmitglieder gesetzt.

Demographischer Wandel und Zuwanderung

Eine weitere Entwicklung wurde in der Öffentlichkeit erst nach und nach in vollem Umfang wahrgenommen: die Brisanz des demographischen Wandels, dabei vor allem die Alterung unserer Gesellschaft durch eine wachsende Lebenserwartung und eine zu geringe Geburtenzahl. Allerdings dürfen wir den Beitrag von Zuwanderung zur Lösung des demographischen Problems nicht überschätzen. Zuwanderung kann weder dem Bevölkerungsrückgang entgegenwirken noch die Alterung der Bevölkerung verhindern, sondern lediglich dämpfen.

Aus integrationspolitischer Sicht ist zu betonen, dass die Potenziale der Kinder und Jugendlichen mit Migrationshintergrund gezielt zu fördern sind. Diese Bildungsreserve der zweiten und dritten Zuwanderergeneration darf nicht brachliegen.

Anforderungen der Wissensgesellschaft

Die Zuwanderung, insbesondere der „Gastarbeiter" in den fünfziger und sechziger Jahren des letzten Jahrhunderts, war dadurch gekennzeichnet, dass in erster Linie Menschen mit geringer Bildung nach Deutschland kamen, die einfache Tätigkeiten ausübten. Durch Strukturwandel und Globalisierung sind viele dieser Arbeitsplätze weggefallen. Der Übergang von der Industriegesellschaft zur Wissensgesellschaft hat einen gesamtgesellschaftlichen Wandel zur Folge, der jeden Einzelnen vor veränderte Anforderungen in Bildung, Ausbildung, Beruf und Alltag stellt. Die wichtigste integrationspolitische Implikation der Wissensgesellschaft ist, dass erfolgreiche Integration durch Bildung erfolgt.

Integrationsdefizite gefährden den gesellschaftlichen Zusammenhalt

Viele Familien mit Migrationshintergrund in Deutschland leben in sozial schwierigen Verhältnissen. Dies birgt die Gefahr, dass aus einem Miteinander ein Nebeneinander und im schlimmsten Fall sogar ein Gegeneinander wird. Integration ist nicht nur Sozialarbeit für eine Randgruppe, sondern zentrale Voraussetzung für den inneren Zusammenhalt unserer Gesellschaft in einem weltoffenen Land, in dem Menschen unterschiedlichster Herkunft friedlich und rechtstreu miteinander und in gegenseitiger Achtung leben. Integration ist damit im Interesse eines jeden von uns.

Die räumliche Konzentration von Zuwanderern in einzelnen Stadtvierteln (Segregation) steht ganz oben auf der Agenda der Integrationsdebatte. Gesellschaft und Politik sind vor allem dann alarmiert, wenn sich wohnräumliche Segregation mit Bildungsferne, Perspektivlosigkeit, Benachteiligung auf dem Arbeitsmarkt und wirtschaftlicher Not überlagert und zu einem sich selbst verstärkenden Effekt führt. Segregation ist oftmals nicht primär ein ethnisches, sondern ein soziales, schichtenspezifisches Problem, das durch eine lokale Massierung von Konfliktpotenzial gekennzeichnet ist. Mit dem Quartiersmanagement steht ein vielfach erprobtes Instrument der Stadtentwicklung zur Verfügung, das der Vielschichtigkeit der Problemlagen und Betroffenengruppen gerecht wird und diese Viertel nicht sich selbst überlässt.

Die Gewährleistung der inneren Sicherheit rückt immer wieder in den Mittelpunkt. Die Attentate von London im Juli 2005, die gewalttätigen Auseinandersetzungen in den französischen Vorstädten und die vereitelten Kofferbomben-Anschläge in Deutschland alarmierten Bevölkerung und Politik. Die Bekämpfung des Terrorismus ist eine gemeinsame Aufgabe aller europäischen Staaten. Zugleich erhält Integrationspolitik eine zusätzliche Dimension. Denn es gilt, Radikalisierungsprozessen durch Prävention zu begegnen.

Integration bedeutet Identifikation, Teilhabe und Verantwortung

Um den gewandelten Rahmenbedingungen und Herausforderungen begegnen zu können, ist ein gemeinsames Grundverständnis von Integration erforderlich.

„Gutes Zusammenleben – klare Regeln“

Im Vorfeld des Integrationsgipfels verabschiedete das Bundeskabinett unter dem Titel „Gutes Zusammenleben – klare Regeln“ eine Erklärung[1], die nicht nur die Positionsbestimmung der Bundesregierung darstellt, sondern auch die Leitlinien für die Aktivitäten der Integrationsbeauftragten formuliert.

Für die Bundesregierung bedeutet erfolgreiche Integration Identifikation, Teilhabe und Verantwortung. Dafür sind Anstrengungen seitens des Staates, der bürgerschaftlichen Gesellschaft und der Migrantinnen und Migranten selbst notwendig. Maßgebend ist zum einen die Bereitschaft der Zuwandernden, sich auf ein Leben in unserer Gesellschaft einzulassen, unser Grundgesetz und unsere gesamte Rechtsordnung vorbehaltlos zu akzeptieren und insbesondere durch das Erlernen der deutschen Sprache ein sichtbares Zeichen der Zugehörigkeit zu Deutschland zu setzen. Dies erfordert Eigeninitiative, Einsatzbereitschaft und Eigenverantwortung.

Auf Seiten der Aufnahmegesellschaft benötigen wir dafür Akzeptanz, Toleranz, zivilgesellschaftliches Engagement und die Bereitschaft, Menschen, die rechtmäßig bei uns leben, ehrlich willkommen zu heißen. Es gilt, ein gemeinsames Verständnis von Integration zu entwickeln, das wechselseitige Pflichten und Rechte begründet: für Migrantinnen und Migranten wie für die heimische Bevölkerung. Wer Forderungen stellt, muss auch fördern. Wer Rechte beansprucht, muss auch Pflichten erfüllen. Grundlage ist neben unseren Wertvorstellungen und unserem kulturellen Selbstverständnis unsere freiheitliche und demokratische Ordnung, wie sie sich aus der deutschen und europäischen Geschichte entwickelt hat und im Grundgesetz ihre verfassungsrechtliche Ausprägung findet.

Schlüsselbereiche für Integration

Ausgehend von diesem Integrationsverständnis will die Bundesregierung auf den folgenden sechs Handlungsfeldern Fortschritte erzielen, um Integration zu verbessern:

- Integrationskurse weiterentwickeln;
- von Anfang an deutsche Sprache fördern;
- gute Bildung und Ausbildung sichern, Arbeitsmarktchancen erhöhen;
- Lebenssituation von Frauen und Mädchen verbessern, Gleichberechtigung verwirklichen;
- Integration vor Ort unterstützen;
- Bürgergesellschaft stärken (Kultur, Sport, Medien, Wissenschaft und ehrenamtliches Engagement).

Mit dem Integrationsgipfel vom 14. Juli 2006 ist der Startschuss für die Erarbeitung eines „Nationalen Integrationsplans" gefallen, der die genannten Schlüsselbereiche aufgreift. Ausgehend von den Schlüsselbereichen wurden sechs Arbeitsgruppen unter Federführung der jeweils zuständigen Bundesministerien eingerichtet. Die Auftaktsitzungen der Arbeitsgruppen haben Ende September 2006 begonnen. Sie setzen sich aus Vertreterinnen und Vertretern von Bund, Ländern, Kommunen, Wirtschaft, Gesellschaft und Migrantinnen und Migranten zusammen. Die hochrangige Besetzung soll die Bedeutung, die die Bundesregierung dem Thema Integration zumisst, unterstreichen.

Diese Handlungsfelder berühren zugleich europäische Fragen, und zwar nicht nur dort, wo europäische Regelungskompetenzen bestehen, sondern auch dort, wo wir Erfahrungen aus verschiedenen Ländern austauschen und somit voneinander lernen können. Eine intensive Zusammenarbeit erfolgt bereits mit meinem französischen Amtskollegen Azouz Begag, bilaterale Arbeitstreffen mit weiteren Ländern wie beispielsweise Spanien sind in der Vorbereitung. Die Bundesregierung wird außerdem im Rahmen der deutschen EU-Ratspräsidentschaft Integration einen besonderen Stellenwert einräumen.

Integration durch Sprache

Sprache ist mehr als reine Kommunikation, sie bedeutet soziale Interaktion. Von Ludwig Wittgenstein stammt der Satz: „Die Grenzen meiner Sprache bedeuten die Grenzen meiner Welt". Auf den integrationspolitischen Kontext übertragen, beschreibt die Aussage treffend die Lebensrealität zahlreicher Migranten, die versuchen, ohne ausreichende Sprachkenntnisse in unserer Gesellschaft zurecht zu kommen.

Sprache ist eine notwendige, aber keine hinreichende Voraussetzung für Integration – das beweisen die erheblichen Integrationsprobleme maghrebinischer und damit überwiegend frankophoner Migranten in Frankreich. Mit dem Zuwanderungsgesetz wurden im Bereich der Sprachförderung Strukturen gebündelt und wichtige rechtliche Grundlagen dafür gelegt, dass auf Dauer in Deutschland lebende ausländische Neuzuwanderer mit mangelnden Sprachkenntnissen zur Teilnahme an Deutschkursen verpflichtet werden können.

Doch ist damit das Problem mangelhafter Deutschkenntnisse gerade bei Kindern nicht gelöst. Die Grundlagen für eine gelingende Teilhabe in unserer Gesellschaft werden im Elternhaus, im Kindergarten und in der Schule gelegt. Ergänzend zum informellen Spracherwerb durch frühe soziale Kontakte zwischen Kindern mit und ohne Migrationshintergrund im Vorschul- und Schulbereich ist die bildungsbegleitende Sprachförderung schon im frühen Kindesalter von besonderer Bedeutung. Auf der Basis frühzeitiger Sprachstandserhebungen im Elementarbereich kann der individuelle Förderbedarf festgestellt und rechtzeitig vor der Einschulung mit der Sprachförderung begonnen werden. Einige Bundesländer gehen hier bereits mit gutem Vorbild voran.

Diese frühkindliche Sprachförderung ist dann zu einer bildungsbegleitenden Förderung der deutschen Sprache in der Schule und in der Berufsausbildung auszubauen. Da mangelhafte Sprachkenntnisse der Kinder oft mit mangelnden Deutschkenntnissen mindestens eines Elternteils einhergehen, müssen wir noch stärker als bisher die Eltern und vor allem die Mütter erreichen und in den Spracherwerb mit einbeziehen (z.B. Sprachförderung in Eltern-Kind-Gruppen). Auch die Eltern sind gefordert, sich Deutschkenntnisse anzueignen, um gemeinsam mit den pädagogischen Fachkräften im Kindergarten und in der Schule ihre Kinder besser unterstützen zu können.

Neben der Förderung des Erwerbs der deutschen Sprache ist auch die Muttersprache als besonderes Potenzial von Migrantinnen und Migranten anzuerkennen.

Integration durch Bildung, Ausbildung und Arbeit

Bildung ist der Schlüssel zu Integration, denn Bildungserfolge eröffnen Teilhabechancen im gesellschaftlichen, politischen und vor allem im wirtschaftlichen Leben. Eine gute Schulbildung und eine darauf aufbauende solide berufliche (Nach-)Qualifizierung sind Voraussetzung für einen Zugang zum Arbeitsmarkt und damit für eine nachhaltige Integration auch in anderen Lebensbereichen. Arbeit ist nicht nur Grundlage für Existenzsicherung, sie bestimmt den gesellschaftlichen Status, das Selbstwertgefühl und eröffnet zahlreiche Möglichkeiten, soziale Beziehungen aufzubauen. Denn gerade der Arbeitsplatz ist Ort des tagtäglichen fairen Miteinanders und respektvollen Dialogs. Arbeit ist damit der wichtigste Motor für Integration und zugleich Indikator für ihr Gelingen. Umso problematischer ist, dass Menschen mit Migrationshintergrund in Bildung, Ausbildung und auf dem Arbeitsmarkt nach wie vor benachteiligt sind: Überdurchschnittlich viele Jugendliche mit Migrationshintergrund haben keinen Schulabschluss und rund 40 Prozent keinen Berufsabschluss. Die Ausbildungsbeteiligung von ausländischen Jugendlichen ist seit Mitte der neunziger Jahre um fast 40 Prozent gesunken und liegt weit unter dem Durchschnitt. Angesichts dieser besorgniserregenden Trends besteht ein dringender Handlungsbedarf, die Bildungs- und Ausbildungssituation junger Migrantinnen und Migranten und damit ihre Berufschancen zu verbessern.

Damit Jugendliche ihre ersten Schritte ins Berufsleben erfolgreich meistern können, ist eine enge Verzahnung von

Schule und Betrieben wichtig. Angesetzt werden muss aber auch beim Engagement und der Verantwortung der Eltern für den Bildungserfolg ihrer Kinder. Unternehmen müssen stärker als bisher Verantwortung übernehmen. Dafür steht die Selbstverpflichtung von zugewanderten Unternehmern, bis 2010 10.000 neue Ausbildungsplätze zu schaffen. Richtungweisend ist die Initiative von Unternehmen in Deutschland für eine – nach französischem Vorbild – „Charta der Vielfalt". Mit dieser Selbstverpflichtung für eine Unternehmenskultur der Pluralität setzen Unternehmen bewusst Vielfalt als unternehmerische Ressource ein. Die sprachlichen und kulturellen Potenziale von Mitarbeiterinnen und Mitarbeitern sollen bewusst gefördert, Rahmenbedingungen für ein konstruktives Miteinander im Arbeitsalltag geschaffen und Migrantinnen und Migranten in der betrieblichen Einstellungs- und Personalpolitik angemessen berücksichtigt werden. Die Unternehmen eröffnen damit nicht nur Menschen mit Migrationshintergrund bessere Ausbildungs- und Berufschancen, sondern gewinnen Wettbewerbsvorteile im globalen Wirtschaftsraum.

Lebenssituation von Frauen und Mädchen verbessern

Hier gibt die deutsche Verfassung den Rahmen vor. „Niemand darf wegen seines Geschlechtes, seiner Abstammung, seiner Rasse, seiner Sprache, seiner Heimat und Herkunft, seines Glaubens und seiner religiösen oder politischen Anschauungen benachteiligt oder bevorzugt werden" – so lautet Artikel 3 des Grundgesetzes der Bundesrepublik Deutschland. Ebenso ist die Gleichberechtigung von Mann und Frau in Artikel 3 Grundgesetz verankert. Zu den besonderen Anliegen der Integrationsbeauftragten gehört die Durchsetzung der Frauenrechte. Frauen nehmen eine zentrale Rolle im Integrationsprozess ein. Der Stärkung von Migrantinnen in Familie und Gesellschaft dienen spezifische Sprachangebote für Frauen. Über Bildung und Erziehung ist verstärkt ein modernes, auf Gleichberechtigung basierendes Verständnis von Familie, Ehe und Partnerschaft zu vermitteln. Mädchen und Frauen, die im Rahmen des Familiennachzugs nach Deutschland kommen, müssen durch Erwerb von Grundkenntnissen der deutschen Sprache im Herkunftsland dazu befähigt werden, in Deutschland selbstbestimmt handeln und Beratungs- und Hilfeangebote gezielt in Anspruch nehmen zu können. Die türkische Regierung hat sich bereit erklärt, in der Türkei entsprechende Sprachvorbereitungskurse einzurichten.

Integrationspolitik ist Gesellschaftspolitik für die Zukunft

Integration geht mit zentralen gesellschaftspolitischen Fragen einher: Wo stehen wir heute und wo sehen wir uns in zehn oder zwanzig Jahren? Wie wollen wir morgen leben, was ist unser Modell bzw. Ideal des Zusammenlebens? Was müssen wir tun, damit unsere Gesellschaft zusammenhält? Wie verhindern wir, dass aus der Einheit in Vielfalt eine Vielfalt ohne Einheit wird? Wie stehen wir zu uns selbst? Und wie wirkt sich dieses Selbstverständnis auf unsere Zielvorstellungen einer erfolgreichen Integration aus?

Die Chancen, geeignete Antworten auf diese Fragen zu finden, stehen gut. Denn die Art und Weise, wie wir an das Thema herangehen, hat sich in Deutschland in den letzten Jahren verändert: Die integrationspolitischen Versäumnisse der Vergangenheit werden offen diskutiert, Deutschland als Einwanderungs- und Integrationsland anerkannt. Mit diesem Perspektivwechsel eröffnen sich neue Handlungsoptionen, die Zukunft Deutschlands gemeinsam mit und für Migranten im Sinne der gesellschaftlichen und wirtschaftlichen Interessen unseres Landes zu gestalten. Nicht mehr das Ob von Integration ist die Frage, sondern das Wie. Dafür lohnt es, alle Kräfte zu mobilisieren.

Anmerkung

1 Erklärung vom 14.07.06, abrufbar unter: http://www.bundesregierung.de/Webs/Breg/DE/Bundesregierung/BeauftragtefuerIntegration/Integrationsgipfel2006/Ziel/ziel.html (Zugriff am 10.10.2006)

Dieter Oberndörfer

Einwanderungsland Deutschland: Worüber reden wir eigentlich?

Eine offene Republik?

In der Bundesrepublik leben mehr als sieben Millionen Ausländer. Nahezu ein Viertel der Bevölkerung hat einen Migrationshintergrund. Dennoch ist Deutschland bis heute immer noch kein Einwanderungsland geworden. In Einwanderungsländern wird Zuwanderern das Recht auf Verbleib, auf Einwanderung gewährt. Einwanderungsländer werben um Zuwanderer, sie sehen in ihnen einen Gewinn für die Nation und machen sie zu Bürgern. In Deutschland gilt jedoch bis heute das Prinzip: Zuwanderung ja, aber möglichst nicht auf Dauer – und nicht zu viel. Einwanderung wird blockiert. Die geglaubte, immer nur fiktive kulturelle und soziale Homogenität der Nation soll vor Fremden und Fremdem – vor Ausländern geschützt werden. Daher wurde die „Zuwanderung" von Ausländern in Deutschland bis heute immer wieder nach dem so genannten „Gastarbeitermodell" gestaltet.

Gastarbeiter werden nicht zum Bleiben eingeladen. Sie sollen nach Ablauf ihrer Verträge wieder in ihre Heimat zurückkehren. Es werden ihnen nur geringe Chancen gewährt, in die Gesellschaft ihres Aufnahmelandes als gleichberechtigte Bürgerinnen und Bürger aufgenommen zu werden. Einbürgerung und Integration blieben daher in Deutschland lange Tabuthemen. Einbürgerung, die Aufnahme in das Staatsvolk, wurde nur in wenigen Ausnahmefällen von den zuständigen Behörden als Akt des „Ermessens" nach dem Kriterium des öffentlichen Interesses gewährt, so etwa hochkarätigen Wissenschaftlern oder olympiaverdächtigen Sportlern. Ihre Verleihung war kein Rechtsanspruch. Erst seit 1991 wurde Einbürgerung nach 15-jährigem Aufenthalt in Deutschland auf Betreiben des damaligen Bundesinnenministers Wolfgang Schäuble ein rechtlich einklagbarer „Anspruch".

Gastarbeiter und Flüchtlinge – ein Rückblick

Schon die massenhafte Zuwanderung von Arbeitskräften in die Industrie und Landwirtschaft Deutschlands vor dem Ersten Weltkrieg war keine Einwanderung. Sie wurde streng nach dem Prinzip des nur vorübergehenden Aufenthalts gestaltet und überwacht. Eine extreme Anwendung dieses Prinzips war die Rekrutierung vieler Millionen Zwangsarbeiter im Ersten und Zweiten Weltkrieg.[1] Als nach dem Bau der Berliner Mauer der Zustrom aus Ostdeutschland versiegte, wurde in Westdeutschland der anhaltende Bedarf der Wirtschaft an Arbeitskräften über die verstärkte Anwerbung von Gastarbeitern gedeckt.

Wegen der zunehmenden Automatisierung manueller Arbeit und der Folgen beginnender Globalisierung wurde die Gastarbeiteranwerbung seit Beginn der Siebzigerjahre überflüssig.

Über den bis heute gültigen „Anwerbestopp" von 1973 wurde versucht, weiteren Zuzug zu verhindern.[2] Darüber hinaus sollten Rückkehrprämien die Bereitschaft der „Gäste" aufbessern, Deutschland wieder zu verlassen. Trotz des „Anwerbestopps" wurden aber schon seit 1984 über die „Anwerbestoppausnahmeverordnung" erneut Ausländer für zeitlich befristete Tätigkeiten im Gesundheitswesen – so z.B. Krankenschwestern aus Korea – und anderen Bereichen angeworben, in denen es nicht genügend einheimische Kräfte gab. Die Zahl der temporären Arbeitsgenehmigungen war beträchtlich. Zugleich ging die Zuwanderung über Familienzusammenführung und Flüchtlingszuzug auf Grund zwingender rechtlicher Vorgaben weiter und erreichte schon Mitte der Neunzigerjahre einen Höchststand von sieben Millionen.

Im Unterschied zu Gastarbeitern und Flüchtlingen durften

„Aussiedler“, Angehörige deutscher Minderheiten in Ost- und Südosteuropa, nach Deutschland „einwandern“. Ihnen wurden der permanente Verbleib und die Aufnahme in die politische Gemeinschaft Deutschlands zugebilligt. So wurden in Westdeutschland schon bis zur Vereinigung mit Ostdeutschland im Jahr 1990 rund 1,7 Millionen Aussiedler deutsche Staatsbürger. Danach kamen trotz der Massenarbeitslosigkeit in Ostdeutschland weitere drei Millionen „Spätaussiedler“. Auch ihnen wurde die Staatsbürgerschaft gewährt. Ihre Integration wurde durch Sprachkurse und andere staatliche Hilfen unterstützt.

Trotz millionenfacher Einwanderung von Aussiedlern, Gastarbeitern und Flüchtlingen blieb die Formel „Deutschland ist kein Einwanderungsland“ ein Dogma der deutschen Ausländerpolitik.[3] Da seit der Vereinigung mehr als eine Million Ostdeutscher nach Westdeutschland zog, konnte in den alten Bundesländern der immer noch vorhandene Arbeitskräftebedarf der Wirtschaft bedient werden.

Auf diesem Hintergrund setzte seit Mitte der Neunzigerjahre eine präzedenzlose populistische Kampagne gegen weitere Zuwanderung ein. Deutschland werde, im Vergleich mit anderen Staaten Europas, von Ausländern überflutet – eine statistisch nicht zu begründende Behauptung für einen Zeitraum, in dem die Zuwanderung gerade zu stagnieren begann und ihr Saldo sogar 1998 vorübergehend negativ geworden war.[4]

Die Kontroverse um die demographische Entwicklung

Erst mit dem neuen Ausländergesetz der Regierung Schröder von 1998 wurde Einwanderung in signifikantem Umfang gefördert. So wurde die für eine Einbürgerung notwendige Aufenthaltsdauer von fünfzehn auf acht Jahre verkürzt und die Einbürgerung in Deutschland geborener Kinder („Ius soli“) von Ausländern ermöglicht. Hinzu kamen deutliche regionale und sektorale Defizite des Arbeitsmarktes, die mit einheimischen Arbeitskräften nicht behoben werden konnten. Zudem wurde die Einsicht, dass Deutschland von Zuwanderern profitieren könne, durch die von Bundeskanzler Schröder angeregte „Green Card" gefördert, eine Sonderregelung für die Anwerbung von Fachkräften der Informations- und Kommunikationstechnologie. Auch für die Green Card war jedoch das Gastarbeiterprinzip maßgeblich. Die Arbeitserlaubnisse der IT-Kräfte wurden auf jeweils fünf Jahre und auf bloße Tätigkeiten im IT-Bereich begrenzt. Im Unterschied zur amerikanischen Green Card wurde den angeworbenen Fachkräften und ihren Angehörigen kein Verbleib auf Dauer und keine Genehmigung für die eigene Berufswahl oder z.B. auch für unternehmerische Aktivitäten gewährt. Im internationalen Wettbewerb um IT-Fachkräfte bewirkten diese Einschränkungen, dass sich für Deutschland oft nur die „zweite Wahl" interessierte oder auch Bewerber, die Deutschland nur als Sprungbrett für die Auswanderung nach den USA, Kanada oder Australien benutzen wollten.

Gegen Jahresende 1999 gab eine Studie der Vereinten Nationen zur Demographie der westlichen Industriestaaten den Anstoß für die Aufweichung der Zu- und Einwanderungsblockade in der politischen Meinungsbildung. Die UNO-Studie hatte in den Medien eine durchschlagende Wirkung. Durch sie erhielt die demographische Entwicklung Deutschlands, die Schrumpfung und Alterung seiner Bevölkerung, und der sich aus ihr ergebende Arbeitskräftebedarf die längst fällige Aufmerksamkeit. Die ökonomische Entwicklung würde, so jetzt die Meinung vieler, bald eine großzügige Öffnung für ausländische Arbeitskräfte erzwingen. Daneben schuf auch die beginnende Auseinandersetzung über die Sicherung der Renten angesichts von Schrumpfung und Alterung der Deutschen die stimmungsmäßigen Grundlagen für die Resonanz der im Frühjahr 2001 von der „Süssmuth-Kommission" gemachten Vorschläge für Einwanderung nach Deutschland.

In der politischen Meinungsbildung gab es allerdings kräftiges Sperrfeuer. Charlotte Höhn, die Leiterin des Bundesinstituts für Bevölkerungsforschung – in dieser Position für die Medien eine maßgebliche Autorität für die Beurteilung demographischer

Sachverhalte – leistete es sich, die Studie als „leeres Zahlenspiel“ abzuwerten.[5] Bundesinnenminister Otto Schily und der bayerische Innenminister Günther Beckstein schlossen sich den Kritikern an. Die Grenze der Belastbarkeit durch Zuwanderung sei längst erreicht: „Das Boot ist voll“ (Otto Schily). Mit dieser ominösen Parole verweigerte die Schweiz im Zweiten Weltkrieg die Aufnahme jüdischer Flüchtlinge aus Deutschland. Zuvor, in der Opposition gegen die Regierung Kohl, hatte Otto Schily noch die vitalisierende Wirkung von Zuwanderung gerühmt, – alles Beispiele einer bemerkenswerten „Flexibilität“. Der bayerische Innenminister Günther Beckstein behauptete bei Jahresbeginn 2000 in einem Spiegelinterview, eine in der UNO-Studie genannte jährliche Zuwanderung von 500.000 Migranten liege doch weit unter der Zahl der tatsächlichen bisherigen jährlichen Zuwanderung von über 700.000 Menschen nach Deutschland.[6] Ähnliches war von Bundesinnenminister Otto Schily zu hören. Beide Minister bezogen sich dabei nicht, wie die UNO-Studie, auf die Nettozuwanderung nach Deutschland, sondern auf bloße Einreisen ohne Berücksichtigung der Ausreisen. Tatsächlich waren im Jahr 1998, auf das sich beide Minister berufen hatten, erstmals mehr Ausländer ab- als zugewandert.

Der Bericht der „Süssmuth-Kommission“ und die folgende politische Debatte machten Forderungen nach Öffnung für eine sozialverträglich gestaltete Einwanderung vorübergehend zu einem zentralen Thema der deutschen Innenpolitik. Für wenige Monate wurde Einwanderung in nahezu allen politischen Lagern positiv bewertet und die Notwendigkeit ihrer sozialverträglichen Gestaltung gefordert.[7] Dass dann aber schon im Herbst 2001, also innerhalb weniger Monate, in einem erbitterten politischen Grabenkrieg aus der ersten Version des vom Innenministerium erarbeiteten Zuwanderungsgesetzes – es war eine bereits verwässerte Fassung des „Süssmuth-Berichts“ – ein „Gesetz zur Begrenzung der Zuwanderung“ wurde, illustriert die zähe politische Kraft der fehlenden Akzeptanz von Einwanderung. Auch im Regierungsentwurf sollte die Mehrheit der Zuwanderer nur für einen Zeitraum von drei Jahren Arbeitsverträge erhalten. Ferner war ausdrücklich die Möglichkeit einer vorzeitigen Abschiebung vorgesehen. Auch im Regierungsentwurf dominierten also erneut das Gastarbeiterprinzip und die in ihm enthaltene Furcht vor dem Verbleib von Ausländern.

Das halbherzige „Zuwanderungsbegrenzungsgesetz"

Das Zuwanderungsgesetz der Regierung, gegenüber dem Erstentwurf schon stark kupiert, scheiterte schließlich am Einspruch des Bundesverfassungsgerichts gegen die manipulativen Modalitäten seiner Verabschiedung im Bundesrat. Mit der neuen, durch Kompromiss mit der Opposition verabschiedeten und am 1. Januar 2005 in Kraft getretenen Version des Gesetzes – es heißt völlig zu Recht „Zuwanderungsbegrenzungsgesetz" – gewann die Abwehr von Einwanderung wieder die Oberhand. Vorschläge für eine sozialverträglich gestaltete Einwanderung nach dem Muster der kanadischen Einwanderungspolitik, das Herzstück des „Süssmuth-Berichts", waren eliminiert worden. Der Anwerbestopp blieb. Er wurde nicht aufgehoben.

Einwanderung in der Gestalt von Zuwanderung mit Bleiberecht wurde im „Zuwanderungsbegrenzungsgesetz" allein auf einen winzigen Kreis von Unternehmern, hoch bezahlten Fachkräften und Wissenschaftlern beschränkt. In diesem Rahmen kamen 2005 ganze 900 Migranten nach Deutschland.[8] In der Schweiz fanden im gleichen Jahr 13.000 Deutsche eine Arbeit. Dies wie auch Vergleiche mit der Migration in anderen Staaten Europas veranschaulichen die Gründlichkeit der neu befestigten Abschottung gegen Zuwanderung mit längerfristigem Aufenthaltsrecht. Über das Instrument von Ausnahmeverordnungen galt für Deutschland auch weiterhin das Gastarbeiterprinzip. So wurden seit 2003 jährlich 300.000 bis 350.000 befristete Arbeitserlaubnisse unterschiedlichen Typs erteilt. Dazu kam eine große Zahl ausländischer Arbeitskräfte über Werkverträge und ausländische Subunternehmen.

Angst vor eventueller Einwanderung spricht gerade auch aus den scheinbar liberalen, bei näherer Betrachtung jedoch überaus kleinkarierten Bestimmungen des „Zuwanderungsbegrenzungsgesetzes“ zum Aufenthalts- und Arbeitsrecht ausländischer Absolventen deutscher Hochschulen, – einer Gruppe sprachlich integrierter und beruflich besonders qualifizierter Migranten. Ausländische Studenten durften nun nach Abschluss ihres Examens ein weiteres Jahr in Deutschland verbleiben, um sich eine Anstellung im Bereich ihrer Studienqualifikation zu suchen. Dabei gilt für sie jedoch die so genannte „Vorrangprüfung“. Finden sie eine Anstellung, muss zuerst von den Behörden geprüft werden, ob es für diesen Arbeitsplatz nicht vielleicht deutsche Kandidaten oder EU-Bürger gibt, die dafür geeignet wären. Sie sind „bevorrechtigt“. Abstammung hat den Vorrang vor Begabung. Der künftige Nobelpreisträger kann zu Gunsten des Klassenletzten das Nachsehen haben. Im weltweiten Wettbewerb um die besten Köpfe bleibt ersterem allerdings immer noch eine gute Chance in die USA, Kanada oder Australien auswandern zu können. Zu Recht hat der „Sachverständigenrat für Migration und Integration“ in seinem Jahresgutachten von 2004 die kleinlichen und berufliche Flexibilität behindernden Bestimmungen des Zuwanderungsgesetzes zum Bleiberecht ausländischer Absolventen kritisiert.

Die Blockade von Einwanderung war nach der kontroversen Verabschiedung des Zuwanderungsgesetzes wegen der anhaltenden Arbeitslosigkeit wieder populär geworden. Illustrativ ist hierfür das Schicksal des im Zuwanderungsgesetz vorgesehenen und von Bundesinnenminister Otto Schily im Vorgriff auf das Gesetz schon 2003 einberufenen „Sachverständigenrates für Zuwanderung und Integration (Zuwanderungsrat)“. In seinem ersten Jahresbericht vom Herbst 2004 hatte er die Gewährung von jährlich bis zu maximal 25.000 „Engpassgenehmigungen“ vorgeschlagen. Dadurch sollte eine flexibel gesteuerte Zuwanderung in Bereiche ermöglicht werden, in denen es nicht genügend zureichend qualifizierte deutsche oder EU-ausländische Arbeitskräfte gab. Dieses durchaus vernünftige Vorhaben für den gespaltenen Arbeitsmarkt Deutschlands, in dem die Positionen fehlender Ingenieure nun einmal nicht erfolgreich mit arbeitslosen Bergleuten oder Werftarbeitern besetzt werden konnten, stieß bei allen Parteien des Bundestags auf eine Woge empörter Ablehnung, zumal die Veröffentlichung des Berichts des Zuwanderungsrates unglücklicherweise zeitlich zusammentraf mit der Ankündigung der Entlassung von ca. 4.000 Arbeitskräften bei Opel. Es hieß nun: wegen der hohen Arbeitslosigkeit in Deutschland sei es unverantwortlich, Ausländer anzuwerben! Als Begleitmusik für die nun losgetretene diffamierende Kampagne gegen den Sachverständigenrat – dessen Mittel der Haushaltsausschuss des Bundestages schon drastisch zusammengestrichen hatte – diente u. a. die Neid mobilisierende Meldung einer prominenten überregionalen Tageszeitung über hohe „Honorare" (in Wirklichkeit Aufwandsentschädigungen) der Mitglieder des Rates. Das war eine erstaunliche Veröffentlichung, da die gleiche Zeitung bis dahin und auch bis heute noch nie an den durchaus höheren Aufwandsentschädigungen des komplementären „Rates der Wirtschaftsweisen" Anstoß genommen hatte. So konnte die Abberufung des für die Steuerung und Gestaltung der Zuwanderung wichtigen Zuwanderungsrates unter Vorsitz von Rita Süssmuth und Klaus J. Bade durch Bundesinnenminister Schily ohne Presseerklärung am 22. Dezember (!) 2004 sang- und klanglos über die Bühne gehen, so dass der Zuwanderungsrat das Inkrafttreten des „Zuwanderungsbegrenzungsgesetzes" am 1. Januar 2005 nicht mehr erlebte. Dass auch Innenminister Otto Schily der Auflösung des von ihm selbst einberufenen Sachverständigengremiums zugestimmt hatte, konnte nicht verwundern. Die Zuwanderungsbegrenzung und die Behandlung von Flüchtlingen waren vom Gesetzgeber in großen Linien geregelt worden. Nunmehr, dies war die Optik im Ministerium und Bundestag, bedurfte es keines weiteren unabhängigen Sachverstands. Für eventuelle, noch anstehende Aufgaben stand das dem Bundesinnenminister zugeordnete Bundesamt für Migration und Flüchtlinge in Nürnberg bereit.

Die Zuwanderung blieb seit 1997 im Wesentlichen auf Spätaussiedler, Familiennachzug und Flüchtlinge im Umfang von durchschnittlich 80.000 bis 90.000 Personen pro Jahr beschränkt. Sie lag damit weit unter der in den Vorausberechnungen des Statistischen Bundesamtes für die Abmilderung von Alterung und Schrumpfung angenommenen „mittleren" Variante künftiger Zuwanderung von jährlich 200.000 Migranten.

Xenophober Zeitgeist und inhumane Flüchtlingspolitik

Der xenophobe Zeitgeist äußerte sich ganz besonders in der Behandlung von Asylbewerbern und Flüchtlingen. Durch verschärfte Grenzkontrollen, restriktive Anerkennungspraxis, abschreckende Lebensbedingungen in den Aufnahmelagern, Reduktion der Leistungen für Flüchtlinge über das „Asylbewerberleistungsgesetz" sowie eine gnadenlose Abschiebungspolitik und -praxis wurde die Zuwanderung von Asylbewerbern und Flüchtlingen auf ein immer geringeres Volumen heruntergeschraubt. Und dies sogar mit „gutem Gewissen". Von Skrupeln befreite die Ausführenden die wenig reflektierte Devise, es gehe doch beim Vollzug der unmenschlichen Praxis letztlich um die pflichtmäßige Einhaltung von Gesetzen und die Sicherung bruchloser Rechtsstaatlichkeit. Während bis 1997 jährlich mehr als 100.000 Asylbewerber und Flüchtlinge eine Aufnahme beantragt hatten, verringerte sich ihre Zahl danach kontinuierlich von 50.000 im Jahr 2003 auf 35.000 und 29.000 in den folgenden beiden Jahren. Zuletzt (2006) waren es nur noch 21.000 Antragssteller. Als Asylberechtigte wurden ganze 251 Personen „anerkannt", die dadurch ein Bleiberecht erhielten. Das sind 0,8 Prozent aller Fälle, über die das Bundesamt für Migration und Flüchtlinge 2006 (von insgesamt 30.759 Fällen) zu entscheiden hatte.

Bei der Aufnahme der Flüchtlinge gelang es bislang nicht, dem Aufenthalt der „Geduldeten" eine humanere Gestalt zu geben. Geduldet sind etwa 200.000 Flüchtlinge, die aus rechtlichen oder faktischen Gründen (z.B. wegen Rückreisehindernissen) vorläufig nicht abgeschoben werden dürfen oder können. Die

Berechtigung ihrer nach der amtlichen Terminologie „ausgesetzten Abschiebung“, insbesondere, ob sie im Sinne der Genfer Flüchtlingskonvention bei einer Rückkehr in ihr Herkunftsland immer noch an „Leib und Leben“ gefährdet sind, wird von den Behörden regelmäßig im Abstand von drei bis vier Monaten überprüft. Bei Fortbestand der Ausreise- und Abschiebungshindernisse ergeben sich „Kettenduldungen“ auf dem Schleudersitz ständig drohender Abschiebung. Die für die Abschiebung zuständigen Behörden können mit den Bedrohungsgefahren in den Heimatländern der Flüchtlinge nur unzulänglich vertraut sein. Ihre Entscheidungen gründen daher oft auf subjektiven Ermessensabwägungen. Sie sind dabei darauf gedrillt, die Beendigung der Duldung durch Abschiebung zu erreichen, die dann euphemistisch als „freiwillige Ausreise“ deklariert wird – nicht umsonst wurde dieser Begriff zum Unwort des Jahres 2006 gewählt.

Über die Hälfte der „Geduldeten“ hält sich seit mehr als sechs Jahren in Deutschland auf, manche bereits in dritter oder sogar vierter Generation. Die Unsicherheit und der Stress ihres Aufenthaltes zerstören ihre Lebenskraft. Viele sind nach langem Aufenthalt in Deutschland ihrem Herkunftsland entfremdet und haben dort wenige Chancen für einen Neuanfang nach einer Rückkehr. Viele sind gut ausgebildet und sprachlich integriert. Da sie jedoch keinen oder nur einen sehr eingeschränkten Zugang zu eigener Erwerbsarbeit haben, sind ihre Chancen minimal, die im Zuwanderungsgesetz für sie vorgesehene „Aufenthaltsberechtigung“ durch regelmäßiges eigenes Einkommen zu erhalten. Es wiederholt sich die Geschichte des Hauptmanns von Köpenick: Arbeitsberechtigung gibt es nur bei Aufenthaltsberechtigung und Aufenthaltsberechtigung nur bei Arbeitsberechtigung. Also gibt es keine von beiden. Arbeit dürften Geduldete nur innerhalb der ihnen zugewiesenen Wohnorte suchen. Haben sie einen Arbeitsplatz gefunden, muss von den Arbeitsämtern geprüft werden, ob sich für dessen Besetzung nicht Deutsche oder EU-Staatsangehörige finden lassen. Diese haben auch hier den Vorrang. Arbeitgeber werden durch die damit verbundenen langen Prüfzeiten nicht ermutigt, Geduldete einzustellen. Für die Arbeitsgenehmigungen gibt es bei den Arbeitsbehörden Negativlisten von Tätigkeiten, die Geduldeten verwehrt sind. Zu ihnen gehören vor allem so genannte Helferberufe in Hotels, im Gaststättengewerbe oder in der Krankenversorgung. Geduldete werden also von vornherein von Arbeitsbereichen ausgeschlossen, in denen sie gute Chancen hätten, einen Arbeitsplatz zu finden. Eine gewährte Arbeitserlaubnis bleibt stets befristet. Sie kann auch auf bestimmte Betriebe beschränkt bleiben. Besonders benachteiligt sind die Kinder der Geduldeten. Ihnen bleibt die berufliche Ausbildung und Fortbildung versperrt. Bei erzwungener Rückkehr in die Heimat ihrer Eltern werden sie dort noch weit mehr als in Deutschland Fremde sein.

„Miese Noten für die Zuwanderungspolitik" (Financial Times)

Deutschland gehört zu den Erstunterzeichnern der Genfer Flüchtlingskonvention von 1951. Die populistische Polemik gegen die „Zuwanderung in unsere Sozialsysteme" nimmt nicht zur Kenntnis, dass Deutschland durch die Genfer Konvention zu einer humanen Aufnahme und Behandlung von Flüchtlingen völkerrechtlich verpflichtet ist, – auch dann, wenn dies nicht zum Nulltarif möglich ist. Die hier nur in groben Zügen skizzierten menschenunwürdigen Bedingungen des Lebens der Geduldeten sind seit langem bekannt. Korrekturen über Altfallregelungen und Härtefallkommissionen haben keine entscheidenden Verbesserungen ihrer strukturellen Ursachen gebracht. Das Bundesinnenministerium versuchte daher in jüngster Zeit (2006), die Restriktionen für das Aufenthaltsrecht Geduldeter, die sich schon lange in Deutschland aufhalten, abzubauen. So sollen nun Familien nach sechsjährigem und Alleinstehende nach achtjährigem Aufenthalt in Deutschland die Chance einer Aufenthaltsberechtigung erhalten. Als Grundbedingung wird die verbindliche Zusage eines Beschäftigungsverhältnisses, das den

Lebensunterhalt auch in Zukunft sichert, genannt. Die bisherige Vorrangprüfung zu Gunsten eventueller deutscher Bewerber für den Arbeitsplatz soll dabei entfallen. Weitere Bedingungen sind u. a. der Nachweis „ausreichenden Wohnraums" und deutsche Sprachkenntnisse. Diese Vorschläge des Bundesinnenministeriums stießen jedoch sofort auf heftigen Widerstand einiger Innenminister von CDU- und CSU-geführten Ländern. Der Bundesarbeitsminister Franz Müntefering (SPD) stellte sich unter Hinweis auf die Interessen deutscher Arbeitnehmer der Neuregelung ebenfalls in den Weg.[9] Nach einer Einigung der Innenminister vom November 2006 ist noch nicht erkennbar, ob und wie weit sich der Bundesinnenminister gegen weitere mögliche politische Blockaden und das bürokratische Verhinderungsgeflecht der beteiligten Behörden in den Bundesländern und Kommunen durchsetzen wird. Die Schätzungen der Zahl der Geduldeten, die durch die vorgeschlagene Liberalisierung eine Aufenthaltsberechtigung erhalten können, schwanken. Angesichts der bedeutenden Ermessensspielräume und der zahlreichen Ausschlussgründe für eine Aufenthaltsberechtigung wird angenommen, dass die Zahl der Begünstigten noch erheblich unter 20.000 liegen und somit einem Anteil von weniger als zehn Prozent der Gesamtzahl der Geduldeten entsprechen wird.[10] Ein wichtiger und nachgerade perfider Ausschlussgrund kann z.B. der Vorwurf mangelnder aktiver „Mitwirkung" bei der Ausreise bzw. Abschiebung sein.

Grundbedingung des neuen Bleiberechts ist – über die jetzigen Gesetzesvorschläge müssen noch Bundestag und Bundesrat entscheiden –, dass die wenigen Flüchtlinge, die nun wenigstens vorläufig bleiben dürfen, ihren Lebensunterhalt durch eigene Arbeit „dauerhaft" finanzieren können. Aber was heißt auf Dauer? Auch hier wird den Ausländerbehörden ein weiter Spielraum der Entscheidung über Akzeptanz und Ablehnung eingeräumt. Nach diesen und anderen Bestimmungen bleibt daher das Bleiberecht nur ein Bleiberecht auf Probe. Es kann z.B. bei fehlender Eigenfinanzierung oder bei Verbesserung der Situation in den Heimatländern auch nach jahrelangen Aufenthalten in

Deutschland widerrufen werden. Alte, kranke und traumatisierte Menschen bleiben sogar von dieser Chance eines Bleiberechts auf Probe ausgeschlossen. Nach über fünfzig Jahren Vergangenheitsbewältigung scheint vergessen zu sein, dass ihr Sinn nicht im Registrieren lag, sondern Anstöße für eine halbwegs humane Gestaltung der Gegenwart geben sollte.

Die neuen Vorschläge bringen zumindest für eine kleine Zahl Geduldeter erfreuliche Verbesserungen. Angesichts des Gestrüpps politischer Hindernisse für ihre Durchsetzung sind sie – sofern sie in dem zunächst vorgesehen Umfang durchgesetzt werden können – eine politische Herkulesleistung. Zu Recht wird jedoch darauf hingewiesen, dass damit die unendliche Geschichte immer neuer Kettenduldungen und ihrer grausamen menschenrechtswidrigen Konsequenzen nach wie vor weitergehen wird.

Illegal eingereiste Zuwanderer

Auch die bisherige Behandlung der illegal eingereisten Zuwanderer veranschaulicht das vorhandene xenophobe Potenzial. Die Illegalen, deren Zahl auf 500.000 bis zu einer Million geschätzt wird, sind in einer Vielzahl von Beschäftigungen tätig (u. a. am Bau, im Dienstleistungsbereich, in Gaststätten, Hotels oder der Altenbetreuung). Obwohl die meisten von ihnen ein zwingendes Eigeninteresse haben, nicht mit dem Gesetz in Konflikt zu kommen, – dies würde ja Sichtbarwerden und Abschiebung bedeuten – werden sie von populistischen Politikern wegen der Illegalität ihrer Einreise als „Kriminelle“ dämonisiert. In Reden für die Stammtische werden sie häufig sogar pauschal mit Drogenhandel und Prostitution in Verbindung gebracht. Diese Sprachregelung ist wohl auch der Grund für die Ignorierung der Illegalen im Zuwanderungsgesetz.[11]

Illegale Zuwanderung gibt es in allen entwickelten Industriestaaten. Und überall ist es nicht gelungen, illegale Zuwanderung durch Grenzkontrollen und innere Überwachung zu verhindern. Anders als die Bundesrepublik Deutschland haben daher die USA,

Frankreich und Italien durch periodische Amnestien den Illegalen, die nicht gegen Recht und Gesetz verstoßen haben, eine Eingliederung in ihre Gesellschaften ermöglicht. In Spanien wurden trotz hoher Arbeitslosigkeit 800.000 Illegale[12] ohne bedeutenden Widerstand im öffentlichen Diskurs legalisiert und erhielten ein Aufenthaltsrecht. Begründet wurde dies in der spanischen Debatte mit dem selbstkritischen Argument, die Spanier selbst seien nicht bereit, die von den Illegalen geleisteten Arbeiten zu verrichten. Man müsse daher ihren Aufenthalt legalisieren.

Amnestien für Illegale oder schon bloße Versuche einer humaneren Gestaltung ihres Lebens im Untergrund (insbesondere ärztliche Versorgung und Schulbesuch der Kinder ohne Meldepflicht der Ärzte und Schulbehörden) blieben Tabuthemen.[13] Es wird nicht zur Kenntnis genommen, dass die deutsche Gesellschaft weniger durch die Illegalen, sondern primär durch deren deutsche Arbeitgeber korrumpiert wird, die sich durch die Beschäftigung Illegaler einen unlauteren Wettbewerbsvorteil gegenüber Konkurrenten verschaffen und über Steuerhinterziehung und nicht abgeführte Sozialleistungen letztlich den Steuerzahler schädigen. Mit Amnestien könnten diese Missstände zumindest vorübergehend eingeschränkt werden. Das Gegenargument, durch Amnestien werde die illegale Zuwanderung gefördert, ist empirisch nicht belegbar. Ihre eigentliche Ursache, das Bevölkerungswachstum in der außereuropäischen Welt und das Wohlstandsgefälle zwischen ihnen und den reichen Industriestaaten würden durch eine Amnestie nicht beseitigt. Ohne Amnestie werden die kriminellen Praktiken deutscher Ausbeuter weitergehen, das Rechtsbewusstsein der Bürger wird weiterhin beschädigt werden. Nach den Äußerungen mit der Thematik vertrauter Politiker wäre es in Deutschland dennoch politischer Selbstmord, sich Forderungen nach einer Amnestie für Illegale anzuschließen.

Die lautstarken Gegner einer Liberalisierung des Aufenthaltsrechts einer kleinen Gruppe Geduldeter hatten sogleich behauptet, durch sie werde der Abschreckungseffekt der bisherigen Duldungspolitik verringert. Die „Zuwanderung in die

Sozialsysteme" und die Belastung der Sozialkassen würden daher zunehmen. Wenn die Vorschläge des Bundesinnenministers denn tatsächlich umgesetzt würden, müsse folglich die Abwehr von Zuwanderung verstärkt werden. Zu fordern seien also eine verbesserte Kontrolle des Zugzugs, noch dürftigere Bedingungen des Aufenthalts und eine weitere Senkung der an sich schon extrem niedrigen Leistungen nach dem „Asylbewerberleistungsgesetz" (ein Euphemismus!).

Es ist zu befürchten, dass das hier vorgeschlagene politische Tauschgeschäft – Zustimmung für Erleichterungen des Aufenthaltsrechtes einer kleinen Gruppe Geduldeter im Tausch für die verschärfte Abschottung Deutschlands gegen Zuwanderung – eine reale Chance hat. Jedenfalls deutet dies schon jetzt der am 8. Februar 2007 vorgelegte „Entwurf" des Bundesinnenministeriums für ein „Gesetz zur Umsetzung aufenthalts- und asylrechtlicher Richtlinien der Europäischen Union" an, – eine unter politischem Druck noch weiter zu verschärfende Vorlage für die von der Koalition vorgesehene Revision des Zuwanderungsgesetzes. Im Unterschied zu den viel liberaleren Richtlinien der Europäischen Union bringen fast sämtliche Bestimmungen des „Entwurfs" erhebliche Einschränkungen der bisherigen Zuwanderungspolitik. Unter anderem wird nun für nachreisende Familienangehörige schon vor der Einreise der Erwerb von Deutschkenntnissen verlangt, die Einbürgerungsvoraussetzungen werden trotz des kontinuierlichen und starken Rückgangs der Einbürgerungsanträge erschwert. Dazu kommt ein nach rechtsstaatlichen Normen skandalöser Abbau des Rechtsschutzes gegen unberechtigte Abschiebung.[14] Die Abschottung gegen neuerlichen Flüchtlingszuzug wird verstärkt. In der Gesamtbilanz läuft alles auf „verbesserte" Abwehr von Zuwanderung hinaus. Und dies alles zu einem Zeitpunkt, zu dem die Zuwanderung von Arbeitsmigranten und Flüchtlingen nach Deutschland einen präzedenzlosen und im Vergleich mit anderen reichen Industriestaaten nachgerade peinlichen Tiefstand erreicht hat – ein gespenstischer Vorgang auch im Hinblick auf die demographisch bedingte Alterung und Schrumpfung der

Gesellschaft Deutschlands! Gespenstisch und vernunftwidrig auch angesichts der gigantischen volkswirtschaftlichen und sozialen Kosten des für die Abschottung nötigen Überwachungsaufwandes von Polizei und Behörden!

Demokratien gründen ihre politischen Ordnungen auf die Menschenwürde und die Menschenrechte. Die im Grundgesetz genannte Würde des Menschen gilt nicht nur für Deutsche. Fremdenfeindlichkeit und eine inhumane Flüchtlingspolitik sind Verstöße gegen diese Vorgabe. Diese Verstöße sind keine lässlichen Sünden. Durch ihre Hinnahme entlegitimieren sich demokratische Staaten. In der Bonner Republik war die Integration vieler Millionen Flüchtlinge und der Mythos eines liberalen Asylrechts[15] ein wesentlicher Beitrag zu ihrer eigenen, zunächst keineswegs selbstverständlichen moralischen Legitimierung und der ihr folgenden politischen Stabilisierung. Die Defizite der Zuwanderungs- und Flüchtlingspolitik haben dieses Gründungskapital der Bonner Republik zunehmend aufgezehrt. Die Qualität der Demokratie der neuen Berliner Republik wird ganz wesentlich davon bestimmt werden, ob oder inwieweit es gelingen wird, die bisherige bornierte Fremdenfeindlichkeit in der Zuwanderungs- und Flüchtlingspolitik Deutschlands zu überwinden.

Voodoo-Ökonomie und Demographie

Die Schrumpfung und die Alterung der deutschen Gesellschaft sind wegen des Doppeleffekts von zu geringer Fertilität der deutschen Frauen und immer weiterer Verlängerung der Lebenserwartung in großen Zügen schon heute vorprogrammiert. Obwohl aus den Vorausberechnungen des Statistischen Bundesamtes seit den Achtzigerjahren des letzten Jahrhunderts bekannt, wurden ihre Konsequenzen über ein Jahrzehnt von der Politik und den Medien wenig zur Kenntnis genommen oder naiv verharmlost[16] – ein Fall zäher und skandalöser Realitätsverweigerung der politischen Eliten! Aus der kontinuierlichen Schrumpfung der nachwachsenden Jahrgänge folgt u. a., dass der Arbeitskräftebedarf der Wirtschaft schon bald nicht mehr gedeckt werden kann. Diese und andere Konsequenzen des demographischen Wandels könnten durch eine sozialverträgliche Einwanderungspolitik abgemildert werden. Zudem dokumentieren viele Einwanderungsländer, so zuletzt Spanien, die möglichen positiven Wirkungen von Zuwanderung für die Wirtschaft und den Wohlstand.[17]

Wie bereits erwähnt, war es in der Zeit der rot-grünen Koalition Bundeskanzler Schröders nicht zuletzt durch den „Süssmuth-Bericht" gelungen, die deutsche Öffentlichkeit vorübergehend für die möglichen positiven Effekte von Zuwanderung zu sensibilisieren. Es ist daher beispielhaft für das zähe Beharrungsvermögen xenophober Einstellungen in der Politik und Meinungsbildung, dass schon nach sehr kurzer Zeit die Forderungen nach Einwanderung aus der Agenda der Republik verdrängt und marginalisiert wurden. Die Empfehlungen zur Bewältigung der Rentenproblematik und des Problems fehlender Arbeitskräfte konzentrierten sich stattdessen einseitig auf bloße Verlängerung der Lebensarbeitszeit und Erhöhung der Frauenbeschäftigungsquote. Ferner meinten einige Ökonomen – so z.B. die Basler Beratungsfirma „Prognos" – die Probleme der Rentensicherung und Verknappung der Arbeitskräfte könnten leicht durch gesteigerte Produktivität aufgefangen werden, – wenn also ein Arbeiter die gleiche Arbeit leisten würde wie vorher zwei oder mehr Beschäftigte. Dies ist allerdings Voodoo-Ökonomie. Ihre beruhigende Kunde von sorgenfreiem künftigem Wohlstand beruht auf Wunschmagie, auf der Zauberformel „Erhöhung der Produktivität". Dabei bleiben die durch die schnelle Schrumpfung und Alterung bedingten strukturellen Veränderungen der Gesellschaft und des Konsums außer Betracht. Die Zahl der Beitragszahler und nachwachsender Begabungen wird sich weiter verringern, die Lebenserwartung und die Kosten ihrer Verlängerung noch mehr zunehmen und der Binnenmarkt wird kollabieren. Am Ende steht nach mathematischer Logik das Nirwana einer gespenstischen Produktion ohne Produzenten und Konsumenten.

Für den Verzicht auf Zuwanderung hatten noch mehr als

Voodoo-Ökonomie die zahlreichen Veröffentlichungen und publikumswirksamen Auftritte des Demographen Herwig Birg in den Medien Bedeutung.[18] Sie hatten eine planierende Wirkung. In den verschiedenen Publikationen Birgs werden Schreckensszenarien der Schrumpfung und Alterung Deutschlands mit Schreckensszenarien ihrer destruktiven Wirkung für den Bestand der deutschen Kultur aufbereitet und kombiniert. Zutreffend zeigt Birg mit seinen eigenen Daten und Analysen, dass die demographische Implosion langfristig nur durch vermehrte Geburten aufgehalten und die notwendige Steigerung der Fertilität, wenn überhaupt, nur in sehr langen Zeiträumen wirksam werden kann. Ohne also eine kurz- und mittelfristige Lösung für die bald beginnende Implosion der deutschen Gesellschaft anzubieten, dämonisiert und bekämpft Herwig Birg Zuwanderung mit missionarischem Eifer. Für ihn ist sie der Weg in den Abgrund: lieber Altersheime, nur keine Ausländer. Weitere Zuwanderung oder gar Einwanderung sind Finis Germaniae, sind das Ende der Kultur und Nation Deutschlands. Daran gemessen wären alle klassischen Einwanderungsländer längst schon am Ende ihrer nationalen Existenz angelangt. In Birgs Schilderungen der Überflutung Deutschlands durch Ausländer und dem daher bevorstehenden Zusammenbruch der Kultur Deutschlands melden sich unheilige Traditionen der „Demographie" Deutschlands vor 1945 und ihrer Verstrickung in die völkische Ideologie zurück. Nicht ohne Grund wird er in den Publikationen der sich formierenden rechtsradikalen Szene zum viel zitierten Autor und Künder der nationalen Katastrophe. Die politische Wirkung Birgs beruht dabei nicht nur darauf, dass ihm als Demographen von Politik und Öffentlichkeit quasi von Amts wegen unwidersprochene wissenschaftliche Autorität nicht nur für statistische Berechnungen der Bevölkerungsentwicklung, sondern auch für die Beurteilung der politischen Folgen von Demographie und Zuwanderung zugebilligt wird. Ihre große Resonanz zeigt an, dass die Denkmuster völkischen Denkens in Deutschland noch lebendig sind. Birgs fast widerspruchslos hingenommene Polemik zur Gefährdung der deutschen Kultur durch Zuwanderung und Multikulturalismus wäre in Frankreich oder in angelsächsischen Einwanderungsländern weit weniger unwidersprochen hingenommen worden. Sie hätte dort scharfe Repliken gefunden.

Öffnung durch Bedarf der Wirtschaft?

In den klassischen Einwanderungsländern hat es in wirtschaftlichen Krisen und in Zeiten des Kampfes um die Arbeitsplätze auch immer wieder Wellen der Ausländerfeindlichkeit gegeben. In ihrer Geschichte hat jedoch der Bedarf der Wirtschaft an Arbeitskräften zeitweilige Blockaden der Zuwanderung aufgebrochen. Die Gastarbeiterzuwanderung nach Deutschland entsprach ebenfalls Forderungen der Wirtschaft. Durch den mit ihr vollzogenen Verzicht auf Einwanderung wurden aber Weichen für die Zukunft gestellt. Der deutschen Wirtschaft gelang es seither nicht mehr, ihren anhaltenden Bedarf an qualifizierten Arbeitskräften in die Politik einzubringen und hierzu Forderungen durchzusetzen. Diese politische Schwäche der deutschen Wirtschaft zeichnet sich trotz der Belebung der Wirtschaft auch in neuerer Zeit wieder ab. Obwohl die sich anbahnende wirtschaftliche Erholung gerade in den neuen Bundesländern durch eine empfindliche Ab- und Auswanderung qualifizierter Arbeitskräfte gehemmt wird,[19] hatten die damit verbundenen Engpässe auf dem Arbeitsmarkt bislang noch keine Konsequenzen für eine Liberalisierung der Zuwanderungspolitik. Der immer noch vorhandene Bodensatz völkischer Ideologie an den Stammtischen erzwingt Zurückhaltung der Politik, auch wenn diese in ökonomischer Perspektive Unsinn ist. So scheiterten denn auch im Herbst 2006 Versuche, die ängstlichen Bestimmungen[20] des Zuwanderungsgesetzes für die Einwanderung qualifizierter Arbeitskräfte ein wenig auszuweiten.

Zuletzt brachten Vorschläge des Bundesinnenministers für eine „zirkuläre“, d.h. zeitlich befristete Zuwanderung aus Afrika eine Neuauflage des Gastarbeitermodells. Trotz der menschlichen Probleme einer neuerlichen Gastarbeiterzuwanderung und ihrer möglichen negativen entwicklungspolitischen Folgen für Afrika[21] scheint eine Öffnung für Einwanderung derzeit politisch nicht durchsetzbar zu sein. Es ist denkbar, dass die zirkuläre Migration im Laufe der Zeit doch eine Brücke für den Übergang zu Einwanderung bilden kann. Die bisherige Geschichte zirkulärer Migration zeigt zudem, dass das Volumen der monetären Rücküberweisungen von Arbeitsmigranten in ihre Heimatländer ein weit größeres Volumen als die gesamte Entwicklungshilfe der Industriestaaten hat und daher Arbeitsmigration ein wichtiger Faktor für wirtschaftliche und soziale Entwicklung sein kann.[22]

Aber wie sehen die Chancen für eine neuerliche Gastarbeiterpolitik oder gar für die Öffnung Deutschlands für Einwanderung aus? Die dargestellte Bilanz der bisherigen Zuwanderungspolitik Deutschlands spricht dagegen. Es gibt jedoch auch Fakten, die vermuten lassen, dass die politischen Widerstände gegen Zuwanderung oder gar Einwanderung letztlich ein Stadium erreicht haben, das nicht von Dauer sein kann.

Gegenüber der Zeit der Gastarbeiterzuwanderung haben sich die sozialen Strukturen und die kulturellen Substanzen der Bundesrepublik tief greifend verändert. Die billige Polemik gegen die multikulturelle Gesellschaft geht an der Wirklichkeit vorbei.[23] Deutschland hatte im Hinblick auf seine konfessionellen Spaltungen, auf die Säkularisierung und Aufklärung schon immer eine multikulturelle Gesellschaft. Durch die bisherige Zuwanderung hat sich diese kulturelle Vielfalt in revolutionärem Umfange pluralisiert. Durch die Konzentration der Zuwanderer in den Städten, durch ihre größere Kinderzahl, sowie durch Freizügigkeit und Mobilität in der Europäischen Union wird sich diese Entwicklung noch beschleunigen und stark zunehmen. Wie in den Einwanderungsländern Australien und Neuseeland, die bis vor kurzem Staaten mit extrem kompakten, wenig dynamischen angelsächsisch-irischen Gesellschaften waren, schaffen Pluralisierungsprozesse durch Zuwanderung Voraussetzungen für Integration – für die Entstehung von vitalen Einwanderungsgesellschaften. Der Übergang zur Einwanderungsgesellschaft kann mit schweren Konflikten verbunden sein. Sie in erträglichen Formen zu halten, ist die Aufgabe der Integrationspolitik. Für sie wurden durch das Zuwanderungsgesetz und vor allem jetzt durch die neu forcierte Integrationspolitik der Großen Koalition wichtige Grundlagen gelegt. Die möglichen positiven Folgen und die Zwangsläufigkeit von Einwanderung dürfen im politischen Diskurs nicht wieder klein geschrieben werden. Die dramatischen Folgen der demographischen Entwicklung erzwingen die Öffnung Deutschlands für eine massive Einwanderung.

Integrationspolitik als vorrangige politische Herausforderung

Die positivste Leistung des Zuwanderungsgesetzes war die Anerkennung der Integration der Zuwanderer als vorrangige politisch-gesellschaftliche Herausforderung. Positive Aspekte des Zuwanderungsbegrenzungsgesetzes sind u. a. auch die Vereinfachung der bisherigen Aufenthaltstitel und der verpflichtenden Angebote des Sprachunterrichts sowie der staatsbürgerlichen Unterrichtung. Positiv zu bewerten sind auch die verschiedenen Bemühungen der Großen Koalition zur Verbesserung der Integration islamischer Zuwanderer.

Die neue Integrationskampagne hat allerdings auch ambivalente Züge. Sie findet am Ende einer fast auf Null zusammengeschrumpften Zuwanderung statt. Es geht also vordergründig um die Integration der schon in Deutschland lebenden Ausländer und nicht um die von Neuankömmlingen. Bei vielen Deutschen wird dies mit der Vorstellung verbunden, die Zuwanderer seien in der Pflicht und hätten eine Bringschuld. Sie sollten sich nun endlich integrieren, obwohl dies in der deutschen Gesellschaft zuvor jahrzehntelang gar nicht erwünscht gewesen war. Übersehen wird dabei, dass die Mehrheit der deutschen Bevölkerung ein primäres Eigeninteresse an der Integration der Zuwanderer haben sollte, da die Zuwanderer nun einmal da sind und ihre mangelnde Integration kostspielig werden und schon mittelfristig mit einer überaus konfliktreichen Spaltung der künftigen Gesellschaft Deutschlands verbunden sein kann. Integrationspolitik ist keine milde Gabe aus Nächstenliebe, sondern entspricht den vitalen Interessen der Aufnahmegesellschaft.

Was bewirkt die jetzt nachdrücklich geforderte Integration der Zuwanderer? Ungeachtet aller eventuell möglichen positiven Folgen findet zunächst eine Ausgliederung der Zuwanderer aus dem Staatsvolk statt und mit „Integration“ sollen soziale Probleme angegangen werden, die es meist auch in der endogenen deutschen Bevölkerung gibt und die daher nicht als Spezifikum von Zuwanderern behandelt werden sollten. Hohe Arbeitslosigkeit, mangelhafte schulische Erfolge, unzureichende Beherrschung der deutschen Sprache oder Benachteiligung von Frauen gibt es keineswegs nur bei Zuwanderern, sondern auch bei Deutschen. Sie werden für Deutsche aber nicht als Symptome ihrer mangelnden Integration, sondern als soziale Probleme und Aufgaben der Sozialpolitik wahrgenommen. Deutsche Arbeitslose oder Schulabbrecher werden nicht als unzureichend integrierte Deutsche bezeichnet und gerügt. Bei Ausländern ist das anders. Bei vielen „Lehrmeistern der Integration“ werden zudem berufliche und soziale Erfolgsdefizite der Zuwanderer zu einem Beweis ihrer schuldhaften Versäumnisse. Dabei wird nicht einmal differenziert. Es ist die Rede von „den“ Ausländern. Unterschiede zwischen den zugewanderten Ethnien, ihrer sozialen und ökonomischen Lage, ihres Sozialverhaltens, ihres Bildungsstandards, ihrer Leistungen und ihrer ökonomischen Erfolge kommen nicht in den Blick. Es wird auch nicht gesehen, dass die Vergleiche mit den Durchschnittswerten der endogenen deutschen Gesellschaft nur einen begrenzten Aussagewert haben und als Pauschalaussagen diskriminierend wirken müssen. So schneiden auch deutsche Jugendliche aus sozial benachteiligten Schichten schlechter ab als Kinder aus den Mittel- und Oberschichten. Überdurchschnittlich hohe Arbeitslosigkeit findet sich auch unter deutschen Arbeitern in den neuen Bundesländern und den Regionen der alten, von Automatisierung besonders betroffenen Industrien. Sie ist keine Charaktereigenschaft. Wie die zuvor genannten sozialen Defizite sollte sie als soziales Problem und als spezielle Aufgabe der Wirtschafts-, Sozial- und Bildungspolitik Deutschlands wahrgenommen und nicht unter der plakativen, die Zuwanderer diskriminierenden Begrifflichkeit Integration erörtert und angegangen werden. Integration wäre dann das Bemühen um eine, den speziellen Lebenslagen und sozialen Problemen der verschiedenen Zuwanderergruppen angemessene subsidiäre Sozialpolitik. Es ginge bei ihr um die Minimierung potenzieller sozialer, kultureller und politischer Konflikte der Zuwanderung, um Konfliktverarbeitung aus prinzipiellen oder pragmatischen Gründen. Prinzipielle Gründe sind Gerechtigkeitspostulate, pragmatische Gründe die Verringerung der hohen Kosten sozialer Konflikte.

In der Debatte über Zuwanderung wird Integration ferner nicht als eine von allen Bürgern immer neu zu bewältigende, lebenslange soziale, kulturelle und politische Aufgabe verstanden. Integration wird vielmehr als Programm für Zuwanderer definiert, das erfolgreich abgeschlossen werden kann und muss – und daher den Einbürgerungen vorausgehen sollte. Gewünscht wird dabei von vielen, so jetzt sogar von normativ unreflektierter empirischer Sozialwissenschaft[24], dass die Zuwanderer sich assimilieren und möglichst unsichtbar werden sollen. Solche Wünsche wecken Erwartungen, die auch in klassischen Einwanderungsländern, wenn überhaupt, meist nur innerhalb mehrerer Generation erfüllt wurden. Als kurzfristige Perspektiven und Postulate für Integration in Gestalt der Assimilierung in die einheimische Mehrheit verstärken sie, allein weil sie nicht erfüllt werden können, geradezu zwangsläufig negative Einstellungen der Einheimischen zu Zuwanderern.

„Leitkultur" versus kulturelle Selbstbestimmung

Forderungen nach Integration der Zuwanderer durch Assimilierung setzen voraus, dass die Mehrheitsgesellschaft eine Messlatte für gelungene Assimilierung, für gelungene Integration besitzt. Eine solche Messlatte wäre der integrierte Deutsche. Aber was ist ein integrierter Deutscher? Sind Süd-, Nord- oder Ostdeutsche, Katholiken, Protestanten, säkularisierte und kirchlich-konfessionell nicht gebundene Bürger, zum Islam oder Buddhismus konvertierte Deutsche, Akademiker oder Bauern, Mitglieder der SPD oder der CSU jeweils das Modell für den integrierten Deutschen? Die Frage nach dem gut integrierten Deutschen und damit nach dem Messwert für Integration ist im Hinblick auf die sich in ihren kulturellen Lebensformen und Stilen ständig weiter pluralisierende Gesellschaft Deutschlands nicht zu beantworten. Ihre verbindliche Beantwortung stünde zudem im Gegensatz zu dem weiten Spielraum individueller kultureller Lebensformen und Selbstbestimmung, die die Verfassung freiheitlicher Demokratien – so auch das Grundgesetz – ihren Bürgerinnen und Bürgern gewährt. Die Freiheit des Kultus, der Weltanschauung und des religiösen Bekenntnisses sind das Fundament des demokratischen Verfassungsstaates.

Was die deutsche Kultur für die Bürger bedeutet und wie sie von ihnen definiert wird, dürfen sie daher individuell entscheiden. Dies gilt auch für die Wahrnehmung und Interpretation der „nationalen" Geschichte.[25] Gibt es nun nicht doch eine spezifisch deutsche Leitkultur, in die sich die Zuwanderer einzufügen haben, bevor sie deutsche Staatsbürger werden dürfen? Wer bestimmt bei solcher Suche nach Leitkultur[26] die verbindliche und vor allem „richtige" konkrete Interpretation christlicher oder humanistischer Werte? Wer bestimmt die verbindlichen richtigen Inhalte und Konsequenzen, wenn dabei mehr herauskommen soll als wenig konkrete allgemeine „Werte" einer von ihren Propagandisten immer nur selektiv zurechtkonstruierten Leitkultur? Es gibt dafür im demokratischen Verfassungsstaat keine verbindliche Instanz.

Innerhalb der durch die Rechtsprechung und das Grundgesetz bestimmten Grenzen haben die Bürgerinnen und Bürger Deutschlands das Recht auf kulturelle Selbstbestimmung. Auch

Deutsche dürfen sich ursprünglich fremden Religionen und Kulten zuwenden, und diese Freiheit liegt im wohlverstandenen langfristigen Eigeninteresse der christlich gebundenen Bevölkerung, – des Schutzes der Freiheit ihres eigenen religiösen Bekenntnisses gegen Bevormundung durch den Staat oder gesellschaftliche Gruppen.

Die Kultur Deutschlands ist die Kultur seiner Bürger. Angesichts der großen Zahl islamischer Bürgerinnen und Bürger ist daher inzwischen auch der Islam ein Teil der Kultur Deutschlands geworden. Diesen Sachverhalt brachte auch Bundesinnenminister Wolfgang Schäuble anlässlich der Deutschen Islamkonferenz im Herbst 2006 unmissverständlich zum Ausdruck: „Der Islam ist Teil Deutschlands und ist Teil Europas. Er ist Teil unserer Gegenwart und er ist Teil unserer Zukunft."

Wie sich kulturelle Xenophobie auswirken kann, zeigt gerade die Geschichte des Antisemitismus in Deutschland. Die wirtschaftlichen Erfolge und der Patriotismus jüdischer Staatsbürger wurden von der deutschen Mehrheitsgesellschaft nicht honoriert. Juden wurden nicht als echte Deutsche angesehen. Sie blieben ausgegrenzte Fremde. Es wird von heutigen Zeitgenossen oft übersehen, dass der Antisemitismus nicht ein Produkt der Nationalsozialisten, sondern tief in den Überlieferungen der bürgerlichen Gesellschaft Deutschlands und ihren nationalen Mythen verankert war. Sein Kern für die Praxis des Alltags war Xenophobie.

Kultur ist nichts Statisches

Der notwendigen Bejahung des kulturellen Pluralismus des demokratischen Verfassungsstaates stehen in Deutschland immer noch die diffus mythischen Vorstellungen einer vor Fremdem zu schützenden und definierbaren spezifisch deutschen Kultur und Volksgemeinschaft im Wege, die es so nie gegeben hat. Die Überwindung dieser Hypothek wird nur über langwierige Lernprozesse möglich werden. Learning to live with diversity – die Bejahung und Akzeptanz von kulturellem Pluralismus ist die große Zukunftsaufgabe Deutschlands.

Die Kultur Deutschlands ist nichts Statisches, sie wandelt und pluralisiert sich. Einzelne, Minderheiten oder Mehrheiten dürfen sich zu ihren eigenen kulturellen Werten bekennen und für sie werben. Deren Verbindlichkeit für die Gesamtheit aber darf im demokratischen Verfassungsstaat nicht vom Staat und seinen Organen eingefordert und erzwungen werden. Kulturelle Freiheit muss allen Bürgern ohne Ansehung ihrer ethnischen Herkunft, ihrer Religion oder Weltanschauung gewährt werden. Dies gilt auch für Zuwanderer fremder Herkunft. Nur so können sie sich in unseren Staat integrieren und Patrioten werden. Die Grenzen der kulturellen Wahl sind dabei für Einwanderer die gleichen wie für alle Bürger. Sie werden durch die Rechtsprechung, die Verfassung und deren Werte bestimmt.

Auftretende kulturelle Konflikte, die es in allen Gesellschaften und gerade auch in scheinbar kulturell homogenen Gesellschaften immer wieder gegeben hat – so z. B. in den Religionskriegen Europas –, müssen im Rahmen der Rechtsordnung und politischen Regeln des republikanischen Verfassungsstaates aufgearbeitet werden. Dies kann mit schweren politisch-kulturellen Konflikten verbunden sein. Ihre friedliche Aufarbeitung und Konsensbildung wird nicht immer und oft nur partiell gelingen. Der Erfolg sozialer und politischer Integration in demokratischen Verfassungsstaaten ist nichts Zwangsläufiges. Der demokratische Verfassungsstaat ist eine Leistungsgemeinschaft. Er wächst oder verkümmert, je nach den Erfolgen oder Misserfolgen der eigenen Konkretisierung. Er bleibt stets nur ein annäherungsweise erfüllbares Programm. Wenn es in ihm gelingt, in freier Selbstbestimmung eine halbwegs friedliche Koexistenz und Kooperation von Menschen unterschiedlicher religiöser und weltanschaulicher Orientierung zu ermöglichen, ist fast schon das Beste erreicht, was man von einer politischen Ordnung erhoffen kann.

Integration der Migranten ohne Akzeptanz kultureller Verschiedenartigkeit durch die Mehrheit ist nicht möglich. Wer von Einwanderern die Übernahme der Provinzkulturen ihres Aufnahmelandes verlangt und dies als Eingliederung, als Integration, bezeichnet, verhindert Integration. Migranten aus Indien oder China können gute gesetzestreue Bürger werden, aber kaum zu katholischen bayerischen Bauern oder schwäbischen Pietisten mutieren. In Artikel 3 des Grundgesetzes heißt es, dass niemand wegen seiner Abstammung, seiner Heimat und seines Glaubens bevorzugt oder benachteiligt werden darf. Protagonisten der Leitkultur und forcierter Integration in der Gestalt von Assimilation haben angeführt, das Grundgesetz sei ihre Messlatte. Es wäre konsequent, wenn dieses Bekenntnis auch für Migranten Geltung hätte.

Anmerkungen

1 Vgl. Bade, Klaus J. (2000): Europa in Bewegung. Migration vom späten 18. Jahrhundert bis zur Gegenwart. München; Herbert, Ulrich (2001): Geschichte der Ausländerpolitik in Deutschland. Saisonarbeiter, Zwangsarbeiter, Gastarbeiter, Flüchtlinge. München; Oltmer, Jochen (2005): Migration und Politik in der Weimarer Republik. Göttingen.

2 Der Zuwanderungsstopp scheint die Rückwanderung der Gastarbeiter eher verringert zu haben. Viele blieben nunmehr in Deutschland, da sie wussten, dass sie jetzt bei einer Ausreise in ihre Heimatländer keine Chancen mehr hatten, nach Deutschland zurückzukehren.

3 Vgl. Oberndörfer, Dieter (2000): Schlusswort: Zuwanderungsdebatte in Deutschland – Rückkehr zum Gastarbeitermodell oder Aufbruch in eine neue Gesellschaft? In: Bade, Klaus J./Münz, Rainer (Hrsg.) (2000): Migrationsreport 2000. Fakten, Analysen, Perspektiven. Frankfurt am Main, S. 205-221; ferner: Oberndörfer, Dieter (2005): Die Rückkehr der Gastarbeiterpolitik. In: Blätter für deutsche und internationale Politik, 6/2005, S. 725-735.

4 Verglichen wurde gewöhnlich die Zahl der Passausländer. Dabei wurde z. B. bei der Zuwanderung nach Frankreich, Großbritannien, Belgien und die Niederlande übersehen, dass die Masse ihrer Zuwanderer nach dem Zweiten Weltkrieg aus früheren Kolonien als Staatsangehörige eingewandert waren und daher in der Ausländerstatistik gar nicht registriert worden waren. In Frankreich wurden die im Land geborenen Kinder von Ausländern automatisch Franzosen („Ius soli") und verschwanden aus der Ausländerstatistik. Selbst nach der Zahl der Passausländer liegt Deutschland inzwischen mit einem Anteil von 8 Prozent an der Gesamtbevölkerung innerhalb Europas im Mittelfeld (Luxemburg: 33 Prozent, Schweiz: 22 Prozent, Griechenland: 10 Prozent).

5 Vgl. Oberndörfer, Dieter (2004): Deutschland in der Abseitsfalle. Freiburg, S. 97 ff.

6 Vgl. „Beckstein im Interview". In: Der Spiegel vom 12.1.2000. Der Verfasser versuchte für den Rat für Migration, die irreführende Darstellung Becksteins zu korrigieren. Sein Leserbrief wurde nicht abgedruckt.

7 Vgl. hierzu die Beiträge des späteren Ministerpräsidenten des Saarlandes Peter Müller, von Wilhelm Bosbach und von Dieter Oberndörfer; in: Konrad Adenauer Stiftung, März 2001: ZP-Nr. 23, „Zuwanderung und Integration".

8 Nach einer vertraulichen Quelle sollen es sogar nur 700 gewesen sein.

9 Vgl. Financial Times, Deutschland vom 25.10.2006: Dossier „Miese Noten für die Zuwanderungspolitik der Koalition".

10 Vgl. hierzu die gemeinsame Presseerklärung des Interkulturellen Rats für Deutschland, von Pro Asyl und DGB vom 26.2.2007.

11 Einsamer Sprecher einer Humanisierung des Loses der Illegalen ist der Arbeitskreis „Leben in der Illegalität" des katholischen Forums der Deutschen Bischofskonferenz und des Rats für Migration. Vgl. hierzu das Manifest „Illegale Zuwanderung" vom Katholischen Forum „Leben in der Illegalität" vom 2.3.2005.

12 Vgl. Kleiner, Désirée (2005): Von Spanien lernen – Legalisierung als Migrationspolitik. In: Blätter für deutsche und internationale Politik, Heft 6/2005, S. 735-740.

13 So wird z.B. in Hessen in neuerer Zeit der Schulbesuch der Kinder Illegaler behindert. Wegen der ärztlichen Meldepflicht ergeben sich für Ärzte bei der Behandlung von Illegalen Gewissenskonflikte. Es ist richtig, dass die Behörden nicht gegen Ärzte vorgegangen sind, die Illegale behandelt haben. Diese Politik des Wegschauens schützt mutige Ärzte nicht gegen die dann immer noch mögliche Kriminalisierung durch die Behörden.

14 In vielen Staaten gibt es für nachziehende Familienangehörige wenige Möglichkeiten des Erwerbs von Deutschkenntnissen (z.B. Goethe-Institute in Hauptstädten). Für die Zurückweisung an der Grenze sollen in Zukunft bloße „Anhaltspunkte" genügen, dass ein anderer Staat für die Aufnahme zuständig ist. Ferner soll die Einlegung von Rechtsmitteln gegen die Abschiebung in europäische Nachbarstaaten – also auch gegen rechtswidrige Abschiebungen – entfallen. Der Schutz von Flüchtlingen gegen Abschiebung nach der Genfer Flüchtlingskonvention wegen Bedrohung an Leib und Leben soll ebenfalls entfallen, wenn wie z.B. in Bürgerkriegen diese Bedrohung die gesamte Bevölkerung ihrer Heimatländer betrifft. Dies ist eine krasse Missachtung der Vorgaben der Konvention. Zur Kritik am Entwurf vgl. eine gemeinsame Presseerklärung des Interkulturellen Rats für Deutschland, von Pro Asyl und DGB vom 26.2.2007.

15 Ein „Mythos", da die wenigsten Zeitgenossen die Praxis der Asylgewährung durch die Gerichte wahrgenommen haben. Asyl wurde in der Rechtsprechung lange nur politisch Verfolgten, d.h. von staatlichen Organen ihrer Heimatländer verfolgten Personen gewährt. Flüchtlinge, die wie Angehörige von Minderheiten mit Ermordung durch ihre Nachbarn rechnen müssen, ohne von der Polizei geschützt zu werden, galten nicht als asylberechtigte „politische" Flüchtlinge. Flüchtlinge aus Staaten ohne erkennbare staatliche Autorität erhielten ebenfalls kein Asyl (z.B. Somalia oder zeitweilig Afghanistan), da sie wegen mangelnder Staatlichkeit nicht als „politische" Flüchtlinge anerkannt wurden. Erst mit dem

Inkrafttreten des Zuwanderungsgesetzes (2005) wurde „nichtpolitischen" Flüchtlingen eine Asylberechtigung nach den Kriterien der Genfer Flüchtlingskonvention („Bedrohung an Leib und Leben") zugebilligt.

16 Ein Beispiel besonders naiver Kommentierung der Bevölkerungsentwicklung unter dem Titel „Fragwürdige Modellrechnungen" ist ein Leitartikel der Frankfurter Allgemeinen Zeitung vom 6.2.1988. Der Verfasser des Leitartikels meinte, es sei doch nicht schlimm, wenn in Deutschland wieder nur so wenige Menschen wie in der Mitte des 19. Jahrhunderts lebten. Da gebe es dann wenigstens weniger Luftverschmutzung. Der Artikel wurde von dem renommierten französischen Politikwissenschaftlicher Alfred Grosser häufig als Beispiel für die Leichtfertigkeit der Behandlung demographischer Probleme in den Medien und der Politik Deutschlands erwähnt. Ein ausführlicher Leserbrief des Verfassers, in dem er die Leichtfertigkeit des Leitartikels kritisierte, fand allein bei Gegnern der Abtreibung eine Resonanz (vgl. Dieter Oberndörfer, FAZ vom 10.2.1988: „Wenn die Bevölkerungspyramide zum Pilz wird").

17 „Die Welt" berichtete am 24.1.2007: „(…) die Organisation für wirtschaftliche Zusammenarbeit und Entwicklung (OECD) [veröffentlichte] ihren regelmäßigen Länderbericht zu Spanien (…). Die OECD-Zahlen belegen die beeindruckenden Folgen, welche der Zuzug von größtenteils lateinamerikanischen und marokkanischen Immigranten hat. Demnach verzeichnet das Königreich das 13. Jahr nacheinander ein Wirtschaftswachstum, das im Durchschnitt pro Jahr bei 3,7 Prozent lag und damit sogar robuster als das der Vereinigten Staaten ausfiel. Die Hälfte der BIP-Zunahme ist laut OECD direkt auf die Zuwanderung von rund drei Millionen Menschen seit Beginn dieses Jahrzehnts zurückzuführen. Sie habe sich sowohl auf die öffentlichen Kassen als (…) auch auf den Arbeitsmarkt positiv ausgewirkt. (…) Die Arbeitslosenrate ist derweil von 19 Prozent (1994) auf jetzt knapp acht Prozent gesunken. Zudem geht laut OECD (…) zwischen 2001 und 2005 ein Viertel des Pro-Kopf-Einkommenszuwachses auf Zuwanderung zurück."

18 Vgl. Oberndörfer, Dieter (2005): Demographie und Demagogie. In: Blätter für deutsche und internationale Politik, Heft 2/2005, S. 1481-1491.

19 Die für zehn Jahre ausgebuchten Werften in Peene/Wolgast (Mecklenburg) konnten ihre Produktion mangels qualifizierter Arbeitskräfte nicht „ausfahren". Trotz der Arbeitslosenquote Mecklenburg-Vorpommerns von 17 Prozent mussten polnische Werftarbeiter aus Stettin angeworben werden (wegen der geographischen Nähe erreichen sie ihre Arbeitsplätze per Pkw). Aus Rostock werden von der dortigen IHK 300 nicht besetzbare Arbeitsplätze für qualifizierte Tätigkeiten gemeldet. „Der Spiegel" berichtete über zahlreiche weitere Fälle fehlender Arbeitskräfte in den neuen Bundesländern.

20 Wie früher dargestellt, gab es 2005 nur 900 solche Einwanderer. Dem Verfasser gegenüber wurde aus vertraulicher Quelle mitgeteilt, es seien sogar nur 700.

21 Der Aufbau der Volkswirtschaften Spaniens, Portugals, Italiens und Griechenlands wurde ganz wesentlich durch die Rücküberweisungen ihrer Arbeitsmigranten gefördert. Zahlreiche Veröffentlichungen haben in neuerer Zeit immer wieder auf die zentrale Bedeutung der Arbeitsmigranten für die Volkswirtschaften vieler

Entwicklungsländer hingewiesen – so z.B. für Pakistan, die Philippinen und Indien. Dabei dürfen allerdings entwicklungspolitisch negative Wirkungen nicht übersehen werden. Dies gilt insbesondere für den Brain Drain Afrikas und vieler außerafrikanischer „least developed countries". Die Crème der afrikanischen Intelligenz wandert schon jetzt in die USA oder nach Großbritannien, Frankreich und Belgien aus. Im südlichen Afrika bricht die Krankenversorgung wegen der Abwerbung von Ärzten und Krankenhauspersonal durch Großbritannien zusammen.

22 Vgl. dazu den Bericht des Verfassers bei der Anhörung des Entwicklungspolitischen Ausschusses des Deutschen Bundestags zum Thema; vgl.: Dieter Oberndörfer (2004): Die Not der Industrieländer. In: Brain Drain or Brain Gain? – Die Migration Hochqualifizierter. Migration und Development. 2004 GTZ, S. 11.

23 So z.B. Stefan Luft in seinem reißerischen Buch „Mechanismen, Manipulation, Missbrauch. Ausländerpolitik und Ausländerintegration in Deutschland" (2006). In der gefälligen Polemik Lufts gegen die angeblichen „Multikultis" der Zuwanderungspolitik wird wie häufig üblich zuerst der Gegner zurecht konstruiert, um ihn dann unter Beifall der Uninformierten oder gar der Retter „der Nation" zusammenhauen zu können. Und was wird als Gegenmodell geboten? Etwa die nie vorhanden gewesene und heute erst recht nicht mögliche, angeblich per se konfliktfreiere ethnisch homogene Nation? Deutschland ist ein multikulturelles Land.

24 So z.B. Esser, Hartmut (2006): Sprache und Kultur. Frankfurt am Main.

25 In Prüfkatalogen für die Einbürgerung wird offensichtlich angenommen, dass Geschichtskenntnisse eine wesentliche Tugend deutscher Staatsbürger sind. Hier äußert sich eine bemerkenswerte Ahnungslosigkeit hinsichtlich der Realität der Bildungsprofile der meisten Deutschen. Da historische Daten nur einen Sinn machen, wenn sie ein Teil von Geschichtsbildern sind, sollen sich Zuwanderer vermutlich Geschichtsbilder aus der Küche nationaler Geschichtsschreibung aneignen. Da zur Freiheit der Interpretation von Kultur im Verfassungsstaat auch die Freiheit bei der Interpretation von Geschichte gehört, ist diese Absicht unzulässig.

26 Vgl. Dieter Oberndörfer (2001): Leitkultur und Berliner Republik. Die Hausordnung der multikulturellen Gesellschaft Deutschlands ist das Grundgesetz. In: Aus Politik und Zeitgeschichte, Heft 1-2/2001, S. 26-30; zur jüngsten Wiederaufnahme der Debatte durch Bundestagspräsident Norbert Lammert wurde eine neuerliche Debatte angeregt. Vgl. hierzu Lammert, Norbert (Hrsg.) (2006): Verfassung, Patriotismus, Leitkultur. Was unsere Gesellschaft zusammenhält. Bonn.

Matthias Micus/Franz Walter

Mangelt es an „Parallelgesellschaften“?

Eine Metapher als Bedrohungsszenario

Seit einigen Jahren erfreut sich die Metapher von der „Parallelgesellschaft“ einer hohen Talkshow-Aufmerksamkeit, wobei sich ihre negative Konnotation im Wesentlichen aus drei Aspekten speist. Bemüht wurde sie zum einen stets dann, wenn es darum ging, schwer verständliche, zumeist verstörende, immer aber fremdkulturelle Ereignisse und Handlungsmotivationen zu erklären. Im Begriff der „Parallelgesellschaft“ fand die Öffentlichkeit eine Antwort auf die Fragen, warum sich ein unkontrollierter Mob in den Pariser Vororten tagelang Straßenschlachten mit der französischen Ordnungsmacht lieferte, weshalb Londoner Jugendliche Flugzeuge in die Luft zu sprengen planten und in Deutschland zwei junge Männer Kofferbomben-Attentate auf Zugreisende verüben wollten. Die „Parallelgesellschaft“ fungiert auf diese Weise als Generalbeschreibung für rückständiges Denken, integrationsresistente Einstellungen und ausländische Gesetzlosigkeit – speziell in Deutschland, aber auch ganz allgemein in Westeuropa. Wer von „Parallelgesellschaft“ spricht, meint daher erstens etwas Bedrohliches – wo parallelgesellschaftliche Strukturen gewähnt werden, lauern Gefahren: Nicht zuletzt die Gefahr der Desintegration.

Zweitens galt Medien und Politik von Anfang an der Islam als Hauptquelle gesellschaftlicher Spaltungsprozesse, verbindet sich die Debatte über „Parallelgesellschaften“ in Deutschland untrennbar mit der Rolle der Muslime. Insofern konsequent richtet sich der Blick auf die türkischen Gemeinden, entbrannte in der Vergangenheit wiederholt – von Duisburg bis Berlin – Streit um den Bau neuer Moscheen und avancierte das Kopftuch zur Chiffre. Diese Vermengung des parallelgesellschaftlichen Bedrohungspotenzials mit dem islamischen Glauben findet seine Begründung in der Gleichsetzung des internationalen Terrorismus mit dem islamischen Fundamentalismus und der Tatsache, dass es radikale Muslime sind, die spätestens seit dem Jahr 2001 die Furcht vor dem Fremden in der westlichen Welt nähren. Vor allem die Korrelation von kultureller und kirchlicher Heterogenität erscheint daher als Problem; eine starke religiöse Gläubigkeit gilt als wichtigstes Integrationshemmnis. Zur Symbolgestalt des Bösen wurde in diesem Zusammenhang der „home-grown terrorist", der unauffällige, scheinbar integrierte, im Westen geborene, hier aufgewachsene und ausgebildete Moslem, der irgendwann seine Maske herunterreißt und gegen die Welt kämpft, deren Teil er bis dahin zu sein schien.[1]

Und drittens schließlich werden „Parallelgesellschaften" in Deutschland auch deshalb mit einer solchen Ablehnung betrachtet, weil sie in einem fundamentalen Widerspruch zum nationalen Selbstverständnis und zur gesellschaftspolitischen Generallinie des Landes stehen. Im Unterschied zu Frankreich und den angelsächsischen Ländern, die sich traditionell als „Staatsnationen" verstehen, als Willensgemeinschaften, deren Mitglieder ihre Zugehörigkeit durch das Bekenntnis zu den politischen Grundwerten ausdrücken, basiert die deutsche „Kulturnation" ihrem Selbstverständnis nach bis heute – und trotz des reformierten Staatsangehörigkeitsrechtes – wesentlich auf der Herkunft ihrer Angehörigen, das heißt einer homogenen ethnischen Abstammung und gemeinsam geteilten Kultur. Eine gewisse Gleichförmigkeit herzustellen und allzu gravierende Unterschiede zu beseitigen, wurde daher in Deutschland beständig auf verschiedene Weise versucht, insbesondere über einen umverteilenden Sozialstaat auf der einen sowie eine aktive staatliche Wohnungspolitik auf der anderen Seite, die mit Belegungsquoten und Zuzugssperren eine gleichmäßige Verteilung der Bevölkerung herzustellen versuchte.[2] Anders als etwa in den USA fürchteten deutsche Behörden segregierte Wohnquartiere mit einem hohen Ausländeranteil bisher „wie der Teufel das Weihwasser"[3]. Sichtbare ethnische Konzentrationen, „Parallelgesellschaften" zumal, müssen einem solchen Denken geradezu zwangsläufig als bedrohlich erscheinen.

In der politischen und medialen Öffentlichkeit besteht also eine nahezu einhellige Ablehnung von „Parallelgesellschaften". Darüber hinaus aber ist das vorherrschende Bild über dieses Phänomen eher diffus, an Präzision hat der Begriff durch die vielstimmige Debatte der letzten Zeit nicht gewonnen. Im Gegenteil, er verkam zur Phrase und – indem Taten Einzelner für ein gesamtes Bevölkerungssegment verallgemeinert wurden – zu einer Legitimationsformel ethnozentristischen Denkens. Insofern stellt sich die Frage, wodurch sich eine „Parallelgesellschaft" auszeichnet, was unter ihr genau zu verstehen sei.

Was meint der Begriff „Parallelgesellschaft"?

Einer Definition des Politikwissenschaftlers Thomas Meyer folgend, lassen sich parallelgesellschaftliche Strukturen durch das Vorhandensein von fünf charakteristischen Indikatoren identifizieren: eine weitgehende ethnisch-kulturelle oder kulturell-religiöse Homogenität; eine annähernd vollständige lebensweltliche und zivilgesellschaftliche Abgrenzung von der Mehrheitsgesellschaft; eine nahezu komplette Verdoppelung der mehrheitsgesellschaftlichen Institutionen; eine formal freiwillige Segregation und eine zumeist auch siedlungsräumliche Segregation.[4]

„Parallelgesellschaften" begründen sich demzufolge in einer ethnisch, sozial und weltanschaulich homogenen Gruppe, die sich von der Mehrheitsgesellschaft ausgegrenzt fühlt. Alternativ zu den etablierten Institutionen, zu denen sie keinen Zugang haben, verfügen sie über ein dichtes Netz separater Organisationen, Vergemeinschaftungen und Zusammenkünfte, das praktisch alle Ansprüche abdeckt, eine weitgehend autarke Alltagsgestaltung ermöglicht und Rückhalt gegenüber einer feindseligen Umgebung bietet. Zumeist aus der Defensive heraus entstanden, als Kompensation für zuvor erfahrene Ausschlüsse und Diskriminierungen, entwickeln „Parallelgesellschaften“ starke Identitäten im Inneren und markante Abgrenzungen nach außen. Die interne Solidarität wird durch gemeinschaftsstiftende Rituale und Symbole im Alltag bekräftigt sowie durch ein kompaktes Fundament stringenter Werte, Weltdeutungen und Orientierungen abgestützt. Wiewohl in Reaktion auf Ausgrenzungserfahrungen aufgebaut und insofern durchaus auf Momente zumindest indirekten Zwanges zurückführbar, gründet das ausdifferenzierte Organisationsnetzwerk einer „Parallelgesellschaft“ aber letztlich auf freiwilliger Selbstabgrenzung, auf einem spezifischen Stolz und Sendungsbewusstsein, die sich in einem umfassenden Engagement, intensivem Einsatz und wechselseitigen Hilfestellungen niederschlagen.

Nicht zuletzt die Freiwilligkeit der Selbstorganisation unterscheidet „Parallelgesellschaften“ von Ghettobildungen, bei denen räumliche Integration und soziale Organisierung durch Zwang zusammenfallen, und verbindet sie mit „ethnischen Kolonien“. Der Begriff der „ethnischen Kolonie“ deckt sich dabei faktisch mit dem der „Parallelgesellschaft“, wenn er die „auf der Basis von Selbstorganisation entstandenen Beziehungsstrukturen unter Einwanderern in einer bestimmten räumlichen Einheit“[5] bezeichnet. Er rekurriert bloß – wie der Name schon sagt – stärker auf Segregationsprozesse bei Einwanderergruppen, derweil sein Pendant auch Separationen ethnisch gleicher Gesellschaftsgruppen einschließt. Beide Begriffe aber bezeichnen Gruppen, die sich abkapseln und Distanz von der Mehrheitsgesellschaft halten, die Binnenkommunikation pflegen und Außenkontakte meiden. Gleichermaßen auch kennzeichnen sie somit, zumindest aus gesamtgesellschaftlicher Perspektive, Phänomene der Spaltung.

Gefährden „Parallelgesellschaften“ das Gemeinwesen?

Eben diese Eigenschaft kann „Parallelgesellschaften“ wie „ethnische Kolonien“ zu einer Gefahr für liberale Demokratien werden lassen – und insofern ist der Furor in der Debatte über parallelgesellschaftliche Separatstrukturen durchaus nachvollziehbar. Demokratien brauchen ein gewisses Reservoir gemeinsam geteilter Werte, Normen und Orientierungen. Sie benötigen einen Sockel an Vertrauen und Kooperation als Voraussetzung für gesellschaftliche Solidarität. Ein Konglomerat verschiedener Gesellschaften in einer Demokratie dagegen – ein Zustand, der zumindest der Tendenz nach in „Parallelgesellschaften" angelegt ist – vermag die soziale, kulturelle und funktionale Integration des gesamten Gemeinwesens zu gefährden.

Das gilt zumal für moderne Gesellschaften, deren Strukturen sich in der Vergangenheit immer weiter ausdifferenzierten und deren Anfälligkeit für desintegrative Tendenzen daher gestiegen ist. Gesellschaftlichen Zusammenhalt herzustellen fällt vor dem Hintergrund der allgegenwärtigen Pluralisierungs- und Individualisierungsprozesse zunehmend schwer. Traditionen und Konventionen verlieren an Verbindlichkeit, Zugehörigkeiten werden auf Zeit geknüpft und bei Bedarf unsentimental gekündigt, der Einzelne kann seinen Lebensplan unabhängig von anderen selbst bestimmt erstellen. Großkollektive schrumpfen zu kleinteiligen Kontaktnetzen, massenhaft geteilte Klassenlagen vervielfachen sich zu individuellen Lebensstilen. Gleichzeitig verschärfen sich im Zuge der gesellschaftlichen Ausdifferenzierung soziale Ungleichheiten und Ausgrenzungen.

Gelingender Integration bedürfen Gesellschaften gegenwärtig insofern stärker als zuvor. Sie ist jedoch zugleich prekärer denn je. Als entscheidendes Kriterium für Integration gilt dabei die prinzipiell gleiche Verteilung gesellschaftlicher Positionen und Ressourcen zwischen den einzelnen Bevölkerungsgruppen. Systematische Unterschiede beispielsweise zwischen Migranten und Einheimischen im Hinblick auf die Erwerbsbeteiligung, auf Berufspositionen, Bildungsabschlüsse, Einkommen und Wohnqualitäten deuten dagegen auf Schwierigkeiten beim Integrationsprozess hin, zumindest aber auf dessen Unabgeschlossenheit.

Stimmt das Feindbild von der „türkischen Parallelgesellschaft“?

Betrachtet man nun die Situation der türkischen Zuwanderer, so springen die Differenzen zu den Einheimischen, aber ebenso zu anderen Einwanderergruppen, unmittelbar ins Auge.[6] Türken weisen nicht nur eine dreimal höhere Arbeitslosenquote auf als Deutsche, sie sind auch ungefähr doppelt so oft erwerbslos wie beispielsweise Spanier. Wenn Türken arbeitslos sind, dann zudem länger als Einheimische, befördert werden sie seltener, degradiert häufiger. Weit überdurchschnittlich erwerben ihre Kinder niedere Bildungsabschlüsse, besonders stark überrepräsentiert sind sie unter Sonderschülern und Schulabbrechern, ein Abitur dagegen macht bloß ein einstelliger Prozentsatz. Ungleich verteilt sind auch die Einkommen. Insbesondere Türken sind von Armut betroffen und auf Sozialleistungen angewiesen, die sie aber aus Angst, ihren Aufenthaltsstatus zu verlieren, oft nicht beantragen. Ebenso benachteiligt sind sie auf dem Wohnungsmarkt, wo sie für schlechter ausgestattete Wohnungen unverhältnismäßig hohe Mieten zahlen.

Brisanter noch im Hinblick auf die Debatte über „Parallelgesellschaften“ sind Indikatoren, welche die verbreitete Einschätzung, große Teile der türkischen Einwohner igelten sich ein und lebten in einer abgekoppelten Eigenwelt, zu bestätigen scheinen. Vergleiche zwischen Zuwanderergruppen ergaben, dass die Option, in das Herkunftsland zurückzukehren, mit sozialräumlicher Segregation korreliert und die Integration in die Aufnahmegesellschaft erschwert.[7] Gerade Türken äußern aber beständig die stärksten Rückkehrwünsche in ihre Heimat. Auch die desintegrative Wirkung ausgeprägter Frömmigkeit kann recht plausibel aus der Annahme, dass Religiosität eine symbolische Grenze zwischen Einwanderern und Aufnahmegesellschaft errichte und dadurch den Aufbau interethnischer Freundschaften behindere, abgeleitet und durch empirische Ergebnisse, denen zufolge Türken religiöser als andere Migrantengruppen sind und gleichzeitig in ihren Sozialkontakten sehr weit gehend auf die eigene Familie, Angehörige der gleichen Ethnie und ihr Wohnquartier orientieren, sich also stärker auf Bezugspersonen gleicher Nationalität begrenzen, untermauert werden.[8] Die Religiosität der Türken ist in den letzten Jahren zudem messbar angewachsen, die Zahl der Moscheebesucher gestiegen.

Freilich, so eindeutig sind die Ergebnisse nicht, bei näherem Hinsehen ergeben sich vielmehr Widersprüche. So suchen seit dem Jahr 2000 zwar mehr Türken islamische Gotteshäuser auf, parallel dazu allerdings pflegt auch eine zunehmende Zahl von ihnen interkulturelle Freundschaften zu Deutschen.[9] Letztlich dürfte wohl nur ein sehr kleiner Teil der Türken übrig bleiben, der nach formalen Kriterien als segregiert gelten kann. Ob man überhaupt von einer türkischen „Parallelgesellschaft" in Deutschland sprechen kann, wird schließlich durch den Befund infrage gestellt, dass die organisatorische Einbindung bei Türken insgesamt geringer ist und Vereinsmitgliedschaften seltener sind als unter gleichaltrigen Einheimischen. Mitglieder von „Parallelgesellschaften" aber zeichnen sich gerade durch ihren Organisationspatriotismus, durch ihre vielfältige Einbindung in das subkulturelle Vereinswesen aus. Die Erklärung dafür liegt in der organisatorischen Verdichtung parallelgesellschaftlicher Strukturen auf der einen, der Diskriminierung und der Notwendigkeit zu Zusammenschluss, Solidarität und Gemeinschaftspflege auf der anderen Seite.

Ganz unabhängig davon ist nicht einmal gewiss, dass aus der ethnischen Segregation Nachteile entstehen und ob eine stärkere Einbindung in parallelgesellschaftliche Strukturen für die türkische Bevölkerung nicht vielleicht sogar von Vorteil wäre. Ethnisch homogene Netzwerke jedenfalls sind per se keineswegs ressourcenärmer als sozialstrukturell identische, doch volksgruppenübergreifende Beziehungsgeflechte. Eher im Gegenteil, zeichnen sie sich doch durch bessere Zugänge zum Arbeitsmarkt, mehr Informationsmöglichkeiten und insgesamt umfangreichere Beziehungen aus.[10] Außerdem vermag das Feindbild „Parallelgesellschaft" nicht den Sachverhalt zu erklären, warum sich gerade in der dritten Generation der türkischen Migranten fundamentalistische Neigungen verbreiten, warum gerade sie Unzufriedenheit und Gefühle des Fremdseins äußern – jene also, deren Integration verglichen mit ihren Eltern nach Indikatoren wie Sprachkenntnis, Bildung und Lebensstil erheblich fortgeschritten zu sein scheint. Vor allem aber sind in ethnischen Vereinen organisierte Einwanderer nachweislich sehr viel kontaktfreudiger und offener im Umgang mit der Aufnahmegesellschaft – und insofern integrationsbereiter – als Migranten ohne Vereinsmitgliedschaft.[11]

„Binnenintegration" als Schritt in die Mehrheitsgesellschaft

Der Ambivalenz ihres Forschungsgegenstandes angemessen, fällt das Urteil der Stadt- und Migrationsforschung über „Parallelgesellschaften" daher wesentlich differenzierter aus, als es die öffentlich, in Politik und Medien geäußerten Ansichten vermuten lassen könnten. Bereits in den 1920er-Jahren begründete eine Gruppe Chicagoer Wissenschaftler um Ezra Park mit ihren Untersuchungen über die Integration von Einwanderern in die USA am Beispiel Chicagos das „sozialökologische Modell", welches der (anfänglichen) räumlichen Konzentration von Migranten positive Funktionen zuschrieb. Kern ihres Modells war die Annahme, die Integration beziehungsweise Assimilation von Einwanderern erfolge generell in einem vierstufigen Prozess. In einer ersten Phase suchen die Neuankömmlinge zunächst ganz gezielt die Nähe ihrer Landsleute, um die mit der Einwanderung verbundenen Risiken und Unsicherheiten zu reduzieren. Das homogene Einwandererquartier gewährt Schutz vor einer unbekannten Umwelt, es bietet Orientierung, indem die kulturelle Spannung zwischen alter sowie neuer Heimat geglättet wird und vermittelt auf schonende Weise die elementaren Normen und Verhaltensweisen des Aufnahmelandes, deren Beachtung für sozialen Aufstieg zwingend notwendig ist. An diese Phase schließt sich eine kurze Periode der Positionskonflikte mit den Einheimischen an, die aber, nachdem der Migrant akzeptiert hat, sich zunächst unten einzuordnen und sich dann sukzessive hocharbeiten zu müssen, schon bald durch einen Zustand der Anpassung, die Akkomodationsphase, abgelöst wird. Auf die Anpassung folgt dann schließlich – scheinbar zwangsläufig und unvermeidlich – das Endstadium des Integrationsprozesses, die Assimilation der Zuwanderer, die vollständige Angleichung der Lebensverhältnisse, Einstellungen, Orientierungen.[12]

Das „sozialökologische Modell" übte in der Folgezeit einen lang anhaltenden, weit reichenden Einfluss auf die Migrationssoziologie aus und prägt bis heute die Urteile auch deutscher Wissenschaftler über sozialräumliche „Parallelgesellschaften". Unter Bezugnahme auf Vertreter der so genannten „Chicagoer Schule" entwickelte beispielsweise Friedrich Heckmann sein Konzept der „ethnischen Kolonie".[13] Ähnlich dem amerikanischen Vorbild schrieb auch er Konzentrationsprozessen von Einwanderern in einer ihnen fremden Umgebung positive Wirkungen zu, von der Stabilisierung des alltäglichen Lebensbereiches über die Lösung von Anpassungsproblemen und die Verringerung von Unsicherheiten bis hin zur Pflege der nationalkulturellen Identität. Etwa zeitgleich mit Heckmann, aber ebenfalls durch Rückgriff auf die nordamerikanischen Sozialökologen, formulierte Georg Elwert Anfang der 1980er-Jahre das Modell der „Binnenintegration". Und ähnlich wie Heckmann und zuvor schon die Chicagoer sah auch er in der Binnenintegration einen ersten Schritt zur Integration der Einwanderer in die Mehrheitsgesellschaft, indem aus der Migration resultierende Unsicherheiten abgemildert, die Ausbildung einer neuen Identität unterstützt, Selbstbewusstsein vermittelt und die Orientierung in einem gewandelten Umfeld erleichtert würde.[14]

In einer Gesamtansicht der Forschungsergebnisse kristallisieren sich so eine ganze Reihe Funktionen und Leistungen heraus, mit denen „Parallelgesellschaften" ihren Mitgliedern das Leben in einer oftmals feindlichen, stets aber fremden Umgebung erleichtern. So machen sie den Neuankömmlingen den Wechsel in eine radikal anders geprägte Ordnung erträglicher, indem sie Vertrautes bieten und auf diese Weise die kulturellen Differenzen zwischen Herkunfts- und Aufnahmegesellschaft überbrücken. „Parallelgesellschaften" stellen Institutionen und Gelegenheiten bereit, durch die Solidarität praktiziert und bedürftigen Mitgliedern Unterstützung zuteil werden kann. Über ihr Organisationswesen aktivieren sie ihre Angehörigen und vermitteln auch mehrheitsgesellschaftlich wichtige Kompetenzen. Nach außen, in die Mehrheitsgesellschaft hinein, artikulieren sie die Interessen ihrer Mitglieder, versuchen, Diskriminierungen abzubauen und Unterstützung für die Anliegen der Minderheit zu gewinnen.

Beitrag zur Persönlichkeitsstabilisierung

Die wohl bedeutendste Funktion von „Parallelgesellschaften" aber betrifft ihren Beitrag zur Persönlichkeitsstabilisierung. Dadurch dass sie ihren Mitgliedern Orte der Geselligkeit und Vergemeinschaftung bieten, indem sie Identifikationsangebote unterbreiten und den Anpassungsdruck abfedern, der auf den Zuwanderern lastet, reduzieren sie die destruktive Kraft als „negative Individualität" bezeichneter sozialer Halt- und Schutzlosigkeit. Nur dadurch, durch die im Binnenleben erfahrene Anerkennung und die sozialen Sicherheiten, die „Parallelgesellschaften" bieten, können ihre Mitglieder Zutrauen in ihre Fähigkeiten entwickeln, dessen sie bedürfen, wollen sie in der Mehrheitsgesellschaft bestehen und vor den ersten Widerständen nicht gleich verzagt und resigniert einknicken.

Gerade in letzterem übrigens ähneln „Parallelgesellschaften" stark kirchlichen Institutionen. Auch religiösem Glauben wird die Wirkung zugeschrieben, Gemeinschaft zu stiften, Halt und Orientierung zu vermitteln, Selbstzweifel zu kalmieren und weltliche Ausgrenzungserfahrungen durch dic Einbettung in eine parallele, transzendentale Ordnung erträglicher zu machen. Insofern dürfte es kein Zufall sein, dass religiöse Vereinigungen in

„Parallelgesellschaften" einen zentralen Platz einnehmen und in ihren Aktivitäten über den engen religiösen Bereich zumeist weit hinausgehen. Verständlich dürfte dann auch sein, warum selbst dezidiert kirchenferne Separatkulturen oftmals religiöse Züge aufweisen und sich Ersatzreligionen schaffen, beispielsweise in Form einer visionären Ideologie. Die Verbindung von „Parallelgesellschaft" und Glauben ist also eher die Regel als die Ausnahme und durch beider Beitrag zur Persönlichkeitsstabilisierung im Übrigen keinesfalls generell integrationshemmend.

Abgrenzung kann sich zur „Mobilitätsfalle" entwickeln

Binnenintegration – bei „Parallelgesellschaften" ebenso wie bei Religionen – setzt freilich die Abgrenzung nach außen geradezu voraus. Vergemeinschaftenden Strukturen ist stets die Tendenz zur Abschottung inhärent. Es konnte daher nicht ausbleiben, dass Kritik am sozialökologischen Ansatz der Chicagoer Schule aufkam und ihre Funktionsbestimmung von „Parallelgesellschaften" infrage gestellt wurde. Dezidiert sind solche Bedenken von Hartmut Esser vorgetragen worden. Seiner Ansicht nach verstärken kulturell und sozial abgegrenzte Lebenswelten letztlich die Differenzen zwischen den einzelnen Bevölkerungsgruppen. Einerseits erhöht sich durch ihre Zusammenballung die Sichtbarkeit der Minderheit, deren Folgen eine Verstärkung der Bedrohungsgefühle bei der Mehrheitsgesellschaft und als Reaktion darauf eine noch forciertere Ausgrenzung sind. Aus der Perspektive der Minderheit vergrößert sich andererseits durch die sozialräumliche Verdichtung und die Möglichkeit, praktisch alle Bedürfnisse innerhalb der parallelgesellschaftlichen Subkultur befriedigen zu können, die Neigung, unter sich zu bleiben und Beziehungen zu anderen Gesellschaftsgruppen gar nicht mehr anzustreben. Kontakte zwischen Minderheit und Mehrheit kommen dann kaum noch zustande, wären aber die Voraussetzung dafür, sich gegenseitig kennen zu lernen, eventuell Freundschaften zu knüpfen, jedenfalls aber Vorurteile abzubauen. Darüber hinaus verhindert die

Distanzierung von der Mehrheitsgesellschaft den Erwerb für einen sozialen Aufstieg elementarer Fähigkeiten, Kenntnisse und Beziehungen, verweist die Betroffenen insofern stets auf die „Parallelgesellschaft" zurück, deren Positionshierarchie aber begrenzt ist und die für ihre Mitglieder daher eine „Mobilitätsfalle" darstellt.[15]

Die Differenzen zwischen den jeweiligen Forschungsrichtungen sind freilich nicht so tief, wie es scheinen mag, sie heben sich auf einer übergeordneten Ebene vielmehr auf. Auch Wissenschaftler in der Tradition der Chicagoer Schule sehen die Gefahren, die aus einer introvertierten Selbstgenügsamkeit von „Parallelgesellschaften" herrühren. Sie gehen gleichfalls davon aus, dass eine sture Binnenperspektive Kontakte zur umgebenden Umwelt verhindern und soziale Mobilität begrenzen kann. Mangelnde Kontakte aber begünstigen Ressentiments und schwächen die Bereitschaft, sich auf die Anforderungen der Mehrheitsgesellschaft einzulassen. Begrenzte Mobilität wiederum meint ethnische Unterschichtung, bedeutet also nichts anderes als die oben erwähnte „Mobilitätsfalle".

Esser seinerseits gesteht ethnischen Kolonien zumindest für die erste, anomiearme Anpassung von Migranten an ihre neue Umgebung eine nützliche Rolle zu. Gegen die Neigung von Einwanderern, nach ihrer Ankunft die Nähe zu ihresgleichen zu suchen und vertraute Nachbarschaften zu bevorzugen, hat er zeitlich befristet durchaus nichts einzuwenden. Problematische Folgen zeitigt für ihn erst die Verstetigung parallelgesellschaftlicher Strukturen und innerethnischer Kontaktkreise. Diese Einschätzung aber deckt sich mit dem Gesellschaftsbild der Chicagoer Sozialforscher, die der räumlichen Konzentration von Migranten ebenfalls nur temporär Vorzüge zusprechen. „Parallelgesellschaften" verstehen sie als Auffanglager für Neuankömmlinge, als Brückenköpfe zur neuen Heimat, deren Zweck erfüllt ist, wenn ihre Mitglieder den transkulturellen Umbruch verdaut haben und sich eigenständig zurechtfinden können. Dauerhafte Absonderung lehnen sie mit dem bekannten Argument ab, die Integration in die Mehrheitsgesellschaft werde dadurch erschwert. Verwundern muss das nicht, entwickelten die Gründerväter der Chicagoer Schule doch das sozialökologische Modell auf der Grundlage ihrer Annahmen über soziale Ungleichheit, wobei sie die residentielle Segregation als Abbild gesellschaftlicher Distanzen betrachteten und die Nivellierung sozialer Unterschiede als wünschenswert ansahen. Langfristig befürworten daher auch die Sozialökologen eine Auflösung von Koloniestrukturen und die Gleichverteilung der sozialen Gruppen im Raum, letztlich also gleichmäßig gemischte Wohnquartiere.[16]

Sind die Prämissen der Migrationsforschung plausibel?

Wiewohl differenzierter argumentierend als die politisch-medialen Wortführer des öffentlichen Diskurses, gelangt die Forschung über „Parallelgesellschaften" folglich zu relativ einheitlichen Schlussfolgerungen. „Parallelgesellschaften" sind ihr bloß das kleinere Übel im Vergleich zu ungefiltert aufeinander stoßenden kulturellen Differenzen. Wenn der kulturelle Graben zwischen alter und neuer Heimat nur schmal, ohne Zwischeninstanzen überbrückbar und eine unmittelbare Integration der Migranten in die Mehrheitsgesellschaft infolgedessen möglich ist, dann sind separate Strukturen auch im Interesse der Zuwanderer abzulehnen, da die Netzwerke der Einheimischen ressourcenreicher und leistungsfähiger und die sozialen Aufstiegsmöglichkeiten hier umfangreicher sind. Außerdem gefährden nach allgemeiner Einschätzung „Parallelgesellschaften" ihre integrativen Funktionen, wenn sie sich hermetisch von der Mehrheitsgesellschaft abschotten, ihre eigenen Werte und Ziele absolut setzen und fundamentalistische Ziele propagieren. Notwendig sind daher die prinzipielle Offenheit ihrer Infrastrukturen und eine generelle Bereitschaft zur kulturellen Grenzüberschreitung. Da sich mit ihnen aus gesamtgesellschaftlicher Perspektive zudem eine Spaltung der Bevölkerung verbindet, ist ihr dauerhafter Fortbestand abzulehnen, weil dadurch der soziale Zusammenhalt unterminiert würde. Eine Verstetigung von „Parallelgesellschaften“ ist demnach wünschenswert nur vor dem Hintergrund eines kontinuierlichen Zuwandererstroms und permanenten Austausches ihrer Mitglieder. Schließlich wird aber von Park über Heckmann bis Esser unisono davon ausgegangen, eben diese Eigenschaft – der dynamische Charakter parallelgesellschaftlicher Vergemeinschaftung – würde dadurch garantiert, dass die Integration von Minderheiten in die Mehrheitsgesellschaft gesetzesmäßig und mit Blick auf die verschiedenen Integrationsdimensionen gleichgerichtet erfolge. Der Integrationsprozess, heißt das, endet zwangsläufig mit der Assimilation, Fortschritte bei der sozialstrukturellen und sozialkulturellen Integration – also die gleichberechtigte Teilhabe an Bildungs-, Berufs- und Erwerbschancen auf der einen, der Erwerb von Sprachkenntnissen sowie die Übernahme dominanter Denk- und Verhaltensmuster auf der anderen Seite – seien eng miteinander verknüpft.

Hier stellt sich bei aller Plausibilität dann jedoch die Frage, ob der dominante Fokus der Migrationsforschung auf die amerikanische Einwanderungsgesellschaft nicht vielleicht zu verzerrten Ergebnissen führt – zu Ergebnissen jedenfalls, die für Deutschland nicht so ohne weiteres verallgemeinerbar sind. Eine kurze Skizze der klassischen deutschen „Parallelgesellschaften“, der polnischen Zuwanderergemeinschaft und der parteipolitischen Milieus, soll hierauf eine Antwort geben.

Die Zuwanderergemeinschaft der „Ruhrpolen“

Die polnischen Landarbeiter, die, beginnend mit den 1870er-Jahren, aus den preußischen Ostprovinzen angeworben wurden, um in den Großzechen des Ruhrbergbaus zu arbeiten, ähnelten in ihren Motiven durchaus den Gastarbeitern ein knappes Jahrhundert später. In den Westen gingen sie anfänglich als Arbeitskräfte, um Geld zu verdienen. Mit dem Ersparten wollten sie später Eigentum in ihrer Heimat erwerben, in die sie nach einiger Zeit zurückzukehren beabsichtigten. Und auch die Reaktionen der Einheimischen waren miteinander vergleichbar. Spätestens seit die Einwanderung in den 1890ern massenhafte Ausmaße annahm, wurden die Ostelbier an ihren Arbeitsplätzen mit Skepsis beäugt, als Lohndrücker verachtet und mit Schimpfworten wie „Hergelaufene“ und „Pollacken“ belegt. Misstrauen und Vorurteile kursierten, Angst vor Überfremdung machte sich breit, Besorgnisse ob der hohen Kriminalitätsrate der Zuwanderer beschlichen auch offizielle Stellen und in der Öffentlichkeit entstand das Stereotyp des grobschlächtigen, rauflustigen, verschlagenen Polen.[17]

In dieser Situation wurden die Grundlagen der polnischen Eigenwelt gelegt. Die ersten polnischen Vereine bildeten sich und in den zecheneigenen Wohnanlagen entstanden polnische Kolonien. Den Annahmen der Sozialökologen entsprechend, fußte diese Entwicklung zunächst ausschließlich auf Sicherheits- und Orientierungsbedürfnissen der Zuwandernden. Die Vereine erfüllten Auffangfunktionen in einer gänzlich fremden Umgebung und dienten dazu, Bedürfnisse nach Entspannung, Kurzweil, Geselligkeit zu befriedigen. Die ethnisch homogene Konzentration in Zechenkolonien wiederum entwickelte sich aus der Suche nach Vertrautem. Dabei war die räumliche Abschottung schon im ausgehenden 19. Jahrhundert umstritten, sie wurde verdächtigt, „polnische Enklaven auf deutschem Boden“ herauszubilden. Auch mochten die homogenen Nachbarschaften das Erlernen der deutschen Sprache hemmen und ethnische Rückzugstendenzen fördern. Insgesamt aber überwogen für beide Seiten – Polen wie Aufnahmegesellschaft – die Vorteile. Nicht bloß, dass die Zechenwohnungen Möglichkeiten zu Gartenbau und Viehhaltung boten, die Neuankömmlinge also ihre vertraute Beschäftigung zumindest als Nebenerwerb fortsetzen konnten. Die Wohnsituation verminderte vielmehr die Anpassungsprobleme an die industriellen Arbeitsbedingungen, den Hauptgrund für die hohe Zahl von Arbeitsplatzwechseln gerade bei den Osteinwanderern, förderte dadurch die Sesshaftigkeit und biographische Kontinuität. Die segregierten Zechenkolonien erleichterten die

Gewöhnung der Arbeiter an ihre neue Umgebung, vereinfachten analog dazu ihre Integration und wirkten, da Entwurzelung radikalisiert, Stetigkeit aber mit Bindungen, Sicherheiten und Sozialkontakten einhergeht, auch politisch mäßigend.[18]

Freilich reichte der Nutzen sozialräumlicher Verdichtung für die Polen noch ein ganzes Stück weiter – weiter auch als in der Migrationssoziologie gemeinhin angenommen. Das lässt sich durch einen Vergleich der verschiedenen Einwanderergruppen aus den Ostprovinzen, namentlich der Gegenüberstellung von Masuren und „ethnischen" Polen aus der Provinz Posen, veranschaulichen. Ein autonomes Organisationsnetz knüpften nur die Posener Polen, während die Masuren historisch eine politisch-konfessionelle Sonderentwicklung durchlaufen hatten, der dominanten Kultur im Aufnahmeland aufgrund ihrer evangelischen Konfession und der monarchisch-preußischen Gesinnung vergleichsweise nahe standen und sich direkt in die mehrheitsgesellschaftlichen Netzwerke zu integrieren suchten. Dennoch waren die Integrationsbemühungen der Posener auf struktureller Ebene erfolgreicher – obschon sie einer besonders intensiven polizeilichen Überwachung ausgesetzt waren und im Unterschied zu den Masuren als „Reichsfeinde" galten. Innerhalb der Bergwerkshierarchie stiegen sie gleichwohl schneller und nachhaltiger auf, ihnen gelang auch der Wechsel in einen anderen, prestigeträchtigeren Industriezweig häufiger als den Masuren. Zwar blieb auch für die ethnischen Polen die Zugehörigkeit zur Unterschicht erst einmal bestimmend. Zu verwundern braucht das allerdings nicht, waren sie doch als ungelernte Landarbeiter in ein industrialisiertes Gebiet migriert. Als „Mobilitätsfalle" jedenfalls erwies sich die parallelgesellschaftliche Subintegration für die Polen keineswegs.

Freilich lässt sich die Aussage, die Posener seien integrierter als die Masuren gewesen, nicht umstandslos auf alle Dimensionen der Integration verallgemeinern. Einerseits nahmen sie zwar neben einer größeren sozialen Aufwärtsmobilität über ihre Organisationsanbindung auch an den öffentlichen Angelegenheiten einen stärkeren Anteil als jene. Überhaupt zeichneten sie sich durch eine steigende politische Mobilisierungsbereitschaft und wachsende Wahlbeteiligungen aus – allesamt Faktoren der Zugehörigkeit zur Aufnahmegesellschaft. Im Hinblick auf andere Indikatoren dagegen, Mischehen und Namensänderungen zum Beispiel, wiesen die Masuren Vorteile auf. Auch das lässt sich aus der Einbindung in eine „Parallelgesellschaft" bei den Posenern erklären, mit einer segregierteren Wohnweise und intensiveren Bindungen an die eigenethnische Gruppe. Es zeigt sich hier aber vor allem, dass Integration auf den unterschiedlichen Ebenen bisweilen durchaus ungleichzeitig, womöglich gar gegenläufig, jedenfalls nicht zwangsläufig parallel verläuft.

Die Säulen der polnischen „Parallelgesellschaft"

Die verbreitete Annahme einer eher schädlichen Wirkung parallelgesellschaftlicher Separation auf den sozialen Zusammenhalt schließlich wurde auch im Hinblick auf die Polenwanderung vertreten. Dabei lässt sich am Beispiel der polnischen Bergarbeitergewerkschaft „Zjednoczenie Zawodowe Polskie" (ZZP) exemplarisch zeigen, dass „Parallelgesellschaften" nicht nur insofern eine integrative Funktion ausüben können, als sie die basale Grundlage, gleichermaßen den Startpunkt eines assimilatorischen Prozesses bilden. Wobei ihre Rolle dieser Interpretation zufolge darin besteht, die Migranten aus ihrer kulturellen Schockstarre zu lösen und aufnahmefähig für Veränderungen zu machen, während die eigentliche soziale Integration dann aber jenseits ihrer Strukturen im Rahmen der Mehrheitsgesellschaft stattfindet. Oberflächlich betrachtet förderte nun das 1902 gegründete ZZP tatsächlich die Zersplitterung der Gewerkschaftsbewegung, richtete es sich doch auch an diejenigen polnischen Arbeiter, die bereits in einer sozialdemokratischen, katholischen oder liberalen Bergarbeitergewerkschaft organisiert waren. In Wirklichkeit aber trug es zur Stärkung der Einheit der Bergarbeiter bei, da es weite Teile der polnischen Zuwanderer ansprach, die von den etablierten

Verbänden nicht erreicht wurden, sei es, weil polnische Interessen in den deutschen Gewerkschaftsorganisationen bewusst übergangen wurden oder schlicht die notwendigen Kenntnisse über die spezifischen Lebens- und Arbeitsbedingungen der Zuwanderer fehlten. Indem das ZZP diese Arbeitergruppen aufklärte, organisierte und für gemeinsame Protestkundgebungen mit den deutschen Bergarbeitergewerkschaften mobilisierte, dadurch dass es Stimmungen kanalisierte und Unmut in organisierte Aktionen lenkte, reduzierte es die Möglichkeiten der Bergwerksdirektoren, Polen und Deutsche gegeneinander auszuspielen. Auf diese Weise entzog es unbeholfenen und ziellosen „wilden" Streiks polnischer Bergleute die Grundlage und stärkte die gesamte Bergarbeiterbewegung. Interethnische Einigkeit herzustellen erforderte in der Gewerkschaftsarbeit nicht die vorherige Auflösung der parallelgesellschaftlichen Eigenorganisationen beziehungsweise die Distanzierung der Beteiligten von ihr, sondern entstand gerade aufgrund der Existenz des ZZP, ihrer Gründung und ihres Wirkens.

Die Bildung einer polnischen Gewerkschaftsorganisation fiel dabei nicht zufällig in eine Zeit, die durch Konflikte zwischen Deutschen und Polen in den preußischen „Ostmarken" geprägt war und die Vergiftung des Klimas auch im Ruhrgebiet infolge dieser Konflikte sowie zunehmender Spannungen zwischen Einheimischen und Ruhrpolen sah. In zwei Dekaden entstanden um die Jahrhundertwende herum die Säulen der polnischen „Parallelgesellschaft", beginnend 1890 mit der Herausgabe der ersten polnischen Zeitung, dem „Wiarus Polski". Später wurden dann fast zeitgleich das ZZP sowie eine polnische Volksbank gegründet und 1913 schließlich alle bestehenden polnischen Vereine unter einer Dachorganisation zusammengefasst. Zu diesem Zeitpunkt gab es im Ruhrgebiet 875 polnische Vereine mit mehr als 80.000 Mitgliedern. Ohne fundamentalistische Energien wäre diese Verdichtung der polnischen Subkultur nicht denkbar gewesen. Die polarisierte Frontstellung zwischen Einheimischen und Zugewanderten leitete auf polnischer Seite einen Prozess ein, der als „sekundäre Minderheitsbildung" bezeichnet wird und in dessen Verlauf aus Landarbeitern ohne klare politische Vorstellungen nationalbewusste Polen wurden, die im ruhrpolnischen Organisationssystem ein Instrument zur Erhaltung nationaler Identität sahen und sich dezidiert von der Aufnahmegesellschaft abgrenzten. Religiöse Vereine nahmen zunehmend politische Züge an, Turnvereine setzten sich die Erhöhung nationaler Kampfkraft zum Ziel und die Gesangsvereine intonierten jetzt statt religiöser Choräle vornehmlich polnische Folklore. „Erst die mit der Masseneinwanderung (in den 1890er Jahren) ursächlich zusammenhängende verstärkte Diskriminierung in der Öffentlichkeit und die Verschärfung staatlicher Unterdrückungsmaßnahmen", schlussfolgert Christoph Kleßmann, „schufen aus einer Vielzahl zusammenhangloser, verstreuter Immigrantengruppen eine sich ihrer Stellung und Herkunft bewusste Minderheit".[19] Doch indem sich der fundamentalistische Impetus in intensiviertes Organisationsengagement umsetzte, verstärkte paradoxerweise gerade die politische und soziale Bewusstwerdung ethnisch-kultureller Differenzen die Bindungen der Polen an die neue Heimat und beschleunigte ihre Integration. Im Unterschied zu den Prämissen der Sozialökologen machte insofern nicht zuletzt die organisationsproduktive Kraft von schroffen Konflikten und rigider wechselseitiger Abgrenzung die Eingliederung der Ruhrpolen in das deutsche Gemeinwesen zu einer Erfolgsgeschichte.

Verhärtete Fronten führen zu Solidargemeinschaften

Gleiches gilt im Übrigen für die innergesellschaftlichen Parallelwelten der katholischen und sozialistischen Bevölkerungsteile. Auch ihre subkulturellen Separatstrukturen nährten sich aus kämpferischen Auseinandersetzungen, auch ihre „Parallelgesellschaften" konstituierten sich in einer Phase polarisierter Agitation auf der einen, nachdrücklicher Selbstabschottung auf der anderen Seite. Die Katholiken formierten sich zum Milieu, als einerseits die konservativ-liberalen Eliten ihre Attacken gegen die katholische

Kirche verschärften und ihre Existenzberechtigung durch antijesuitische Kampagnen und den Feldzug gegen die konfessionelle Schulaufsicht im ohnehin protestantisch imprägnierten Kaiserreich in Zweifel zogen. Sie schufen ihr ausgedehntes Vereinsnetz, als sich andererseits die päpstliche Kritik an den bürgerlichen Freiheiten dogmatisierte und der papstgläubige, ultramontane Katholizismus zum unversöhnlichen Gegner von Aufklärung, Toleranz und Liberalismus, kurz: der Moderne wurde.

Der sozialdemokratische Organisationspatriotismus entfaltete sich ebenfalls in einer Zeit verhärteter Frontstellungen. Auch ihre eigenweltliche Formierung spielte sich vor dem Hintergrund des Wandels der SPD von einer rückwärtsgewandten, ständestaatlichen Gerechtigkeitsvorstellungen anhängenden, letztlich konservativen Interessenvertretung von Arbeitergesellen und Heimgewerbetreibenden zu einer marxistisch inspirierten, systemüberwindenden, zumindest theoretisch und verbal revolutionären Partei des Industrieproletariates ab. Die Grundlagen der sozialdemokratischen Solidargemeinschaft lagen in den so weit reichenden wie dauerhaften Ausgrenzungen von Sozialdemokraten aus den mehrheitsgesellschaftlichen Institutionen, wurzelnd in den Jahren des Sozialistengesetzes, als die SPD verboten war und ihre Anhänger verfolgt wurden.

Es war insofern bei den Katholiken und Sozialdemokraten nicht anders als bei den Ruhrpolen eben dieses aus Unversöhnlichkeiten, wechselseitiger Ablehnung und fundamentalistischer Absonderung entstandene Organisationswesen, durch das sie à la longue mit der Mehrheitsgesellschaft versöhnt wurden, das sie an den bestehenden Staat heranführte und ihnen demokratische Werte vermittelte. Indem die sozialdemokratischen und katholischen „Parallelgesellschaften" ihren Mitgliedern soziale Aufstiegsmöglichkeiten boten, sie sukzessive entmarginalisierte, ihnen Selbstvertrauen und Machtbewusstsein vermittelte, wurde die Integration der einstigen Parias in die Gesellschaft vorangetrieben, ja mutmaßlich überhaupt erst möglich gemacht.

Teilhabechancen und Integrationswilligkeit

Bloß, wie kommt es dann, dass gegenwärtig die Integrationskraft der westlichen Demokratien durch Zuwanderung überfordert zu werden droht? Warum erscheinen gerade räumliche Konzentrationen von Bevölkerungsteilen mit Migrationshintergrund als Problem, warum auch geht von fundamentalistischen Einstellungen aktuell eine solche Gefahr aus? Wieso, ganz konkret, rebellieren in den französischen Vororten Jugendliche maghrebinischer Abstammung und neigen russlanddeutsche Aussiedler in Deutschland auffallend häufig zu abweichendem Verhalten? Und schließlich: Weshalb breiten sich Unzufriedenheit, Frust und Gewaltbereitschaft insbesondere in der dritten Generation der Einwanderer aus, die hier geboren und in die Schule gegangen sind, welche die deutsche Sprache sprechen und – außer vielleicht vom Hörensagen – keine Kenntnisse über ihr Herkunftsland besitzen, geschweige denn, dass sie irgendwelche Kontakte in die Heimat ihrer Vorfahren pflegten?

Eine Antwort könnte in der Differenzierung von sozialräumlicher Segregation nach ihrem ursächlichen Zustandekommen und der Unterscheidung von gesellschaftlichen Angeboten und subjektiven Leistungen als Voraussetzung gelingender Integration gefunden werden. Soziale Integration ist ein zweiseitiger Prozess, sie hängt von der strukturellen Offenheit der Aufnahmegesellschaft ebenso ab wie von den individuellen Anstrengungen der Zugewanderten. Von den Migranten kann erwartet werden, die neue Sprache zu erlernen, sie müssen sich auf die mehrheitsgesellschaftlichen Spielregeln einlassen, Werte, Normen und dominante Verhaltensmuster internalisieren. Die Gesellschaft ihrerseits muss strukturelle Teilhabechancen eröffnen und Integrationswilligen Angebote unterbreiten. Migranten dürfen nicht systematisch vom Arbeitsmarkt ferngehalten oder aus bestimmten Berufspositionen ausgeschlossen werden, im Bildungssystem muss Chancengleichheit herrschen und auch der Wohnungsmarkt muss prinzipiell offen sein.

Die strukturelle Integration der Zugewanderten in die Aufnahmegesellschaft ist deshalb besonders wichtig, weil sie das Fundament aller anderen Integrationsdimensionen bildet. Die Integrationsprozesse können stocken, die Einbindung in die Aufnahmegesellschaft kann unvollständig bleiben, schon gar nicht muss die Gewöhnung von Zuwanderern an die neue Umgebung zwangsläufig mit ihrer Assimilation enden. Aber ohne die strukturelle Integration in den Wohnungs-, Arbeits- und Ausbildungsmarkt lassen sich interethnische Kontakte schwerer knüpfen, verzögert sich das Erlernen der Amtssprache, verringert sich die Wahrscheinlichkeit, dass sich die Migranten auf die Kultur der Aufnahmegesellschaft einlassen und mit ihrer neuen Heimat identifizieren. Nur dann auch, wenn den Zugewanderten diese Angebote gemacht werden, kann Segregation *freiwillig*, als freie Entscheidung der Migranten, erfolgen, ansonsten wird sie durch Diskriminierung, Benachteiligung, Ausschluss *erzwungen*.

Verschlechterung der Integrationsbedingungen

Gerade dafür aber, dass die gesellschaftlichen Teilmärkte Migranten immer weniger offen stehen und sie zunehmend gegen ihren Willen ausgegrenzt werden, sprechen die Entwicklungen seit den 1980er-Jahren. Räumlich wurden sie aus den kleinräumigen, verwinkelten Zentren mit vielfältigen Nutzungsmöglichkeiten in die großflächig angelegten und nicht selten als Schlafstädte konzipierten, dadurch zumeist monofunktionalen Hochhaussiedlungen am Stadtrand abgedrängt. Zwar bedeuteten die neuen Wohnungen an sich gegenüber den altstädtischen Behausungen zunächst einmal keine Verschlechterung. Der Nachteil dieser Großwohnanlagen bestand aber in ihrer Anonymität und Monostruktur, die bei den Bewohnern zu Isolierung und Vereinsamung führte, den Schwund von Sozialkompetenz zur Folge hatte und sie ihrer Möglichkeiten zur Selbsthilfe beraubte, indem sich eigenethnische Infrastrukturen in diesem Umfeld nicht ausbilden konnten.

Auch in den integrationssensiblen Bereichen Arbeit und

Ausbildung hat sich die Distanz zwischen Zuwanderern und Einheimischen verbreitert und die Diskriminierung verstärkt. Dabei waren gerade Ausbildung und Arbeit in der Vergangenheit zentrale Integrationsmotoren, bei den Ruhrpolen nicht anders als im Falle der heterogenen Einwandererströme in die USA. Durch eine Ausbildung können auch schlechte Schüler wieder Selbstvertrauen und Zukunftshoffnung schöpfen, und derweil Ausländer in Deutschland sich politisch nicht beteiligen und an Wahlen nicht teilnehmen durften, bestanden auf der Betriebsebene sehr wohl Partizipationsgelegenheiten. Hier durften sie den Betriebsrat mitwählen, Betriebsräte sogar selbst auch werden; hier lernten sie demokratische Verfahrensweisen und die Regeln der betrieblichen Mitbestimmung kennen. Nicht zufällig schließlich bahnen sich Mischehen zumeist am Arbeitsplatz an – wird doch bei der Arbeit nicht nur Lohn verdient, sondern oftmals auch die Grundlage inter-ethnischer Kontakte gelegt. Doch gerade in diesen Bereichen verschlechterte sich in der Vergangenheit die Situation der Zuwanderer zusehends. Seit den 1970er-Jahren sind sie von Entlassungswellen stets am stärksten betroffen gewesen, ihr Anteil an den Beschäftigten sank in der Vergangenheit daher trotz steigender Migrantenzahlen, und auch unter den Lehrlingen schrumpfte der Prozentsatz der Migrantenkinder von acht auf 4,4 Prozent drastisch.[20]

Empörung speist sich aus „partieller Integration"

Die Verschlechterung der strukturellen Integrationsbedingungen erklärt nun freilich noch nicht, warum gerade die Angehörigen der dritten Einwanderergeneration besonders anfällig für fundamentalistisches Gedankengut sind, weshalb sie vor allem ihre Lage als unerträglich empfinden. Seine Begründung dürfte dieser Sachverhalt weniger in den schlechten oder gar verschlechterten strukturellen Integrationsbedingungen an sich finden. Explosiv wird der Ausschluss der Migrantenkinder aus den verschiedenen gesellschaftlichen Teilhabeformen erst durch den Widerspruch zwischen sozialer sowie ökonomischer Diskriminierung auf der einen und kulturell-normativer Assimilation auf der anderen Seite. Es ist gerade diese „partielle Integration", aus der sich die Empörung speist.

Das lässt sich am Beispiel der Vorstadtkrawalle in Frankreich exemplarisch zeigen. Die rebellierenden Vorstadtjugendlichen rechneten sich, wiewohl zumeist Kinder von Immigranten, keiner kulturellen Minderheit zu, sie waren vielmehr kulturell angepasst, hatten die republikanischen Werte verinnerlicht, insbesondere die prinzipielle Gleichheit jedes französischen Staatsbürgers, und teilten auch die Konsumwünsche des durchschnittlichen französischen Jugendlichen. Doch gerade die kulturelle und mentale Integration der Vorstadtjugend in das französische Staatswesen, letztlich erst ihr Wunsch dazuzugehören, ließ sie die Zurückweisung durch die Mehrheitsgesellschaft mit unverminderter Härte spüren und machte ihr die faktisch bestehende Diskriminierung umso schmerzlicher bewusst. Just der Widerspruch zwischen einer Gesellschaft, die sich in Sonntagsreden und öffentlichen Bekenntnissen stets und zuerst demokratischen Modellen verpflichtet weiß, und der tatsächlichen sozialen Ausgrenzung, die im Rassismus, in Arbeitslosigkeit und schulischer Benachteiligung zum Ausdruck kommt, mobilisierte die randalierenden Jugendlichen.[21]

Im Ausmaß geringer, von der Tendenz her aber ähnlich zeigt sich diese Schärfung des Ausgrenzungsbewusstseins und Ungerechtigkeitsempfinden in Deutschland bei den Aussiedlern, die wie die Nachfahren der nordafrikanischen Einwanderer in Frankreich rechtlich den Einheimischen gleichgestellt sind, deren Hoffnungen am Arbeitsmarkt aber systematisch enttäuscht wurden. Gleichermaßen auch verschärft die „partielle Integration" bei den Türken der dritten Generation das Leiden an ihrem Schicksal, da sie zwar tendenziell integrierter sind als ihre Eltern, aufgrund wesentlich höherer Ansprüche die gesellschaftliche Behandlung subjektiv aber als eher noch diskriminierender wahrnehmen. Das Gefühl, von Benachteiligung betroffen zu sein, jedenfalls nimmt seit einigen Jahren sogar noch zu.

Von gesellschaftlicher Seite behindert vor dem Hintergrund gestiegener Partizipationserwartungen folglich insbesondere der ökonomische Ausschluss die Integration von Zuwanderern. Die französischen Aufstände beispielsweise waren wesentlich materiell motiviert, kaum aber – wie zumeist unterstellt – ethnisch, religiös oder weltanschaulich. Auslöser waren die verschärften sozialen Probleme in den Banlieues, die hohe Arbeitslosigkeit, verbreitete Armut, allgegenwärtige Perspektivlosigkeit. Die Ursache der Krawalle lag in der Diskriminierung durch die Mehrheitsgesellschaft, der vertieften Kluft zwischen großen Teilen der Migranten und dem Rest der Gesellschaft sowie der zunehmenden Kumulation sozialer Probleme in den segregierten Quartieren, weshalb sich die Wut der Randalierer auch vorzugsweise an Symbolen staatlicher Präsenz und Prestigeobjekten der Mittelschichtkultur – Schulen, öffentliche Gebäude, Bibliotheken, Kindergärten einerseits, Autos andererseits – abreagierte. Durch die Vermittlung von Sprachkenntnissen und die Zuerkennung der Staatsangehörigkeit, in Deutschland als zentrale Integrationsfaktoren angesehen, jedenfalls hätten sich die Ausschreitungen nicht besänftigen lassen – beides besitzen die maghrebinischen Vorstadtjugendlichen längst.

Fehlen kollektive Strukturen droht Wurzellosigkeit

Doch kann zweifellos nicht nur die Aufnahmegesellschaft die Integration von Migranten fördern oder blockieren. Die Zuwanderer selbst können ebenfalls mehr oder weniger integrationsgewillt sein und tragen insofern selbst zum Erfolg oder Misslingen des Eingliederungsprozesses bei. Betrachtet man nun aber ihre aktuelle Situation, blickt man auf die Bedingungen subjektiver Integrationsbereitschaft und inspiziert sie auf der Folie der historischen Beispiele für eine gelungene Integration, dann fällt nicht ein Übermaß, sondern das Fehlen parallelgesellschaftlicher Strukturen auf. Auch in diesem Punkt bieten die Pariser Vorstadtbezirke wieder nur ein besonders drastisches, gleichwohl aber verallgemeinerbares Beispiel. In dem so genannten „Roten Gürtel“ ballte sich früher die französische Arbeiterschaft, politisch dominierte hier traditionell die Kommunistische Partei. Kennzeichnend für die heutigen Problemquartiere war seinerzeit ein sozial-kulturelles Gefüge aus einer mehrheitlichen Beschäftigung der Männer in der Industrie, einer dominanten Kultur der Arbeit und vor allem einem festen Klassenbewusstsein. Dieses Klassenbewusstsein als Kern des Selbstverständnisses der Vorstadtbewohner lieferte eine suggestive Deutung der gesellschaftlichen Schichtung sowie der eigenen sozialen Stellung; in ihm artikulierte sich der Stolz der Arbeiter als Produzenten des gesellschaftlichen Reichtums; vor allem aber erzeugte es Gefühle der wechselseitigen Solidarität und schuf so die Voraussetzung für organisiertes, kollektives Handeln. Als Grundlage und Handlungsbegründung unterlag das Klassenbewusstsein auch dem dichten Netz politisch-gewerkschaftlicher Organisationen, das die Banlieues umspannte und die Anbindung ihrer Bewohner an die Mehrheitsgesellschaft sicherstellte.

Die klassischen Organisationsnetze und Kollektivverbände der Arbeiterbewegung sind jedoch längst verschwunden. Erst verschwand die Arbeit, später folgten die Arbeiter. Die Leistungen, die nicht zuletzt von den Gewerkschaften früher bei der Integration auch der Einwanderer erbracht wurden, überfordern sie heute. Der Niedergang der traditionellen Großkollektive hat der Vorstadtbevölkerung ihre Zukunftsgewissheit genommen, er hat sie ihres Selbstwertgefühles beraubt und sie gleichsam ort- und wurzellos zurückgelassen. Der Zorn ist geblieben, Ausgrenzungsprozesse haben sich eher noch verschärft, aber die Unzufriedenheit aus den Banlieues artikuliert sich nicht mehr vernehmlich und strukturiert. Was früher die Organisationen der Arbeiterbewegung bündelten, kanalisierten und in den politischen Prozess einspeisten, das entlädt sich heute eruptiv und ungehemmt, ohne Koordination und Disziplin in blinder Zerstörungswut. Von „Auflösungserscheinungen“ sprach zuletzt der französische Soziologe Jean-Pierre Le Goff.[22]

Ethnische Organisationen jedenfalls sind nicht an die Stelle der Arbeiterassoziationen getreten, insbesondere türkische Zusammenschlüsse konnten die entstandene Lücke nirgendwo schließen. Dieser Sachverhalt mag zum Teil auf kulturelle Prägungen zurückzuführen sein, auf eine bei großen Teilen der Türken verinnerlichte Skepsis gegenüber Selbstorganisationen und eine bereitwillige Hinnahme zentraler Vorgaben, d.h. eine ausgeprägte Autoritätsgläubigkeit. Wiederum bezogen auf die Türken in Deutschland hat er aber auch damit zu tun, dass es bei den Muslimen keinen allgemein akzeptierten Ansprechpartner für den deutschen Staat gibt, also nicht einmal eine zentrale Interessenvertretung in den für Türken so wichtigen Religionsfragen existiert. Eine schlagkräftige bundesweite Pressure-Group, eine unumstrittene, die Gesamtheit der türkischen Migranten repräsentierende Interessenvertretung, die ihre Anliegen mit Nachdruck in die Öffentlichkeit einspeisen und eine parlamentarische Repräsentation sicherstellen würde, gibt es nicht. Die Vorbeter der allermeisten Moscheen, die Imame, die unter den türkischen Gläubigen über eine hohe Autorität verfügen und als bevorzugte Ansprechpartner fungieren, werden zudem in der Türkei ausgebildet und kommen in der Regel erst spät nach Deutschland. Sie sind damit in dieser Gesellschaft selbst fremd, sprechen oft nicht einmal die deutsche Sprache, können ihre Gemeinde darum nur schwerlich nach außen vertreten und ihren Rat suchenden Glaubensbrüdern bei Problemen keine sinnvollen Hilfestellungen geben. Die religiösen Gemeinschaften erreichen daher mit ihren zumeist mäßigenden Appellen insbesondere die Jugendlichen zunehmend schwerer und zeigen sich machtlos gegenüber der individuellen Konstruktion des eigenen Glaubens vermittels zweifelhafter Versatzstücke aus Internet-Seiten, arabischen Satellitensendern und den Lehren windiger Wanderprediger, deren Ergebnis dann oftmals ein aggressiv anti-westlicher Islamismus ist.

Die neue „Kultur der Armut"

Der Verlust organisatorischer Einbindungen ebenso wie sozialer Kompetenzen wird noch beschleunigt durch den Auszug der Mittelschichten aus den einstmaligen Arbeiterquartieren. In den letzten Jahren haben sich die unteren und mittleren Lagen zunehmend voneinander abgekoppelt. Spätestens wenn ihre Kinder ins schulpflichtige Alter kommen, ziehen diejenigen, die es sich leisten können, aus den Problemvierteln weg. Mit den Angehörigen der sozialen Mitte geht nun aber die vormalige Trägerschicht des Organisationswesens verloren, diejenigen, die zuvor durch ihr Engagement die Vereine geprägt haben, die Sinn zu stiften und den Zusammenschlüssen dadurch eine auch politische Bedeutung zu geben vermochten und als Kommunikatoren gesprächsfähig in Richtung der Mehrheitsgesellschaft waren. Zurückgelassen wird eine sozial homogene Unterschicht ohne Selbstbewusstsein, erst recht die nötige Sozialkompetenz, ja selbst Zusammengehörigkeitsgefühl. Übrig bleibt ein neues Unten, das sich dauerhaft ausgeschlossen wähnt, mit der Zukunft Hoffnungen nicht mehr verbindet und von der Restgesellschaft durch eine tiefe lebensweltliche Kluft getrennt ist. Diese Restgesellschaft wird von den Unterschichten bloß noch als bevormundend und entmündigend wahrgenommen, auch soziale Hilfsdienste empfinden die Betroffenen nur als zusätzliches Moment ihrer Demütigung und Gängelung. In den segregierten Unterschichtsquartieren breitet sich folgerichtig eine „Kultur der Armut" aus, die einseitig konsumorientiert ist, Tugenden wie Fleiß, Pünktlichkeit und Ordnung dagegen kaum noch Bedeutung beimisst. Eigene, subjektive Identitäten auszubilden sind die Zurückgelassenen zunehmend unfähig, Vorstellungen eines positiven Selbst, wie Didier Lapeyronnie es nennt, besitzen sie nicht.[23] Aus Mangel an Alternativen übernehmen sie vielmehr die Negatividentifikationen aus den Reihen der Mehrheitsgesellschaft, messen sie sich an den Maßstäben der sozial Arrivierten, wodurch ihr Leben als vollständiges Scheitern erscheint. Ein Aufstieg aus den Armutsquartieren ist aufgrund dessen unwahrscheinlich, die Möglichkeit, aufstiegswichtige Ressourcen zu akkumulieren, durch den Zwang zu sozialer Uniformität noch zusätzlich eingeschränkt.

Gegenwärtig zeichnet sich die Situation der Migranten durch ein kulturelles Vakuum, das Fehlen sozialer Maßstäbe, aktivierender Einbindungen und intermediärer Strukturen sowie einen Mangel an politischer Repräsentation aus. Nicht zuletzt das Fehlen organisationsgestützter Vergemeinschaftung lässt die periodisch aufflackernden Proteste so ziellos und unkontrolliert, dadurch aber auch so Furcht einflößend sein. „Parallelgesellschaften" vermittelten dagegen – wie wir am Beispiel der Ruhrpolen und der deutschen Parteimilieus gesehen haben – Sinn, Identität und Selbstbewusstsein. Sie kanalisierten Frustrationen, verschafften den Forderungen ihrer Anhänger Gehör und boten alternative Bildungs- und Aufstiegswege zu den verschlossenen Mehrheitsinstitutionen. Über ihre vielfache Anbindung an die etablierten Regelwerke und Verfahrenswege, auch über ökonomische Austauschprozesse und die Unmöglichkeit, wechselseitige Kontakte gänzlich zu vermeiden, protegierten sie letztlich die Integration von Minderheiten in die Gesamtgesellschaft. Für diese Rolle jedoch, die sie bei der Heranführung benachteiligter, orientierungsloser, Hilfe suchender Bevölkerungsteile an die Mehrheitsgesellschaft spielten, gibt es momentan keinen Ersatz. Das Problem in Deutschland sind daher nicht etwa verfestigte „Parallelgesellschaften", in denen Minderheiten eine fremdartige Kultur pflegen würden. Schwierigkeiten erwachsen aktuell vielmehr gerade aus dem Mangel an parallelgesellschaftlichen Strukturen, aus der gesellschaftlichen Ausgrenzung der Unterschicht einerseits und ihrem Mangel an kultureller Identität andererseits. Das aber verbindet einen Großteil der Migranten mit deutschen Arbeitslosen und Sozialleistungsbeziehern.

Anmerkungen

1 Vgl. Bittner, Jochen (2006): Zeitzünder im Kopf. In: Die Zeit, 24.8.2006.

2 Vgl. Alpheis, Hannes (1990): Erschwert die ethnische Konzentration die Eingliederung? In: Esser, Hartmut/Friedrichs, Jürgen (Hrsg.) (1990): Generation und Identität. Theoretische und empirische Beiträge zur Migrationssoziologie. Opladen, S. 147-184, hier: S. 149f.

3 Häußermann, Hartmut (1998): Zuwanderung und die Zukunft der Stadt. In: Heitmeyer, Wilhelm u.a. (Hrsg.) (1998): Die Krise der Städte. Frankfurt a. M., S. 145-175, hier: S. 147.

4 Vgl. Meyer, Thomas (2002): Parallelgesellschaft und Demokratie. In: ders./Weill, Reinhard (Hrsg.) (2002): Die Bürgergesellschaft. Perspektiven für Bürgerbeteiligung und Bürgerkommunikation. Bonn, S. 343-372.

5 Heckmann, Friedrich (1992): Ethnische Minderheiten, Volk und Nation. Soziologie inter-ethnischer Beziehungen. Stuttgart, S. 97.

6 Vgl. für die folgenden Angaben: Bremer, Peter/Gestring, Norbert (2004): Migranten – ausgegrenzt? In: Häußermann, Hartmut u.a. (Hrsg.) (2004): An den Rändern der Städte. Frankfurt a. M., S. 258-285.

7 Vgl. Friedrichs, Jürgen (1998): Vor neuen ethnisch-kulturellen Konflikten? Neuere Befunde der Stadtsoziologie zum Verhältnis von Einheimischen und Zugewanderten in Deutschland. In: Heitmeyer, Wilhelm u.a. (Hrsg.) (1998): Die Krise der Städte. Frankfurt a. M., S. 233-265, hier: S. 248ff.

8 Vgl. Fuhse, Jan (2006): Religion in der Migration. Ein Blick auf das Einwanderungsland Deutschland. In: Vorgänge, 1/2006, S. 54-62, hier: S. 59f.

9 Vgl. hierzu und im Folgenden Halm Dirk/Sauer, Martina (2006): Parallelgesellschaft und ethnische Schichtung. In: Aus Politik und Zeitgeschichte, 1-2/2006, S. 18-24.

10 Vgl. Janßen, Andrea/Polat, Ayca (2006): Soziale Netzwerke türkischer Migrantinnen und Migranten. In: Aus Politik und Zeitgeschichte, 1-2/2006, S. 11-17, hier: S. 15.

11 Vgl. Fijalkowski, Jürgen/Gillmeister, Helmut (1997): Ausländervereine – ein Forschungsbericht. Über die Funktion von Eigenorganisationen für die Integration heterogener Zuwanderer in eine Aufnahmegesellschaft am Beispiel Berlin. Berlin, S. 225ff.

12 Vgl. Treibel, Annette (1999): Migranten in modernen Gesellschaften. Soziale Folgen von Einwanderung, Gastarbeit und Flucht. Weinheim.

13 Vgl. Heckmann, Friedrich (1981): Die Bundesrepublik: Ein Einwanderungsland? Zur Soziologie der Gastarbeiterbevölkerung als Einwandererminorität. Stuttgart.

14 Vgl. Elwert, Georg (1982): Probleme der Ausländerintegration. Gesellschaftliche Integration durch Binnenintegration. In: Kölner Zeitschrift für Soziologie und Sozialpsychologie, 4/1982, S. 696-716.

15 Vgl. Esser, Hartmut (1980): Aspekte der Wanderungssoziologie. Assimilation und Integration von Wanderern, ethnischen Gruppen und Minderheiten. Darmstadt.

16 Vgl. Dangschat, Jens (1997): Sag′ mir wo Du wohnst, und ich sag′ Dir, wer Du bist. Zum aktuellen Stand der deutschen Segregationsforschung. In: Prokla, 4/1997, S. 619-647.

17 Vgl. Kleßmann, Christoph (1984): Integration und Subkultur nationaler Minderheiten: das Beispiel der „Ruhrpolen“ 1870-1939. In: Bade, Klaus J. (Hrsg.) (1984): Auswanderer – Wanderarbeiter – Gastarbeiter. Bevölkerung, Arbeitsmarkt und Wanderung in Deutschland seit der Mitte des 19. Jahrhunderts. Ostfildern, S. 486-505, hier: S. 502.

18 Vgl. Kleßmann, Christoph (1979): Polnische Bergarbeiter im Ruhrgebiet: Soziale Lage und gewerkschaftliche Organisation. In: Mommsen, Hans/Borsdorf, Ulrich (Hrsg.) (1979): Glück auf, Kameraden! Die Bergarbeiter und ihre Organisationen in Deutschland. Köln, S. 109-130.

19 Kleßmann, Christoph (1978): Polnische Bergarbeiter im Ruhrgebiet 1870-1945. Soziale Integration und nationale Subkultur einer Minderheit in der deutschen Industriegesellschaft. Göttingen, S. 188.

20 Vgl. Tenbrock, Christian (2006): Kollege Immigrant. In: Die Zeit, 28.09. 2006.

21 Vgl. Dubet, Francois (1997): Die Logik der Jugendgewalt. Das Beispiel der französischen Vorstädte. In: Trotha, Trutz von (Hrsg.) (1997): Soziologie der Gewalt. Opladen, S. 220-234, hier: S. 226.

22 Zit. in Wiegel, Michaela (2006): Kein Lumpenpack. In: Frankfurter Allgemeine Zeitung, 12.10.2006.

23 Vgl. Lapeyronnie, Didier (2001): Die Ordnung des Formlosen. In: Mittelweg 36, 3/2001, S. 79-92.

Inken Keim/Rosemarie Tracy

Mehrsprachigkeit und Migration

Migration und Bildung in Deutschland

In der Migrationssoziologie werden Integration oder Assimilation als vielgestaltige Prozesse begriffen, in deren Verlauf Migrantinnen und Migranten die Teilnahme an den für ihre Lebensführung bedeutsamen Bereichen der Gesellschaft mehr oder weniger gut gelingt. Dieses Gelingen hängt einerseits von materiellen und ideellen Ressourcen ab, wie Wissen und Bildung, Einkommen und sozialen Beziehungen, und andererseits von den sozialen Bedingungen, die in den verschiedenen Bereichen vorherrschen, zu denen Migrantinnen und Migranten Zugang suchen und die diese Bemühungen erleichtern oder erschweren (Bade/Bommes 2004, S. 25). Beeinflusst werden Eingliederungsprozesse vor allem durch die Aufnahmebereitschaft des Aufnahmelandes und durch entsprechende Eingliederungshilfen in den Bereichen Bildung und Arbeit.

Laut Bade/Bommes (2004, S. 26) ist das deutsche Bildungssystem eine Art „Grundpfeiler für die Reproduktion sozialer Ungleichheitsverhältnisse", d.h. trotz einer Reihe von Bildungsaufsteigern sind die meisten Migrantenkinder schulisch wenig erfolgreich. Diese Einschätzung wird in den als PISA[1] und IGLU[2] bekannt gewordenen Untersuchungen bestätigt, die die eklatante Benachteiligung von Kindern und Jugendlichen mit Migrationshintergrund nachweisen. Die Ergebnisse dieser Untersuchungen korrespondieren mit den Befunden aus (migrations-)soziologischen und erziehungswissenschaftlichen Arbeiten, die an Fallbeispielen zeigen, wie soziale Ungleichheit im normalen Schulalltag aufgrund organisatorischer Strukturen, von Schulregeln und -programmen, sowie von Habitualisierungen und Alltagsroutinen seitens der Pädagogen hergestellt wird (vgl. Bommes/Radtke 1993; Gogolin/Neumann 1997; Weber 2003). Ein Vergleich der Ergebnisse aus PISA und IGLU ergibt, dass mit dem Übergang von der Grundschule zur Sekundarstufe ein deutlicher Leistungsabfall einhergeht und die intellektuellen Ressourcen von Kindern in der Sekundarstufe I wenig genutzt und ausgebaut werden (Bos 2004, S. 113). Die Untersuchungen zeigen vor allem die Auswirkung des sozialen und familiären Hintergrunds der Kinder auf Testergebnisse und Lehrerbewertungen: Kinder aus Familien ohne Migrationshintergrund erbrachten die besten Ergebnisse. Kinder mit gleichen Testleistungen erhielten z.T. völlig unterschiedliche Bewertungen durch die Lehrenden und dementsprechend auch unterschiedliche Schullaufbahnempfehlungen. Kinder ohne Migrationshintergrund haben eine viermal höhere Chance, eine Gymnasialempfehlung zu bekommen, als Kinder mit Migrationshintergrund. Selbst bei vergleichbaren kognitiven Fähigkeiten und vergleichbarer Lesekompetenz erhalten Kinder aus oberen Sozialschichten immer noch wesentlich öfter (2,63) eine Gymnasialempfehlung als Kinder aus der unteren Sozialschicht.

Unter den Migrantenkindern schneiden türkische Kinder besonders schlecht ab. In einem Artikel in *Die Zeit* werden sie beispielsweise als „Spitzenreiter im (schulischen) Scheitern" bezeichnet,[3] und in dem jüngsten Bildungsbericht von Baden-Württemberg wird ihnen ein „erheblicher Bildungsrückstand" attestiert.[4] Für diese Bildungsmisere werden zwei Faktoren verantwortlich gemacht: die geringe Förderung durch die Schule und das geringe Bildungsinteresse türkischer Eltern. Interessanterweise zeigt ein Blick in die PISA-Untersuchung, dass türkische Migrantenkinder in anderen Ländern erheblich bessere Ergebnisse erzielen;[5] d.h. die türkische Herkunft erklärt nicht, warum diese Kinder in deutschen Schulen so wenig erfolgreich sind. Gomolla/Radtke (2002) z.B. sehen das Hauptproblem bei der deutschen Schule und sprechen von einer „institutionellen Diskriminierung", da Migrantenkinder mit dem Argument der „mangelnden Deutschkenntnisse" für die Hauptschule empfohlen werden, auch wenn sie die kognitiven Voraussetzungen für einen Besuch des Gymnasiums haben.

Der folgende Beitrag bringt zwei Gesichtspunkte in die aktuelle Diskussion über die unzureichenden Bildungschancen von Migrantenkindern ein. Auf der Grundlage neuerer sprachwissenschaftlicher Forschung plädieren wir für eine Überwindung der Defizitannahme und zeigen anhand eines konkreten Beispiels (Abschnitt 2) warum es dringend notwendig ist, vereinfachte Vorstellungen über die sprachlichen Kompetenzen von Migrantenkindern zu überwinden. Abschnitt 3 fasst relevante Ergebnisse der neueren Spracherwerbs- und Mehrsprachigkeitsforschung zusammen. In unserem abschließenden Teil widerlegen wir einige weit verbreitete Vorurteile und machen Vorschläge für die Verbesserung der Sprachlernbedingungen von Migrantenkindern.

Kommunikationspraktiken in Jugendgruppen in Mannheim

Mannheim[6], eine mittlere Großstadt in Baden-Württemberg mit 320.000 Einwohnern, hat derzeit einen Migrantenanteil von ca. 21 Prozent; die türkischstämmigen Migranten bilden die größte Gruppe, daneben gibt es vor allem Migranten slawischer, romanischer, arabischer, afrikanischer und asiatischer Herkunftssprachen. Die türkische Migrantenpopulation ist weit ausdifferenziert und umfasst sowohl soziale Gruppen, die weltoffen agieren und in vielen Lebensbereichen erfolgreich sind,[7] als auch solche, die sich gegenüber der Mehrheitsgesellschaft abschotten und sich in die eigene ethnische Gruppe zurückziehen. Der untersuchte Stadtteil in der Mannheimer Innenstadt ist ein typisches Migrantenwohngebiet, in dem bis zu 65 Prozent der Einwohner einen Migrationshintergrund haben. Die türkische Migrantengemeinschaft hat eine hohe Infrastruktur entwickelt; es gibt türkische Lebensmittelgeschäfte, Bäckereien, Haushaltswaren- und Kleidergeschäfte, türkische Banken und Immobilienbüros, Friseure, Ärzte und Rechtsanwälte. In vielen Familien hat sich aufgrund der langjährigen Unsicherheit der Migrationssituation und aufgrund vieler negativer Erfahrungen in Deutschland[8] eine Art Neoorthodoxie herausgebildet; d.h. diese Familien halten streng an mitgebrachten traditionellen und religiösen Werten und Normen fest, um sich und ihren Kindern Sicherheit zu geben und sie vor „fremden" Einflüssen zu schützen.[9] Das soziale Leben ist in diesen Familien auf das Territorium des Stadtgebiets beschränkt: Verwandte und Freunde leben hier, Einkäufe, Friseur- und Arztbesuche finden in der direkten Nachbarschaft statt. Im Leben dieser Migranten kommen Deutsche nicht vor, und Deutsch hat im Alltag kaum eine Bedeutung.

Nach einer neueren Statistik zur Schulsituation in Mannheim (2004) ist der Anteil von Migrantenkindern in den beiden Grundschulen des Stadtgebiets mit 77-90 Prozent sehr hoch. Diese Situation hat erhebliche Konsequenzen für die Schulkarriere der Kinder: Im Stadtgebiet schaffen nur ca. 15 Prozent der Migrantenkinder den Übergang zu höheren Schulen (Realschule, Fachgymnasium und Gymnasium), obwohl nach Aussage der Lehrenden viele *ausgesprochen intelligent* sind. Auch die Hauptschüler schneiden schlecht ab, vor allem die Jungen: 30-35 Prozent eines Jahrgangs verlassen die Schule ohne Abschluss, viele mit schlechten Abschlüssen, und nur sehr wenigen Jugendlichen (14-15 Prozent eines Jahrgangs) gelingt es, eine Lehrstelle zu bekommen.

Kommunikationsverhalten von Hauptschülern

Für die Migrantenkinder des untersuchten Mannheimer Stadtgebiets zeichnen sich mit dem Beginn der Sekundarstufe I typische Entwicklungskarrieren ab. Mit dem Übergang zur Hauptschule, die auf dem Territorium des Stadtgebiets liegt, verläuft die weitere Entwicklung der Kinder im Lebensraum der Migrantengemeinschaft; diesen Weg gehen die meisten. Da die Kinder selbst den

Wechsel zur Hauptschule als Versagen interpretieren, entwickeln sie oft sehr früh eine anti-schulische Haltung und suchen außerhalb der Schule nach Herausforderungen und nach Anerkennung, die sie z. B. in ethnischen Cliquen oder in religiösen und politischen Gruppen finden. Das Selbstbild dieser Jugendlichen ist entsprechend ethnisch geprägt, und ihre sozialen Netzwerke sind auf die Migrantengemeinschaft bezogen.

Diese Kinder und Jugendlichen bilden ganz bestimmte kommunikative Praktiken aus. In der multilingualen Peergroup entsteht aus ethnolektalen Formen des Deutschen eine Art *lingua franca;* in der türkisch-stämmigen Jugendclique werden deutsch-türkische Mischungen zusammen mit ethnolektalen Formen verwendet, und in der Schule wird standardnahes Deutsch gefordert, das eine Reihe von Jugendlichen auch beherrschen (zumindest mündlich). Die verschiedenen Sprachformen sind situationsspezifisch verteilt, sie können aber auch bestimmte diskursive, interaktive und soziale Funktionen erfüllen.

Ethnolektale Formen basieren auf der deutschen Umgangssprache, haben aber besondere Merkmale, von denen einige sehr häufig, andere nur gelegentlich auftreten.[10] Sehr häufig fehlen Präpositionen und Artikel in Lokal- und Richtungsangaben (*isch geh Doktor, isch war Schule, isch muss Toilette*), gelegentlich fallen Artikel (*schickst du Kumpel*) und Pronomina aus (*wann hast du [sie] gesehn*), und in einigen Fällen stimmen Genus (*das Tee*) und Kasus (*isch lieb ihm*) nicht. Häufig verwendet werden bestimmte Intensivierungsformeln wie *isch schwör, isch hass des, wallah* (‚mein Gott'), neutrale Verben wie *haben* und *machen* werden generalisiert (z.B. *isch mach disch Krankenhaus* = ‚ich schlag dich krankenhausreif'). Besonders auffallend sind phonetische und prosodische Merkmale wie Kürzung von Vokalen, Fortissierung von stimmlosen Frikativen, Verstimmhaftung stimmloser Laute, Silben zählender Rhythmus und eine flache Intonationskontur mit geringen Tonhöhenbewegungen.

Mit Beginn des Schullebens lernen Migrantenkinder zwischen Umgangsdeutsch, das die Lehrenden sprechen, und ethnolektalen Formen in der multilingualen Gruppe zu unterscheiden. Die Kinder erleben, dass die Lehrenden ethnolektale Formen ablehnen und korrigieren, und sie lernen sehr schnell, dass sie die Lehrenden mit der Verwendung dieser Formen provozieren können. Das folgende Gespräch (vgl. Abbildung 1) zwischen einem italienisch-stämmigen Erstklässler (DE) und seinem Lehrer (LE) stellt eine typische Lehrer-Schüler-Interaktion dar.

Abbildung 1 [11]

01	DE:	isch muss Toilette ↓ isch muss Toilette
02	LE:	bitte ↑
03	LE:	nö so nicht ↓ * wie heißt das richtig ↑
04	DE:	darf=ich
05	K	LACHEND
06	DE:	bitte auf die Toilette gehn ↑
07	LE:	ja gut ↓ * ok * bleib
08	LE:	nich so lang

Der Junge beginnt die Interaktion mit der Feststellung *isch muss Toilette*↓(01). Die Äußerung hat ethnolektale Merkmale (Ausfall von Präposition und Artikel in der Richtungsangabe *Toilette*), und es fehlen Elemente konventioneller Höflichkeit. Der Lehrer reagiert mit einer Rückfrage *bitte* ↑(02), mit der er dem Jungen anzeigt, dass mit seiner Äußerung etwas nicht stimmt, ihm aber gleichzeitig auch die Möglichkeit gibt, die unerwünschte Formulierung selbst zu korrigieren. Doch der Junge ergreift die Korrekturgelegenheit nicht, sondern wiederholt seine Eingangsformulierung und verstärkt sie damit. Jetzt reagiert der Lehrer durch *nö so nicht*↓ *(03) und fordert die gewünschte Form ein: *wie heißt das richtig* ↑. Daraufhin produziert der Junge die aus Lehrerperspektive angemessene Variante *darf ich bitte auf die Toilette gehn* (04/06). Er zeigt, dass er weiß, was der Lehrer von ihm erwartet; doch er genießt die Interaktion mit dem Lehrer, deren Verlauf für ihn vorhersehbar ist, und er zeigt durch sein

Lachen, dass sie ihm Spaß macht. Auch der Lehrer kennt das Spiel und spielt mit: Er kritisiert den Jungen nicht explizit dafür, dass er auf der „falschen“ Form beharrt, obwohl er die „richtige“ kennt, sondern er gibt sich mit der Umformulierung zufrieden und gewährt die Bitte.

Wenn man Kinder und Jugendliche in unterschiedlichen Situationen beobachtet, erkennt man, dass sie Situationen, in denen standardnahes Deutsch erforderlich ist, von vertrauten (Peergroup-)Situationen unterscheiden, in denen ethnolektale Formen die Normalform darstellen. Ein 15-jähriger kroatischer Schüler, der seinen Klassenfreund mit *komm wir gehen Pause* auffordert, wendet sich kurze Zeit später an die Klassenlehrerin mit der Bitte: *darf isch ma bitte auf die Toilette Frau Brand?* Ein türkischstämmiger Schüler fragt seinen Freund *Güven, wann gehen wir Schwimmbad?* Als er mit seinem Klassenlehrer spricht, verwendet er umgangssprachlich grammatische Formen: *isch hab die aber auf=m Hof gesehn Herr Wolf, die is nisch in der Klasse.*

Interessant sind Situationen mit Mehrfachadressierung, in denen sich Jugendliche im gleichen Gespräch einerseits an ihre Freunde wenden und andererseits an außenstehende Erwachsene. Im folgenden Beispiel erzählt der 15-jährige Hauptschüler Murat der deutschsprachigen Interviewerin von einer Schlägerei, in die er verwickelt war. In der Erzählungssituation sind seine Freunde anwesend, die die Geschichte bereits kennen. Die Situation stellt folgende Anforderungen an Murat: Er muss das divergierende Hintergrundwissen der Rezipienten berücksichtigen und unterschiedliche soziale Beziehungen zu ihnen herstellen. Dazu setzt er seine sprachlichen Ressourcen ein und wechselt virtuos zwischen deutsch-türkischen Mischungen, ethnolektalen Formen und Standarddeutsch. Mit gemischten Formen adressiert er die Freunde und tauscht sich kurz mit ihnen aus. In der Erzählung, adressiert an die Interviewerin und an die Freunde, wechselt er zwischen ethnolektalen Formen und Standarddeutsch (vgl. Abbildung 2)

Abbildung 2

Im Ausschnitt schildert Murat, dass er trotz einer schweren Fußverletzung die Herausforderung zum Kampf annahm und seinen Kontrahenten traf.

01 MU: ***un dann halt bin isch rau"s * hat noch Krückn***
02 MU: ***un dana"ch hat=a gemeint Di"ng*** * weil der wollt
03 MU: u"nbedingt en Kampf mit mir * un isch konnt net
04 MU: sagn isch kann jetzt net weil mein Fuß gebrochen
05 MU: is oder so * ***bin isch trotzdem hingegangn * obwohl***
06 MU: **meine Fuß** ***noch zusammngenäht war*** * da hab isch halt
07 MU: zur Sicherheit ein Schlagstock mitgenommn * falls
08 MU: es wirklich schiefgehn sollte oder so * ***er=s halt***
09 MU: ***auf misch drauf * hab=sch*** **Schlagstock** ***rausgezogn*** *
10 MU: ***hab=sch*** **ihm vom Hals** ***so gepackt nach hintn-*** *
11 MU: ***hab=sch den gepackt (...) wollt wegrenn * dann***
12 MU: ***hat=a mir*** **Fuß** ***gestellt***

In dem Erzählausschnitt werden unterschiedliche Formulierungsmuster für die Gestaltung der einzelnen Strukturteile verwendet. Die kursiv und fett markierte Vordergrunddarstellung – die Schilderung der eigenen Handlung und der des Kontrahenten – wird in einem Darstellungsmuster präsentiert, das der Verdichtung und dem Spannungsaufbau dient. Es ist charakterisiert durch eine kleinschrittige Handlungsbeschreibung, durch kurze syntaktische Einheiten, Verbspitzenstellung und szenisches Präsens. In diesen Strukturteilen treten auch ethnolektale Formen auf (fett und unterstrichen markiert): das abweichende Genus in *meine Fuß* (06), der Ausfall des Artikels in *Schlagstock* (09) und *Fuß* (12), der abweichende Kasus in *hab=sch ihm gepackt* (10) und die abweichende Präposition in *vom Hals* (10) anstelle von *am Hals*. Im Kontrast dazu haben die recte markierten Hintergrunddarstellungen – Motiverläuterung und Handlungsbegründung –, die an die Interviewerin gerichtet sind, komplexere Satzstrukturen (Kausal-, Temporal- und Konzessivsätze) und keine ethnolektalen Merkmale. Der Kontrast zwischen grammatischen und ethnolektalen Formen wird besonders augenfällig bei der Verwendung derselben Elemente in verschiedenen Strukturteilen: einerseits grammatisch korrekt in der Hintergrunddarstellung *mein Fuß* (04), *ein Schlagstock* (07) und in der Reformulierung *den gepackt* (11); und andererseits ethnolektal geprägt in der Vordergrunddarstellung *meine Fuß* (06), *Fuß* (12), *Schlagstock* (09) und *ihm gepackt* (10).

Murat zeigt eine hohe Erzählkompetenz. Er trennt Erzählstrukturteile auch auf der Formulierungsebene und variiert dabei zwischen standardkonformen und ethnolektalen Formen. Doch der Wechsel von der einen zur anderen Form dient nicht nur der narrativen Strukturierung, sondern Murat signalisiert auch, an wen die Äußerung gerichtet ist; d.h. er stellt über die Sprachwahl symbolisch unterschiedliche soziale Beziehungen her, eine eher distanzierte und formelle zu der Interviewerin, die die Hintergrunderläuterungen evoziert, und eine vertraute zu seinen Freunden, die seine Kampfschilderung belustigt verfolgen.

Kommunikative Praktiken erfolgreicher Gymnasiastinnen

Migrantenjugendliche, die den Weg in höhere Schulen schaffen, stellen im untersuchten Stadtgebiet eine kleine Minderheit dar. Diesen Weg, der äußerst anstrengend und für die Betroffenen mit familiären, sozialen und schulischen Problemen verbunden ist, schaffen vor allem Mädchen. Sie begreifen früh, dass der Weg aus der türkisch-traditionellen Frauenrolle nur über eine gute Ausbildung führt, die sie als Voraussetzung für ein eigenständiges und nicht-familienbestimmtes Leben betrachten.

Mit dem Übergang in höhere Schulen müssen die von uns untersuchten Mannheimer Migrantenkinder in Institutionen außerhalb des Stadtgebiets wechseln. Dort treffen sie auf sprachliche und soziale Anforderungen, auf die sie nicht vorbereitet sind und die sie nicht oder mindestens nicht ohne Schwierigkeiten erfüllen können. Der Wechsel in eine dominant deutsche Schüler- und Lehrergemeinschaft wird – hier in den Worten der Betroffenen – als *Schock des Lebens* erlebt; die Kinder fühlen sich ausgelacht, ausgegrenzt und abgewertet. Sie reagieren mit einem überhöhten ethnischen Selbstbild und wenden sich gleichzeitig gegen traditionelle Lebensvorstellungen ihrer Eltern, die von ihnen dafür verantwortlich gemacht werden, dass sie in der deutschen Schule nicht akzeptiert werden.[12] Sie beginnen, eine eigenständige Lösung für ihre Probleme zu entwickeln, lösen sich allmählich aus beiden Bezugsgesellschaften und verstehen sich als weder „deutsch" noch „türkisch", sondern als etwas „Neues". Dieses neue, hybride Selbstverständnis bringen sie durch die Herausbildung besonderer Kommunikationspraktiken zum Ausdruck: Sie erwerben hohe schriftlichkulturelle Kompetenzen, die sie in Schule und Ausbildung erfolgreich einsetzen, lehnen ethnolektale Formen ab und bilden in der Peergroup eine deutsch-türkische Mischsprache heraus, die sie als „eigene" Sprache bezeichnen.[13] Sprachmischungen gehören zur Alltagsroutine in der Peergroup; es sind die Kommunikationsformen, in denen sich die Jugendlichen laut eigener Aussage *am wohlsten fühlen.* Sie werden vor allem beim Informationsaustausch, in Erzählungen und Argumentationen verwendet. In Erzählungen folgen die Wechsel zwischen türkischen und deutschen Elementen bestimmten Mustern, d.h. sie haben diskursive und rhetorische Funktionen. Sie dienen z. B. zur Konturierung zweigliedriger Darstellungsstrukturen, wobei der erste Teil türkisch, der zweite und hervorgehobene Teil deutsch strukturiert ist: *Zeynebi de gördüm* (‚ich habe auch Zeynep gesehen'), *die Arme die hat fast en Herzinfarkt bekommen* oder *Bahnda göryüm böyle yapıyo* (‚ich sehe sie in der Bahn, sie macht so'), *die Arme hat gedacht mir is was passiert.* Oder sie dienen der Hervorhebung bei Reformulierungen, z. B. *die ganze Zeit insanlar nasıl bakıyo* (‚wie die Leute die ganze Zeit schauen'), *wie die misch a"ngekuckt haben, des gibt=s net.* In Argumentationen wird bei Übereinstimmung mit der Vorrednerin deren Sprachwahl übernommen, bei Widerspruch wird die Sprache gewechselt. Die deutsch-türkische Mischsprache dient aber nicht nur als bevorzugtes Kommunikationsmittel in der Peergroup; sie dient vor allem auch zur Abgrenzung nach außen und zum Ausschluss von monolingualen Deutschen und Türken. Wie Abbildung 3 zeigt, fungiert sie für die Mädchen als zentrales Kriterium bei der Partnerwahl:

Abbildung 3

FU: isch könnte nie einen Mann lieben wenn er meine Sprache
FU: nischt kann * die Mischsprache * einen Türken nich und
FU: auch keinen Deutschen * isch könnte nie zu einem sagen *
FU: ich liebe dich * das klingt so hart * aber seni seviyorum
FU: (=ich liebe dich) klingt schön

Vorläufiges Fazit: In Migrantenjugendgruppen bilden bilinguale ebenso wie ethnolektale Formen die sprachlich-kommunikativen Ressourcen zur Konstruktion eines eigenen Jugendgruppenstils, der die hohe Sprachbewusstheit der Jugendlichen zeigt und Ausdruck ihrer sprachlichen Kreativität ebenso wie ihrer sozialkulturellen Eigenständigkeit ist. Wie die angeführten Beispiele belegen, beeinträchtigen weder bilinguale noch ethnolektale Praktiken den Erwerb standardnaher Formen oder schriftkultureller Fertigkeiten. Allerdings entsteht für die Jugendlichen ein erhebliches sozial-kulturelles Problem, wenn sie nur diese Sprachformen präferieren und – aus welchen Gründen auch immer – diejenigen schriftkulturellen Fertigkeiten nicht erwerben (wollen?), die in Bildungsinstitutionen gefordert werden. Genau hier liegt ein entscheidendes Problem: Aus der Perspektive der Schule entsprechen viele Migrantenkinder bereits beim Eintritt in die Schule nicht den schulischen Anforderungen. Die Schule fühlt sich ihrerseits überfordert, bzw. sie ist nicht entsprechend dafür ausgestattet, die Lücken angemessen zu schließen.

Monolingualer und doppelter Erstspracherwerb

Der Erwerb (mindestens!) eines sprachlichen Kenntnissystems gehört zu den besonders verlässlichen Leistungen der frühen Kindheit und damit zu den Selbstverständlichkeiten, über die man sich als Laie normalerweise wenig Gedanken macht. Die Wissenschaft hingegen ist aus guten Gründen fasziniert vom Erstspracherwerb, denn er ist bemerkenswert robust gegenüber Umwelteinflüssen, solange eine „Grundversorgung" mit sprachlichem Input gewährleistet ist.[14] Der Spracherwerb ist unabhängig von der Intelligenz und der Modalität, denn auch der Erwerb einer Gebärdensprache vollzieht sich mit beeindruckender Geschwindigkeit und sehr systematisch (Leuninger 2000). Ungeachtet der jeweiligen Umgebungssprache und Erziehungspraxis durchlaufen Kinder dabei sehr ähnliche Stadien und benötigen weder explizite Instruktion noch korrektives Feedback. Das sprachliche Wissen, das sich Lerner aneignen, ist überwiegend implizit und damit dem eigenen Bewusstsein nicht zugänglich.

Im Alter von zwei bis drei Jahren haben normal entwickelte Kinder für sich die wichtigsten Satzbaupläne ihrer Erstsprache(n) rekonstruiert. Deutschsprachige Kinder meistern in diesem Zeitraum die Regularitäten der Verbstellung (an zweiter Stelle im Hauptsatz, am Ende im Nebensatz), d.h. sie produzieren bereits Äußerungen wie *Jetzt geh ich da rein, Mama soll den Ball mitnehmen* und beginnen mit dem Erwerb von Nebensätzen (*we-wenn wenn der das abmacht*). Manche Kinder überraschen ihre Umwelt vor dem Alter von drei Jahren mit Äußerungen wie beispielsweise *wir kriegen, wenn ich größer bin, wenn ich größer bin, dann krieg-mer, dann krieg ich entweder 'ne Katze oder 'nen Hamster oder einen Hund.*

Entgegen lange gehegter Vorurteile wissen wir heute, dass Kinder auch durch einen „doppelten" Erstspracherwerb nicht überfordert sind. Wenn Kinder von Geburt an von Mutter und Vater oder anderen Bezugspersonen in unterschiedlichen Sprachen angesprochen werden, oder wenn von Anfang an im Elternhaus eine, in der Umgebung eine andere Sprache gesprochen wird, entspricht der Erwerb im Wesentlichen in beiden Sprachen den Meilensteinen der jeweiligen monolingualen Entwicklung. Dabei kann sich die eine Sprache durchaus schneller entwickeln als die andere. Manche Kinder präferieren die eine ihrer Sprachen, was sich im Laufe der Entwicklung aber auch ändern kann. Kinder, die von Geburt an mit zwei Erstsprachen aufwachsen, wissen sehr früh, dass sie es mit unterschiedlichen Systemen zu tun haben und machen sich auch früh Gedanken darüber, wer welche Sprache spricht. Der Dialog zwischen einer Mutter und ihrer Tochter (Alter 2,9) zeigt dies:

Mutter: *in the Kita they call it* Frühstück, *don't they*?
Kind: und du heißt das ***breakfast***

Die Fähigkeit, die beteiligten Sprachen zu differenzieren, schließt zeitweiliges intensives Sprachmischen nicht aus. Kinder mit Deutsch und Englisch als simultanen Erstsprachen produzieren dabei Äußerungen wie *mama hat das fix it, monkey auch bike, kannst du move a bit, soll ich hit it?* (alle produziert im Alter 2,3-2,6). Mischungen sind manchmal das Produkt einer geschickten Strategie, wobei Lücken in der einen Sprache zeitweise mit Hilfe der anderen gefüllt werden. Beeindruckend ist, wie präzise diese Anleihe erfolgt (vgl. *das darf man if man will).* Mischäußerungen zeigen auch, dass Kinder bereits als knapp Dreijährige eine Technik beherrschen, die sie später immer wieder bei der Integration von entlehnten Wörtern einsetzen können (vgl. *du cutst dein toe, cleanst du dein teeth?).*

Freilich: Wie leicht es bilingualen Kindern fällt, ihre Sprachen während des Sprechens zu trennen und die eine oder andere zu unterdrücken, hängt auch von den Ähnlichkeiten und Unterschieden zwischen den Sprachsystemen ab. Kindern, die mit eng verwandten Sprachen, z. B. Deutsch und Englisch, aufwachsen, die sich auch im Sprachrhythmus in vieler Hinsicht ähnlich sind, mag es schwerer fallen, Interferenzen zu vermeiden, als Kindern, die es mit typologisch weiter von einander entfernten Sprachen zu tun haben. Qualitative und quantitative Untersuchungen der kindlichen Sprachwahl gegenüber unterschiedlichen Gesprächspartnern zeigen jedenfalls, dass Kinder im Alter von zwei bis drei Jahren in der Lage sind, sprachlich differenziert auf unterschiedliche Partner zu reagieren.

Deutsch als Zweitsprache in der frühen Kindheit

Im Gegensatz zur Erforschung der Erstsprache, inklusive des doppelten Erstspracherwerbs, steckt die Zweitspracherwerbsforschung im Vorschulalter noch in den Kinderschuhen. Wir wissen, dass sich Kinder im Schulalter und vor allem Erwachsene mit den Feinheiten des deutschen Kasus und Genus schwer tun, und für sie erweisen sich auch die Verbstellung und der Finitheits- und Flexionsstatus des Verbs als problematisch, also just diejenigen Merkmale, die Kinder beim Erstspracherwerb früh und zuverlässig erwerben. Typische Abweichungen von erwachsenen Lernern des Deutschen folgen – u. a. in Abhängigkeit von ihren Erstsprachen – abweichenden Mustern wie *dann ich gehe Doktor morgen, ich machen so, ich habe gelesen Buch.*[15]

Die Frage, bis zu welchem Alter eine nach begonnenem Erstspracherwerb hinzutretende Zweitsprache noch wie eine Erstsprache erworben werden kann, wird in der Forschung kontrovers diskutiert. Im Unterschied zur „Robustheit" des Erstspracherwerbs ist eine weitgehende Annäherung an muttersprachliche Kompetenzen beim Zweitspracherwerb im Erwachsenenalter eher eine Ausnahme. Neuere systematische Longitudinalstudien mit Kindern im Vorschulalter stützen die Hypothese, dass mindestens der Erwerb der Wortstellung und der Subjekt-Verb-Kongruenz bei intensivem Kontakt im Alter von drei bis vier Jahren noch weitgehend wie beim Erstspracherwerb gemeistert werden kann. Sowohl die Geschwindigkeit als auch die grundsätzliche Bereitwilligkeit, mit der sich Kinder auch unter erschwerten Bedingungen auf den Erwerb einer neuen Sprache einlassen, zeigt, wie sinnvoll ein möglichst früher Einsatz einer intensiven Sprachförderung ist – ein Punkt, auf den wir in Kürze zurückkommen.

In der Untersuchung von Thoma/Tracy (2006) wurden acht Kinder mit türkischer, russischer und arabischer Erstsprache ein Jahr lang in zweiwöchigem Abstand aufgenommen. Die Kommunikationsfreudigsten unter ihnen produzierten bereits nach 6-8 Kontaktmonaten Sätze wie *ich hab kein Platz mehr, keine Platz mehr hab ich hier, die Junge will Prinzessin holen,* die syntaktisch zielsprachlich sind, auch wenn Genus- und Kasusmarkierungen noch abweichen.

In der aktuellen Diskussion um das günstigste Alter für den Zweitspracherwerb spielen immer noch Vorstellungen von „Schwellen" eine Rolle,[16] die vor allem in der Erstsprache vor dem Hinzutreten einer zweiten Sprache überwunden werden sollten, um subtraktive Effekte für die beteiligten Sprachen sowie für die kognitive Entwicklung eines Kindes zu vermeiden. Zum Glück zeigt uns der erfolgreiche doppelte Erstspracherwerb, dass Kinder sehr wohl mit der Koexistenz von mehr als einer Sprache in ihrer Umgebung umgehen können. Diese Erkenntnis ermutigt zu einem frühen Einsatz der Förderung in der Zweitsprache.

Es gibt freilich keine Garantie dafür, dass Kinder, die von Anfang an mit zwei Sprachen konfrontiert werden, tatsächlich beide auf Dauer beibehalten. Ebenso wenig kann man garantieren, dass sich die Erstsprache eines Migrantenkindes im Wettbewerb mit einer zeitversetzt hinzutretenden Zweitsprache langfristig behaupten kann. Aber dies ist unabhängig von der grundlegenden Fähigkeit eines Kindes, früh mit mehr als einer Sprache umzugehen, und hängt vielmehr von Statusfragen und dem Prestige der Sprachen ab, d.h. von Aspekten, die mit der eigentlichen Begabung des Menschen für die Mehrsprachigkeit nichts zu tun haben.

Die vorsichtigen, aber ermutigenden Schlussfolgerungen, die sich aufgrund der wenigen vorliegenden Studien zum Erwerb des Deutschen durch Drei- bis Vierjährige ziehen lassen, stehen in Kontrast zu der Beobachtung, dass die Mehrheit der Migrantenkinder bis zum Schulbeginn kaum das erwerben, was sie benötigen, um dem Unterricht folgen zu können. Es fehlt ihnen vor allem an Wortschatz, aber auch an morphologischen Feinheiten (Genus, Kasus, unregelmäßige Paradigmen) und der zielsprachlichen Verwendung von Präpositionen (vgl. dazu Äußerungen von achtjährigen Grundschulkindern wie *ein Kind hat so Leiter, die Junge klettert Baum, der will zerstören, der lauft auf die Treppe hoch).*

Was also ist zu tun angesichts einer offenkundigen Diskrepanz zwischen Lernpotenzial und natürlicher Begabung einerseits und den unzureichenden Deutschkenntnissen, mit denen viele Kinder immer noch in deutsche Schulen kommen? Unsere Antwort lautet: mit einer gezielten Förderung möglichst früh beginnen.

Voraussetzungen für eine erfolgreiche Förderung

Wer Spracherwerb fördern will, muss allerdings zunächst einmal verstehen, wie Sprache und Spracherwerb funktionieren. Dazu gehört vor allem, dass man eine Ahnung vom Erwerbsziel hat, d.h. Vorstellungen von den Eigenschaften der Zielsprache(n) und dem „natürlichen Curriculum" von Lernern. Nur so kann man Förderbedarfe identifizieren, gezielt Maßnahmen ergreifen und Fortschritte als solche erkennen. Wichtig ist vor allem, die in den vorangegangenen Abschnitten angesprochenen Kompetenzen und Ressourcen anzuerkennen, die Kinder bereits mitbringen und die bei Jugendlichen immer noch weit gehend unterschätzt werden, weil man die Koexistenz und Beherrschung unterschiedlicher sprachlicher Repertoires oft nicht erkennt oder nicht einmal für möglich hält.

Wir weisen im Folgenden auf einige Einstellungen und Vorurteile hin, die in Bildungseinrichtungen und in der Öffentlichkeit (immer noch) weit verbreitet sind und die einer angemessenen Beurteilung der sprachlichen Fähigkeiten von Migrantenkindern ebenso wie ihrer Förderung im Wege stehen.

■ Mehrsprachigkeit ist eine Art „Ausnahmezustand"

Es ist ein Irrtum anzunehmen, der Mensch wäre auf die Einsprachigkeit hin ausgelegt. Demographisch betrachtet ist der Monolingualismus eine Ausnahme, und aus sprachwissenschaftlicher Perspektive ist der einsprachige Mensch ohnehin eine Fiktion. Auch Muttersprachler beherrschen nicht nur eine Variante einer Sprache; sie sprechen in der Regel mehrere Dialekte und verfügen über unterschiedliche Stile sowie fachsprachliche Ressourcen, in Abhängigkeit von Interessen, Bildungswegen und Berufen.

Die Muttersprache/Erstsprache erwirbt man „perfekt"

In den Bereich der Fiktion gehört auch die Meinung, dass jeder Muttersprachler seine Sprache bis in alle Feinheiten „perfekt" beherrschen könnte. Auch Sprecher der gleichen Sprachen unterscheiden sich z. T. erheblich im Umfang ihres aktiven oder passiven Wortschatzes und in der Differenziertheit ihrer sprachlichen Ressourcen, von Unterschieden in der jeweiligen kommunikativen Kompetenz ganz zu schweigen. Sprachen sind jedenfalls keine Objekte, über die man vollständig oder nur „zur Hälfte" verfügen könnte, wie es die Metapher der „Halbsprachigkeit" suggeriert. Es ist übrigens durchaus möglich, dass man eine zweite oder weitere Sprache auf einigen Ebenen (z.B. im Bereich des Lexikons und der Syntax) sehr gut erwerben kann, aber erfolglos mit der Lautung und der Prosodie kämpft, weil hier die Muster der Erstsprache besonders interferieren.

Man ist nur dann „wirklich" mehrsprachig, wenn man beide/alle Sprachen gleichermaßen beherrscht

Auch wenn es mehrsprachige Menschen gibt, die mehrere Sprachen in hohem Maße beherrschen, ist es unrealistisch zu erwarten, dass sie sich in allen ihren Sprachen über beliebige Themen gleichermaßen differenziert und flüssig unterhalten können oder wollen. Das Ausmaß, in dem dies möglich ist, hängt unter anderem davon ab, ob ein Mensch überhaupt die Gelegenheit hatte, sich in jeder seiner Sprachen mit entsprechenden Themenbereichen zu beschäftigen. Bilinguale bedienen sich ihrer Sprachen eher nach einem Prinzip der Arbeitsteilung, d.h. in Abhängigkeit vom Kontext, von Gesprächspartnern und Themen zieht man die eine oder andere Sprache vor. Nicht selten empfinden Mehrsprachige selbst eine ihrer Sprachen als „stärker" oder dominant; dies kann sich im Laufe des Lebens und in Abhängigkeit von den Lebensumständen ändern.

■ Mischungen sind Anzeichen eines defizitären Spracherwerbs

Diese Annahme haben wir bereits in anderen Abschnitten unseres Beitrags entkräftet. Mischungen bilden stilistische Ressourcen und zeugen früh von sehr gezielter Kooperation der verfügbaren Sprachen.

■ Eine gesunde Identitätsentwicklung ist an eine einzige Sprache gebunden

Ein weiteres Missverständnis beruht auf der Annahme, dass die kindliche Identitätsentwicklung die Bindung an eine Sprache voraussetzt. Wie bereits oben dargelegt wurde, ist dies nicht der Fall. Es gibt keinen prinzipiellen Grund, warum sich mehrsprachige Menschen nicht mit mehreren Sprechergemeinschaften verbunden fühlen sollten; viele beanspruchen für sich ganz dezidiert und selbstbewusst eine hybride Identität.[17]

■ Migrantenfamilien sollten das Deutsche zur Familiensprache machen

In der öffentlichen Diskussion wird immer wieder die Annahme formuliert, nicht-deutschsprachige Eltern sollten Deutsch lernen, um es ihren Kindern beizubringen. Ohne Zweifel sind Eltern wichtige Vorbilder für ihre Kinder. Wenn sie selbst Deutsch lernen und im Alltag verwenden, setzen sie damit wichtige Signale; sie verhelfen dem Deutschen damit auch in den Augen der Kinder zu Ansehen. Eltern können auf mannigfache Weise die Lernbereitschaft, die Neugier und den Bildungsprozess ihrer Kinder beeinflussen und aktiv unterstützen. Aber was Eltern, sofern sie das Deutsche nicht bereits gut beherrschen, nicht können, ist, ihren Kindern ein Modell für die deutsche Grammatik anzubieten. Ohne sehr gute Sprachkenntnisse kann man Lernern nicht den reichhaltigen, kontrastreichen Input liefern, den das kindliche Gehirn braucht, um ein sprachliches System erfolgreich zu entschlüsseln. Die Eltern sollten vielmehr dazu ermutigt werden, mit ihren Kindern in den Erstsprachen zu kommunizieren, in denen sie ihnen komplexen, authentischen Input verfügbar machen können. Der deutsche Input muss dann von anderer Seite kommen. Dies setzt voraus, dass die für das deutsche Sprachangebot Verantwortlichen entsprechend qualifiziert wurden und dass ausreichend Personal für eine individuelle Ansprache der Kinder zur Verfügung steht.

■ Oft wird mit zweierlei Maß gemessen

Einstellungen zur Mehrsprachigkeit hängen in hohem Maße vom Marktwert der beteiligten Sprachen ab und damit vor allem vom Prestige ihrer Sprecher. Die Wahrscheinlichkeit, dass deutsche Kinderärzte und Lehrer Eltern vom simultanen Angebot zweier Erstsprachen abraten, ist wesentlich höher, wenn es sich dabei um außereuropäische oder wenig bekannte Sprachen handelt. Während im gemeinsamen europäischen Referenzrahmen für Sprachen die Rede davon ist, dass künftig alle Bürgerinnen und Bürger Europas drei Sprachen beherrschen sollten, tun sich viele Länder, darunter auch Deutschland, schwer damit, das beachtliche mehrsprachige Potential zu erkennen, das ihnen bereits zur Verfügung steht, auch wenn die betroffenen Sprachen – eben die der in den letzten Jahrzehnten zugewanderten Menschen – nicht Bestandteil der traditionellen europäischen Bildungspläne sind.

Auch in anderen Bereichen wird mit zweierlei Maß gemessen. Wenn englische oder französische Muttersprachler sich darum bemühen, Deutsch zu sprechen, ist man meist sehr tolerant gegenüber Abweichungen, auch wenn nach mehrjährigem Aufenthalt in Deutschland noch sämtliche Artikel betroffen wären. Bei einem türkisch- oder russischsprachigen Kind, das nach einjährigem Kontakt mit dem Deutschen noch Probleme mit dem deutschen Artikel hat, ist man weniger großzügig. Negative Reaktionen auf Lernersprachen sind jedoch kein gutes pädagogisches Instrument, um die Motivation der Kinder zu erhalten.

Fazit

Bisher ist es offensichtlich nicht gelungen, Bedingungen zu schaffen, unter denen sich das Lernpotenzial von Migrantenkindern oder Kindern im Allgemeinen optimal entfalten kann. Aus sprachwissenschaftlicher (einschließlich soziolinguistischer und psycholinguistischer) Perspektive ist das Problem klar identifizierbar: Migrantenkinder sind unterfördert und damit auch unterfordert. Immer noch herrscht grundlegende Unkenntnis darüber, was sprachliche Kompetenzen beinhalten und was Kinder leisten können, wenn man ihnen die Gelegenheit dazu eröffnet. Um eine Sprache aufzubauen, bedarf das Gehirn sehr spezifischer Information, und diese Information muss Kindern in einer anregungsreichen Umgebung angeboten werden.

Bei der Beurteilung der Leistungen von Migrantenkindern (und Lernern im Allgemeinen) muss ein grundlegender Perspektivenwechsel stattfinden, weg von der Defizitorientierung und hin zur Würdigung dessen, was Kinder unter den bisher gegebenen Lern- und Lebensbedingungen bereits erreicht haben. Kinder, die mit dem Eintritt in die Kindertagesstätten im Alter von etwa drei Jahren zum ersten Mal mit dem Deutschen in Berührung kommen, sind schließlich – zumindest im Normalfall – bereits in einer Sprache Experten. Sie interessieren sich für Sprache und haben Spaß an Kommunikation. Die natürliche Begabung des Menschen für Sprache an sich und der kreative Umgang mit Mehrsprachigkeit in der frühen Kindheit sind unsere wichtigsten Verbündeten. Wir werden dieses Potenzial aber nur in dem Maße nutzen können, in dem es gelingt, die hier angesprochen Vorurteile und Fehleinschätzungen zu überwinden und die Sprach- und Kommunikationsfähigkeiten von Kindern und Jugendlichen gezielt aufzubauen. Wenngleich der Forschungsbedarf im Bereich des Zweitspracherwerbs noch groß ist, so wissen wir mittlerweile doch genug über die Dynamik von Spracherwerbsprozessen, um zu fordern, dass dieses Wissen umgehend in die Lehrerbildung und in die Aus- und Weiterbildung von pädagogischen Fachkräften integriert werden muss, um ein grundlegendes Umdenken zu erzielen und auch dort neue Handlungs- und Denkräume zu eröffnen.

Literatur

Ahrenholz, Bernt (Hrsg.) (2006): Kinder mit Migrationshintergrund. Freiburg

Aslan, Sema (2005): Aspekte des kommunikativen Stils einer Gruppe weltläufiger Migranten türkischer Herkunft. In: DS (Deutsche Sprache), Heft 4/04, 32. Jhg., S. 327-356.

Auer, Peter (2003): ‚Türkenslang': Ein jugendsprachlicher Ethnolekt des Deutschen und seine Transformationen. In: Häcki-Buhofer, Annelies (Hrsg.) (2003): Spracherwerb und Lebensalter. Tübingen/Basel, S. 255-264.

Backus, Ad (1996): Two in one. Bilingual speech of Turkish immigrants in the Netherlands. Tilburg

Bade, Klaus/Bommes, Michael (2004): Einleitung: Integrationspotentiale in modernen europäischen Wohlfahrtsstaaten – der Fall Deutschland. In: Bade, Klaus/Bommes, Michael/Münz, Rainer (Hrsg.) (2004): Migrationsreport 2004. Fakten – Analysen – Perspektiven. Frankfurt am Main/New York, S. 11-42.

Birdsong, David (Hrsg.) (1999): Second Language Acquisition and the Critical Period Hypothesis. Mahwah (N.J.)

Bommes, Michael/Radtke, F.-O. (1993): Institutionalisierte Diskriminierung von Migrantenkindern. In: Zeitschrift für Pädagogik, 39/3, S. 483-497.

Bos, Wilfried/Lankes, Eva-Maria/Prenzel, Manfred/Schwippert, Knut/Valtin, Renate/Walther, Gerd (Hrsg.) (2003): Erste Ergebnisse aus IGLU – Schülerleistungen am Ende der vierten Jahrgangsstufe im internationalen Vergleich. Münster/New York/München/Berlin, S. 265-297.

Bos, Wilfried/Lankes, Eva-Maria/Prenzel, Manfred/Schwippert, Knut/Valtin, Renate/Walther, Gerd (Hrsg.) (2004): IGLU – Einige Länder der Bundesrepublik Deutschland im nationalen und internationalen Vergleich. Münster/New York/München/Berlin

Cindark, Ibrahim (2005): „Die Unmündigen". Eine Fallstudie der emanzipatorischen Migranten. In: DS (Deutsche Sprache), Heft 4/04, 32. Jhg., S. 299-326.

Cummins, Jim (1986): Linguistic interdependence: A central principle of bilingual education. In: Cummins, Jim/Swain, Merrill (Hrsg.) (1986): Bilingualism in education. Aspects of theory, research and practice. London, S. 80-95.

Deutsches PISA-Konsortium (Hrsg.) (2001): PISA 2000. Basiskompetenzen von Schülerinnen und Schülern im internationalen Vergleich. Opladen

Dirim, Inci/Auer, Peter (2004): Türkisch sprechen nicht nur die Türken. Über die Unschärfebeziehung zwischen Sprache und Ethnie. Berlin/New York

Genesee, Fred/Nicoladis, Elena/Paradis, Johanne (1995): Language Differentiation in Early Bilingual Development. In: Journal of Child Language 22 (1995), S. 611-631.

Gogolin, Ingrid/Neumann, Ursula (Hrsg.) (1997): Großstadt-Grundschule. Eine

Fallstudie über sprachliche und kulturelle Pluralität als Bedingung der Grundschularbeit. Münster

Gomolla, Mechtild/Radtke, Frank-Olaf (2002): Institutionelle Diskriminierung. Die Herstellung ethnischer Differenz in der Schule. Opladen

Grimm, Hannelore (Hrsg.) (2000): Enzyklopädie der Psychologie. Band 3: Sprachentwicklung. Göttingen

Hinnenkamp, Volker (2005): „Zwei zu birmiydi?" Mischsprachliche Varietäten von Migrantenjugendlichen im Hybriditätsdiskurs. In: Hinnenkamp, Volker/Meng, Katharina (Hrsg.) (2005): Sprachgrenzen überspringen. Sprachliche Hybridität und polykulturelles Selbstverständnis. (Studien zur deutschen Sprache. Forschungen des Instituts für Deutsche Sprache). Tübingen, S. 51-144.

Keim, Inken (2007): Die „türkischen Powergirls" – Lebenswelt und kommunikativer Stil einer Migrantinnengruppe in Mannheim. Tübingen

Kern, Friederike/Selting, Margret (2006): Konstruktionen mit Nachstellungen im Türkendeutschen. In: Deppermann, Arnulf/ Fiehler, Reinhard/Spranz-Fogasy, Thomas (Hrsg.) (2006): Grammatik und Interaktion. Untersuchungen zum Zusammenhang von grammatischen Strukturen und Gesprächsprozessen. Radolfzell, S. 319-347.

Kotsinas, Ulla-Britt (1998): Language Contact in Rinkeby, an immigrant suburb. In: Androutsopoulos, Jannis/Scholz, Arno (Hrsg.) (1998): Jugendsprache – language des jeunes – youth language. Frankfurt am Main, S. 125-148.

Leuninger, Helen (2000): Mit den Augen lernen: Gebärdenspracherwerb. In: Grimm, Hannelore (Hrsg.) (2000), S. 229-240.

Meisel, Jürgen M. (2001): The simultaneous acquisition of two first languages: early differentiation and subsequent development of grammars. In: Cenoz, Jasone/Genesee, Fred (Hrsg.) (2001): Trends in Bilingual Acquisition, Amsterdam, S. 11-41.

Müller, Natascha/Kupisch, Tanja/Schmitz, Katrin/Cantone, Katja (2006): Einführung in die Mehrsprachigkeitsforschung. Tübingen

Myers-Scotton, Carol (2006): Multiple Voices. Malden (Mass.)

Rothweiler, Monika (2006): The acquisition of V2 and subordinate clauses in early successive acquisition of German. Journal of Bilingualism

Siebert-Ott, Gesa (2001): Frühe Mehrsprachigkeit. Tübingen

Thoma, Dieter/Tracy, Rosemarie (1986): Deutsch als frühe Zweitsprache: zweite Erstsprache? In: Ahrenholz, Bernt (Hrsg.) (1986): Kinder mit Migrationshintergrund. Freiburg, S. 53-75.

Tracy, Rosemarie (1996): Vom Ganzen und seinen Teilen: Überlegungen zum doppelten Erstspracherwerb. In: Sprache und Kognition 15, 1/2, S. 70-92.

Tracy, Rosemarie (2005): Spracherwerb bei vier- bis achtjährigen Kindern. In: Guldimann, Titus/Hauser, Bernhard (Hrsg.) (2005): Bildung 4-8-jähriger Kinder. Münster, S. 59-75.

Tracy, Rosemarie (i.Dr.): Wieviel Sprachen passen in einen Kopf? Mehrsprachigkeit als Herausforderung für das Individuum und für die Gesellschaft. In: Anstatt, Tanja (Hrsg.) (i.Dr.): Mehrsprachigkeit bei Kindern und Erwachsenen. Tübingen.

Tracy, Rosemarie/Gawlitzek-Maiwald, Ira (2000): Bilingualismus in der frühen Kindheit. In: Grimm, Hannelore (Hrsg.) (2000): Enzyklopädie der Psychologie. Band 3. Göttingen, S. 495-535.

Weber, Martina (2003): Heterogenität im Schulalltag. Konstruktion ethnischer und geschlechtlicher Unterschiede. Opladen

Wegener, Heide (Hrsg.) (1998): Eine zweite Sprache lernen. Empirische Untersuchungen zum Zweitspracherwerb. Tübingen

Anmerkungen

1 Vgl. Deutsches PISA-Konsortium (2001).

2 Internationale Grundschul-Lese-Untersuchung IGLU, vgl. Bos et al. (2003) und (2004)

3 Vgl. den Artikel in DIE ZEIT, Nr. 10, 27.02.2003, S. 16.

4 Vgl. den Artikel im Mannheimer Morgen vom 9.11.2004, S. 5.

5 Vgl. den Artikel in DIE ZEIT, a.a.O.; dort heißt es: „ob in Schweden oder Norwegen, in Österreich oder der Schweiz: Überall können Kinder türkischer Einwanderer besser lesen als hierzulande."

6 Die ethnographisch-soziolinguistische Untersuchung zum Sprach- und Kommunikationsverhalten türkischstämmiger MigrantInnengruppen in Mannheim wurde am Institut für Deutsche Sprache/Mannheim (DFG-gefördert) von 2000-2004 durchgeführt; zu den Projektpublikationen siehe www.ids-mannheim.de/prag/soziostilistik/tuerkisch.html

7 Exemplarisch für eine weltoffene, trans- bzw. internationale Orientierung türkischer Migranten der 2. Generation sind die im Rahmen des Projekts untersuchten Gruppen, die „Europatürken" und die „Unmündigen"; vgl. dazu Aslan (2005) und Cindark (2005).

8 Vgl. vor allem die rechtliche Unsicherheit, Verlust des Arbeitsplatzes und der Aufenthaltsgenehmigung in wirtschaftlichen Krisenzeiten; vgl. auch die ausländer- und besonders türkenfeindlichen Aktionen in den 1990er-Jahren und die Anschläge auf Türken in Mölln und Solingen.

9 Viele der befragten Jugendlichen berichten z. B., dass ihre Cousins und Cousinen in der Türkei viel „freier" leben als hier und deren Eltern viel großzügiger mit Vorschriften und Verboten umgehen.

10 Ethnolektale Formen sind in der Forschung auch für andere Migrantenjugendgruppen in Schweden und in Deutschland beschrieben, vgl. u.a. Kotsinas (1998), Auer (2003), Dirim/Auer (2004), Kern/Selting (2006).

11 Verwendete Sonderzeichen: * (kurze Pause), ↑ (steigende Intonation), ↓ (fallende Intonation), LACHEND (Kommentar zur Äußerung auf der Kommentarzeile). Die umgangssprachliche Lautung wird durch entsprechende Schreibweise abgebildet.

12 Vgl. dazu Keim (2007), Teil II, in dem die biographische Entwicklung der „türkischen Powergirls" rekonstruiert und der äußerst schwierige Weg zu schulischem und beruflichem Erfolg im Detail beschrieben wird.

13 Bilinguale, deutsch-türkische Kommunikationsformen werden in der Forschung auch für andere Migrantenjugendgruppen beschrieben, vgl. u.a. Backus (1996), Hinnenkamp (2005).

14 Vgl. zum Spracherwerb im Allgemeinen und unterschiedlichen Erwerbstypen die

Aufsätze in Grimm 2000; Genesee et al. 1996; Müller et al. 2005, Siebert-Ott 2001; Tracy 1996, 2005, i.Dr., Tracy/Gawlitzek 2000.

15 Vgl. Wegener 1998, Alterseffekte werden in Birdsong 1999 thematisiert; neuere Untersuchungen zum frühen Zweitsprachenerwerb finden sich in Ahrenholz 1996; zum Erwerb des Deutschen bei türkischsprachigen Kindern vgl. Rothweiler 1996; zu Kindern mit Russisch, Türkisch und Arabisch als Erstsprachen Thoma/Tracy 2006, Tracy i.Dr.

16 Zur Schwellenhypothese vgl. Cummins 1986 und die Kritik in Siebert-Ott 2001.

17 Vgl. dazu die Arbeiten in Hinnenkamp/Meng 2005 sowie Myers-Scotton 2006.

Andreas M. Wüst

Wahlverhalten und politische Repräsentation von Migranten

Abbau struktureller Defizite trägt entscheidend zur Integration bei

Die gesellschaftliche Integration von Einwanderern und ihren Nachkommen ist während der letzten drei Jahrzehnte zu einem zentralen Thema in nahezu allen etablierten Demokratien geworden. Deutschland gehört – aus verschiedenen Gründen – zu denjenigen Ländern, in denen man sich dem Integrationsthema erst in den letzten Jahren verstärkt angenommen hat. Mittlerweile hat man aber auch in Deutschland erkannt, dass Integrationsdefizite Folgekosten haben und das Konfliktpotenzial in einer Gesellschaft erhöhen. Darüber hinaus ist klar geworden, dass Einwanderer und ihre Nachkommen für eine Gesellschaft nicht nur problematisch, sondern auch überaus nützlich sein können.

Zu Recht wird in der Integrationsdiskussion der Beseitigung struktureller Defizite von Einwandererminoritäten größte Aufmerksamkeit geschenkt, denn Sprache und Bildung sind die Schlüssel zu erfolgreicher Integration. Einige Soziologen sehen bereits in der strukturellen Angleichung ethnischer Minderheiten, vor allem Bildungsgrad und Berufsstatus, den Weg zu einer vollständigen Integration geebnet, denn andere Integrationsdefizite minimierten sich im Laufe der Zeit quasi von selbst. Anderen, vor allem Politikwissenschaftlern, erscheint diese Sicht zu optimistisch. Unbestreitbar steigen die Chancen vollständiger Integration durch die Beseitigung von Starthindernissen erheblich. Es ist dennoch schwer absehbar, wie lange es dauern wird, bis strukturelle Defizite von Einwandererminoritäten abgebaut sind. Ferner öffnen sich Machtbereiche von Gesellschaften nicht automatisch – eine Erfahrung, die insbesondere Frauen in etablierten Demokratien noch heute machen müssen. Und schließlich ist es mit einer Angleichung, d.h. Assimilation von Einwandererminoritäten an die Mehrheitsgesellschaft nicht getan, denn sowohl Mehrheit als auch Minderheiten werden sich punktuell akkulturieren müssen. Integration ist keine Einbahnstraße, sondern ein Prozess, an dessen Ende nicht nur eine angepasste Minderheit, sondern auch eine veränderte Gesamtgesellschaft steht.

Politische Integration fördert die Akkulturation

Die politische Integration von Migranten leistet deshalb einen nicht zu unterschätzenden Beitrag im Rahmen des Akkulturationsprozesses von Mehrheit und Minderheiten. Hierzu bedarf es jedoch der Wahrnehmung von Migranten als (potenzielle) Subjekte und nicht nur als Objekte von Politik. Dies geschieht zunächst mit Blick auf das Wählerpotenzial, das Migranten mit deutschem Pass bei Bundes- und Landtagswahlen und Migranten aus EU-Ländern auch ohne deutschen Pass bei Kommunal- und Europawahlen stellen. Personen mit Migrationshintergrund stimmen über die Zusammensetzung der Parlamente mit ab und sind somit – zumindest potenziell – politisch relevant. Dies ist ein elementarer Aspekt politischer Integration, denn die gewählten Parteien und Abgeordneten sollten ihren Wählern gegenüber verantwortlich und responsiv sein. Das bedeutet im Kern, die Anliegen der Wähler (und damit auch der Migranten) programmatisch aufzugreifen, im parlamentarischen Prozess zu vertreten, aber auch weiter mit den Wählern zu kommunizieren und veränderte Problemlagen im parlamentarischen Handeln mit zu berücksichtigen. Dabei dürfte es nicht nur einen Unterschied machen, welche Partei sich der Probleme annimmt, sondern auch welche Personen. Abgeordnete mit Migrationshintergrund sollten in der Lage sein, die Belange von Migranten stärker im

Blick zu behalten, eine ergänzende (Minderheiten-)Sicht in den politischen Prozess einzubringen, stärker in und mit ihrer eigenen ethnischen Gruppe zu kommunizieren und ihr gegenüber verantwortlicher zu sein. Deshalb sind, neben dem Wahlrecht, die parlamentarische Präsenz und die Mit-Entscheidung von Personen mit Migrationshintergrund wichtige Elemente der politischen Integration von Einwandererminoritäten.[1]

Migranten als potenzielle Wähler

Das Interesse der Wissenschaft an der Wahlbeteiligung und am Wahlverhalten von Migranten in Deutschland war und ist alles in allem gering. Erst die Ergänzung des deutschen Staatsbürgerschaftsrechts um das *Ius soli* (2000) führte dazu, dass die möglicherweise wahlentscheidende Bedeutung von Wahlberechtigten, die nicht von Geburt an die deutsche Staatsbürgerschaft besitzen, thematisiert wurde. Unmittelbar vor der Bundestagswahl 2002 sprach das *Wall Street Journal Europe* davon, eingebürgerte Türken seien Schröders „Secret Weapon", die eine Entscheidung zu Gunsten von Rot-Grün herbeiführen könnten. Die *Frankfurter Allgemeine Zeitung* meinte nach der (für die bürgerlichen Parteien verlorenen) Wahl, die eindeutige „Präferenz der türkischstämmigen Deutschen für Rot-Grün" habe zu „weitreichenden Verzerrungen" des Wahlergebnisses geführt.[2] Und wenige Tage vor der Bundestagswahl 2005 titelte die *BILD*-Zeitung[3] mit einem vor eine türkische Flagge montierten Gerhard Schröder: „Entscheiden Türken die Wahl?" Der Hinweis auf den Redaktionsbesuch des Bundeskanzlers bei *Hürriyet* wird verbunden mit der Anmerkung „Hier kämpft Schröder um 600 000 Stimmen." Aussiedler und Spätaussiedler werden dagegen seltener als potenzielle Wähler porträtiert, doch wies z.B. *Der Spiegel* im Frühjahr 2003 darauf hin, dass die aussiedlerfreundliche Politik der CDU/CSU offensichtlich auch dem Kalkül entspringe, „zigtausende Wähler" der Union ins Land zu holen.[4]

Die jahrzehntelange Weigerung, Einwanderungsland zu sein, hatte nicht nur politische, sondern auch ganz unvermutete

Konsequenzen auf die Bevölkerungsstatistik. So war und ist es sehr leicht, die Bevölkerung in Deutsche und Ausländer zu unterteilen – es leben derzeit 75,1 Millionen deutsche Staatsbürger und 7,3 Millionen ausländische Staatsbürger in Deutschland. Eine Differenzierung nach dem Migrationshintergrund gibt es jedoch erst seit kurzem. Rund ein Viertel (15,3 Millionen) der in Deutschland lebenden Personen hat nach den Ergebnissen des Mikrozensus 2005 einen Migrationshintergrund. Zwei Drittel von ihnen (10,4 Millionen) sind Einwanderer und ein Drittel (4,9 Millionen) hat zumindest ein Elternteil, das eingewandert ist. Unter den Personen mit Migrationshintergrund besitzen acht Millionen einen deutschen Pass, 2,7 Millionen bereits durch Geburt, 3,5 Millionen durch Einbürgerung und weitere 1,8 Millionen, weil sie als Spätaussiedler nach Deutschland kamen und seit August 1999 nicht mehr formal eingebürgert werden. Eng definiert handelt es sich demnach um 5,3 Millionen Eingebürgerte, von denen etwa zwei Drittel, d.h. rund 3,5 Millionen, wahlberechtigt sind. Bei 62 Millionen Wahlberechtigten beträgt der Neubürgeranteil damit rund 5,7 Prozent.[5]

Es gibt immer noch wenige empirische Analysen des Wahlverhaltens von Migranten in Deutschland. Besonders interessant ist und bleibt das Wahlverhalten der eingebürgerten Personen, da sie auch bei Wahlen zum Bundestag wahlberechtigt sind. Neben mangelndem Interesse stellt es aufgrund der geringen Gruppengröße vor allem ein forschungspraktisches Problem dar, eingebürgerte Personen in ausreichender Zahl zu identifizieren und mittels Befragungen Informationen über das Wahlverhalten und dessen mögliche Motive in Erfahrung zu bringen.[6] Zusätzlich zu so genannten Screening-Verfahren, bei denen im Rahmen allgemeiner Bevölkerungsumfragen eingebürgerte Personen durch eine einzige Frage identifiziert und damit herausgefiltert werden können, besteht vor allem auf lokaler Ebene die Möglichkeit, Eingebürgerte gezielt zu befragen. Von beiden Möglichkeiten wurde wiederholt Gebrauch gemacht, so dass mittlerweile einige Ergebnisse dieser Datenerhebungen vorliegen, die Rückschlüsse auf das Wahlverhalten eingebürgerter Personen in Deutschland zulassen.[7]

Zusammensetzung der Gruppe eingebürgerter Personen

Im Rahmen der monatlichen Politbarometer von Februar bis Dezember 1999 und von Oktober 2001 bis September 2002 wurden Neubürger mittels einer zusätzlichen Frage identifiziert. Wie Tabelle 1 zeigt (s. S. 150), liegt der Gesamtanteil in den kumulierten Umfragen mit 4,5 Prozent (1999) bzw. 4,8 Prozent (2001/02) nur leicht unter dem auf Grundlage des Mikrozensus 2005 geschätzten Anteil von 5,7 Prozent.[8] Es wird deutlich, dass die meisten Neubürger der letzten zwanzig Jahre nicht ehemalige Arbeitsmigranten, sondern Aussiedler waren. Eingebürgerte aus Aussiedlerländern machen jeweils rund die Hälfte aller eingebürgerten Personen aus. Blickt man auf ehemalige Staatsbürgerschaften, dann ist der Anteil eingebürgerter Personen aus der ehemaligen Sowjetunion mit je rund einem Viertel am höchsten, derjenige der Rumäniendeutschen mit je etwas über acht Prozent am niedrigsten. Insbesondere der Anteil Eingebürgerter aus Polen, die sowohl 1999 als auch 2001/02 die zweitgrößte Gruppe bilden, ist rückläufig.

Zugenommen hat dagegen der Anteil eingebürgerter Personen ehemals türkischer Staatsbürgerschaft. 2001/02 bildeten eingebürgerte Türken mit 13 Prozent die drittgrößte Gruppe der Neubürger. Es ist davon auszugehen, dass Eingebürgerte ehemals türkischer Staatsbürgerschaft mittlerweile (2006) die zweitgrößte Gruppe der Neubürger bilden. Alle weiteren Differenzierungen nach ehemaliger Staatsangehörigkeit sind aufgrund zu geringer Fallzahlen wenig sinnvoll. Ein großer Rest der eingebürgerten Personen in Deutschland kommt aus vielen verschiedenen europäischen und außereuropäischen Ländern.

Nur wenige Neubürger (2002: 17 Prozent) wurden in Deutschland geboren. Nahezu sämtliche Eingebürgerte mit der ehemaligen Staatsbürgerschaft eines Aussiedlerlandes wurden im Ausland geboren, jedoch nur knapp zwei Drittel der eingebürgerten Türken. Dieser Umstand ist für eingebürgerte Türken hinsichtlich ihres Kenntnisstandes der politischen Landschaft in Deutschland von Vorteil. Insbesondere eingebürgerte Türken, aber auch die Eingebürgerten aus der Sowjetunion, deren Nachfolgestaaten und aus Polen, sind jünger als gebürtige Deutsche. Interessanterweise unterscheiden sich die Bildungsgrade zwischen Eingebürgerten und gebürtigen Deutschen kaum. Allerdings haben die meisten Aussiedler ihre Schulabschlüsse wohl nicht in Deutschland, sondern im Auswanderungsland erworben.[9]

Tabelle 1: Eingebürgerte über 18 Jahren nach ehemaliger Staatsangehörigkeit

Ehemalige Staatsangehörigkeit	Politbarometer 2001/02		Politbarometer 1999		Veränderung 2001/02-1999
	Fallzahl	Anteil	Fallzahl	Anteil	Prozent-punkte
ehemalige Sowjetunion einschließlich Nach-folgestaaten	181	25,2	136	21,9	+3,3
Polen	116	16,1	114	18,5	-2,4
Rumänien	58	8,1	53	8,6	-0,5
Türkei	97	13,4	72	11,7	+1,7
Südeuropa	30	4,2	28	4,5	-0,3
Zentraleuropa	66	9,1	84	13,6	-4,5
Südosteuropa	49	6,9	31	5,0	+1,9
Nord- und Westeuropa sowie Nordamerika	38	5,3	26	4,2	+1,1
Mittel- und Südamerika	5	0,7	5	0,8	-0,1
Afrika	12	1,6	11	1,8	-0,2
Naher und Mittlerer Osten	13	1,8	9	1,4	+0,4
Asien	22	3,1	20	3,2	-0,1
keine Angabe	33	4,6	29	4,7	-0,1
Fallzahl Eingebürgerter und Anteil an allen Befragten	718	4,8	618	4,5	+0,3

Eingebürgerte sind – insgesamt – vergleichsweise religiös. Der Anteil derer, die keine Religionszugehörigkeit angeben, ist unter Eingebürgerten niedriger als unter gebürtigen Deutschen, die Anteile der Katholiken und Muslime dagegen höher. Letztere sind auf polnische bzw. türkische und südosteuropäische Neubürger zurückzuführen. Höchst interessant ist in diesem Zusammenhang, dass eingebürgerte Türken ihren Glauben wohl insgesamt weniger intensiv praktizieren als Aussiedler. In einer lokalen Befragung in Heidelberg (1999) gaben lediglich elf Prozent an, regelmäßig in eine Moschee zu gehen. Dieser niedrige Anteil mag mit einer geringeren Verfügbarkeit von Moscheen zu tun haben, doch auch bei einer Frage nach der Selbsteinschätzung der eigenen Religiosität lagen eingebürgerte Muslime hinter eingebürgerten Katholiken und Protestanten.[10]

Diese Details über die Religionszugehörigkeit sind ebenso wichtig für einen konfliktlinienorientierten Blick auf politische Präferenzen und das Wahlverhalten eingebürgerter Personen wie die Frage nach einer Affinität zu Gewerkschaften.[11] Eingebürgerte sind insgesamt in etwa gleichem Ausmaß Mitglieder in Gewerkschaften wie Einheimische, doch es gibt merkliche Differenzen nach Herkunftsländern. Über ein Drittel der eingebürgerten Türken ist Mitglied einer Gewerkschaft, und auch die Mitgliedsanteile unter eingebürgerten Polen und Rumänen sind überdurchschnittlich. Einmal mehr unterscheiden sich Russlanddeutsche am stärksten von den anderen Neubürgergruppen. Trotz hoher Arbeiter- und niedriger Selbstständigenanteile sind lediglich 17 Prozent von ihnen Mitglieder in einer Gewerkschaft. Damit besteht – übrigens nicht nur auf der Grundlage dieses einen Indikators[12] – ein Integrationsdefizit Russlanddeutscher, das Einfluss auf die politische Informiertheit dieser Gruppe haben sollte.

Politische Beteiligung von Migranten in anderen Ländern

Analysen, die über die politische Beteiligung von Migranten in verschiedenen Ländern vorliegen,[13] belegen meist eine im Vergleich zu Einheimischen deutlich niedrigere und im Zeitverlauf sogar abnehmende Wahlbeteiligung. In Schweden ist die Beteiligung von Ausländern an Kommunalwahlen, bei denen sie seit 1975 wahlberechtigt sind, von 59,9 Prozent (1976) auf mittlerweile 35,1 Prozent (2002) gesunken.[14] Dies entspricht einem Wahlbeteiligungsrückgang um fast 25 Prozentpunkte; im gleichen Zeitraum hat die Wahlbeteiligung unter den schwedischen Staatsbürgern lediglich 12,5 Prozentpunkte abgenommen und beträgt nun 78,0 Prozent (2002). Damit liegt die kommunale Wahlbeteiligung von Ausländern fast um die Hälfte unter der Beteiligung schwedischer Staatsbürger. Blickt man nur auf Eingebürgerte, ist die Wahlbeteiligungsdifferenz zu Einheimischen jedoch geringer. Im Nachbarland Norwegen, wo diese Differenzierung vorliegt, betrug die Wahlbeteiligung bei der Parlamentswahl des Jahres 2001 insgesamt 75,5 Prozent, unter Eingebürgerten lag sie bei 52 Prozent. Eingebürgerte Norweger, die schon mindestens 30 Jahre im Land leben, beteiligten sich aber genauso häufig (75 Prozent) an der Wahl wie Einheimische, während Eingebürgerte, die weniger als zehn Jahre im Land leben, seltener (41 Prozent) zur Wahl gingen.[15] Auch in Großbritannien beteiligen sich Personen mit Migrationshintergrund seltener an Wahlen als Einheimische, doch weisen einige Minderheitengruppen (z.B. indischer Herkunft) auch leicht höhere Wahlbeteiligungsraten auf.[16] US-amerikanische Studien zeigen ebenfalls eine durchweg niedrigere Wahlbeteiligung eingebürgerter Einwanderer im Vergleich zu Einheimischen.[17] Die Wählerregistrierung stellt hier eine zusätzliche Hürde dar, so dass direkte Vergleiche nur bedingt möglich sind.

Die Wahlbeteiligung in der Bundesrepublik

Ausländische Staatsbürger sind bei Bundes- und Landtagswahlen in Deutschland nicht wahlberechtigt. Etwas anders verhält es sich bei Kommunal- und Europawahlen. Seit 1994 sind Bürger eines Landes, das zum Zeitpunkt der Wahl der EU angehört, bei Kommunalwahlen automatisch und bei Europawahlen auf Antrag wahlberechtigt. Die Antragstellung bei Europawahlen ist nötig, um doppelte Einträge in Wählerregister in Deutschland und im Land, dessen Staatsbürgerschaft der EU-Bürger besitzt, auszuschließen. Dies erfolgt in Form eines Abgleichs mit den zuständigen Behörden im EU-Ausland. Nach Auskunft des Bundeswahlleiters gibt es für die Europawahl 1994 keine bundesweite Statistik über die Zahl derjenigen Unionsbürger, die sich ins Wählerverzeichnis haben eintragen lassen. 1999 waren es rund 33.000 (2 Prozent) der damals 1,6 Millionen potenziell wahlberechtigten Unionsbürger in Deutschland, 2004 stieg die Zahl auf 133.000 (6 Prozent) der nun 2,15 Mio. Unionsbürger im Wahlalter. Es ist anzunehmen, dass die Mehrzahl dieser Personen auch tatsächlich gewählt hat, doch Informationen hierüber liegen nicht vor. Über die Beteiligung von Unionsbürgern an Kommunalwahlen gibt es etwas mehr, aber immer noch wenige Erkenntnisse. Vereinzelte Anstrengungen zeigen weit unterdurchschnittliche Beteiligungsraten von Unionsbürgern bei Kommunalwahlen: So ergaben Sonderauswertungen der Stadt Stuttgart anlässlich der Kommunalwahlen der Jahre 1999 und 2004 Wahlbeteiligungen der Unionsbürger von 22 Prozent (1999) und 18 Prozent (2004). Diese Beteiligungen liegen weit unter der durchschnittlichen Wahlbeteiligung in Stuttgart von 48 Prozent (1999) bzw. 49 Prozent (2004). Auch an anderen Wahlen beteiligten sich Unionsbürger unterdurchschnittlich, mit Raten zwischen 15 Prozent und 30 Prozent.[18] Insofern werden die schwedischen Ergebnisse bestätigt.

Bei Bundestagswahlen beschränkt sich die Wahlberechtigung auf deutsche Staatsbürger. Untersuchungen der Wahlbeteiligung eingebürgerter Türken in Deutschland[19] sowie aller Personen, die im Jahr 2000 in der Hansestadt Hamburg eingebürgert wurden,[20] zeigen, dass die Wahlbeteiligung Eingebürgerter in etwa so hoch liegt wie diejenige gebürtiger Deutscher. Auch die Politbarometerdaten belegen geringe Beteiligungsunterschiede zwischen gebürtigen Deutschen und Einwanderern. In den monatlichen

Befragungen der Jahre 2001/02 gaben 87 Prozent der gebürtigen Deutschen und 82 Prozent der Eingebürgerten an, sich an einer Bundestagswahl beteiligen zu wollen. Eingebürgerte ehemals türkischer Staatsbürgerschaft und Russlanddeutsche liegen mit Beteiligungsraten von jeweils 78 Prozent am Ende, Rumäniendeutsche bilden mit 88 Prozent die Spitze.

Beteiligung hängt von Alter, Bildungsgrad und Einkommen ab

Neben der reinen Bestandsaufnahme der Wahlbeteiligung unter Personen mit Migrationshintergrund, die immer noch sehr lückenhaft und international nicht standardisiert ist, gibt es auch einige Beteiligungsanalysen. Dass die Wahlbeteiligungen unter Eingebürgerten höher sind als unter Ausländern überrascht nicht, denn die politische Gleichstellung wird stets als ein wichtiges Motiv für die Einbürgerung genannt.[21] Mit Hilfe von Umfragedaten konnte für Latinos in den USA gezeigt werden, dass die Wahlbeteiligung mit zunehmendem Alter, formalem Bildungsgrad und Einkommen ansteigt.[22] Und regionale Analysen für Kalifornien kamen zum Schluss, dass sozioökonomische und migrationsspezifische Faktoren (wie beispielsweise das Einwanderungsjahr) in der Lage sind, einen Teil der Unterschiede zwischen dem einheimischen, weißen Bevölkerungsteil und den eingebürgerten Latinos sowie Asiaten zu erklären, ohne dass sich die Beteiligungslücke durch die Berücksichtigung dieser Faktoren ganz schließen lässt.[23]

Das Alter spielt auch für die Wahlbeteiligung Eingebürgerter in Deutschland eine wichtige Rolle: Über 50-jährige Neubürger geben sehr viel häufiger an zu wählen als Eingebürgerte unter 40 Jahren. Dies erklärt einen Teil der Beteiligungsunterschiede zwischen den insgesamt älteren Rumäniendeutschen und anderen Neubürgergruppen. Größeren Einfluss auf die Wahlbeteiligung im Vergleich zum Migrationshintergrund hat aber die Kirchgangshäufigkeit: Insbesondere praktizierende Christen beteiligen sich häufiger an Wahlen als Nicht-Kirchgänger.[24] Dieses Ergebnis ähnelt den US-amerikanischen, denn Louis De Sipio fand unter den Latino-Nichtwählern signifikant weniger bekennende Christen.[25] Das Ergebnis ist insofern plausibel, da soziale Integration (in diesem Fall in Form des Kirchgangs) stärkere politische Partizipation fördert.[26] Die Daten der lokalen Untersuchung in Heidelberg im Jahr 1999 zeigen darüber hinaus, dass Eingebürgerte, die überwiegend deutsche Medien (Zeitungen, Radio, Fernsehen) nutzen, häufiger angeben, dass sie zur Wahl gehen würden als Eingebürgerte, die gleichgewichtig deutsche Medien und solche des Herkunftslandes nutzen. Insofern kann eine Orientierung am Herkunftsland, wie Freeman und Ögelman argumentieren, die politische Integration im Einwanderungsland behindern.[27]

Parteipräferenzen

Parteipolitik reflektiert in erheblichem Maß politisch-ideologische Grundpositionen und kommt damit zumeist solchen sozialen Gruppen zugute, die eine Partei langfristig unterstützen.[28] Dies ist im Politikfeld Migration (Einwanderungs- und Integrationspolitik) nicht anders. Die CDU/CSU war schon immer zurückhaltend, wenn es um die dauerhafte Niederlassung und Einbürgerung von Nicht-Aussiedlern ging, dagegen jedoch stets unterstützend, wenn es die Zuwanderung ethnisch deutscher Aussiedler betraf. Auch die große Zuwanderungswelle aus Osteuropa, die Ende der 1980er-Jahre einsetzte, änderte nichts an der Grundposition, die Grenzen für Aussiedler prinzipiell durchlässig zu halten. Auch die SPD war bis Ende der Achtzigerjahre nicht allzu kritisch bezüglich der Aussiedlermigration, doch lag und liegt ihr Schwerpunkt auf der gesellschaftlichen Integration ausländischer Arbeitnehmer und der fairen Behandlung von Asylsuchenden und Flüchtlingen.[29] Die FDP-Position lag häufig näher an derjenigen der Sozialdemokraten, doch hinderte die Treue zur Koalition mit der Union lange Zeit daran, weiterreichende gesetzliche Änderungen herbeizuführen.[30] Die Grünen (und später auch PDS und Linkspartei) waren hinsichtlich Zuwanderungs- und Integrationsfragen stets fordernder als die SPD, wenn auch der Grünen-Fokus früher eher auf Asylsuchenden als auf ausländischen Arbeitnehmern lag. Zu High politics wurden Migrationsfragen Anfang der 1990er-Jahre – die heftigen öffentlichen Auseinandersetzungen führten 1992 zum so genannten „Asylkompromiss“, bei dem Zuzugsbeschränkungen sowohl für Aussiedler als auch Asylsuchende getroffen wurden, obwohl diese Asylbewerber sehr viel härter trafen als Aussiedler. Spätestens 1992/93 wurden ideologische Grundpositionen (monokulturell vs. multikulturell) und gruppenspezifische Präferenzen (Pro-Aussiedler vs. Pro-Ausländer) der Parteien sehr deutlich, obwohl die Parteien unisono davon sprachen, dass nun vor allem die Integration der in Deutschland lebenden Ausländer verbessert werden sollte.

Die in Tabelle 2 ausgewiesenen langfristigen Parteibindungen (Parteiidentifikation) und die geäußerten Wahlabsichten erscheinen auf dem Hintergrund der skizzierten Parteipolitiken mehr oder weniger zwangsläufig zu sein. Überraschend ist zunächst, dass in den ausgewiesenen Neubürgergruppen jeweils mindestens die Hälfte der Befragen (50 Prozent bis 59 Prozent) angibt, einer Partei langfristig zuzuneigen. Damit liegen die Anteile an eine Partei langfristig gebundener Neubürger annähernd so hoch wie unter gebürtigen Deutschen (63 Prozent). Auf der Grundlage dessen, was wir über die Entwicklung langfristiger Parteibindungen wissen,[31] sind die Anteile derjenigen Neubürger, die einer Partei langfristig zuneigen, unerwartet hoch. Und diese langfristigen Parteibindungen prägen in erheblichem Ausmaß das Wahlverhalten. Etwa die Hälfte der jeweiligen Partei-Wähler stammt auch in den Neubürgergruppen von Identifikateuren – nur etwas weniger als unter gebürtigen Deutschen.

Kleine Parteien scheinen für Neubürger insgesamt weniger attraktiv zu sein, und die verschiedenen Neubürgergruppen scheuen zudem jeweils bestimmte Parteien. Eingebürgerte Türken meiden die CDU/CSU, während die SPD unter Eingebürgerten aus der Sowjetunion, deren Nachfolgestaaten und aus Rumänien stark unterrepräsentiert ist. Diese prononcierten Partei-Unterstützungsprofile der Neubürger finden im Ausmaß lediglich bei

Tabelle 2: Parteiidentifikation, Wahlabsicht und Parteipotenzial nach ehemaliger Staatsangehörigkeit (Spaltenprozentwerte; Politbarometer 10/01 – 09/02)

	gebürtige Deutsche						Eingebürgerte					
	SPD	CDU/ CSU	Grüne	FDP	PDS	keine	SPD	CDU/ CSU	Grüne	FDP	PDS	keine
Parteiidentifikation	27	26	4	3	2	37	23	23	3	1	1	42
Wahlabsicht	39	39	7	8	4	-	42	42	8	6	2	-
Parteipotenzial	54	52	28	36	12	-	57	60	31	28	10	-
Land der ehemaligen Staatsangehörigkeit	SU und Nachfolgestaaten						Türkei					
	SPD	CDU/ CSU	Grüne	FDP	PDS	keine	SPD	CDU/ CSU	Grüne	FDP	PDS	keine
Parteiidentifikation	9	36	1	1	0	42	31	4	9	0	0	50
Wahlabsicht	23	73	1	1	1	-	62	11	22	3	3	-
Parteipotenzial	48	77	13	17	5	-	73	40	56	24	19	-
Land der ehemaligen Staatsangehörigkeit	Polen						Rumänien					
	SPD	CDU/ CSU	Grüne	FDP	PDS	keine	SPD	CDU/ CSU	Grüne	FDP	PDS	keine
Parteiidentifikation	18	29	1	1	1	41	14	28	2	3	0	45
Wahlabsicht	42	51	3	2	1	-	17	60	5	19	0	-
Parteipotenzial	50	69	27	32	5	-	37	73	34	47	8	-

einigen wenigen sozioökonomischen Untergruppen bei gebürtigen Deutschen eine Entsprechung. So erwiesen sich im Exit poll von *ZDF* und *Forschungsgruppe Wahlen* zur Bundestagswahl 2002 nur kirchengebundene Katholiken als genauso ausgeprägte Unionsanhänger (73 Prozent) wie Russlanddeutsche.[32] Wenn man berücksichtigt, dass der Anteil der kirchengebundenen Katholiken in Deutschland inzwischen gerade noch elf Prozent beträgt,[33] dann erscheint die noch kleinere Gruppe der Russlanddeutschen (gut ein Prozent) nicht mehr ganz so klein.

Tabelle 2 beinhaltet neben langfristigen Parteibindungen und den Ergebnissen auf die Wahlabsichtsfrage auch so genannte Parteipotenziale nach ehemaliger Staatsangehörigkeit. Diese Parteipotenziale entstanden durch die Kombination von Antworten auf zwei Fragen im Politbarometer:[34] zunächst der Wahlabsicht und nachfolgend einer Frage, ob der- oder diejenige Befragte sich vorstellen könnte, diese (andere) Partei zu wählen. Erwartungsgemäß ebnen sich die Unterschiede der Parteipräferenz etwas ein, doch es kommt nicht von ungefähr, dass 60 Prozent der eingebürgerten Türken sich nicht vorstellen können, die CDU/CSU zu wählen und 63 Prozent der Rumäniendeutschen die SPD stets meiden. Es scheint einen ethnisch-kulturellen Grundkonflikt (Cleavage) zu geben, an dessen Endpunkten ein monokulturelles bzw. ein multikulturelles Gesellschaftskonzept steht.[35] Dieses Cleavage ist von den Parteien recht prägnant besetzt und führt zu migrationsgruppen-spezifischer Politik. Die Parteipräferenzen der Migrationsgruppen sind deshalb prägnant und schwächen sich unter Berücksichtigung soziodemographischer Differenzen nur unwesentlich ab.[36]

Zur langfristigen Stabilität von Parteipräferenzen

Die politischen Präferenzen und das Wahlverhalten eingebürgerter Personen sind nach den bisher gezeigten und berichteten Ergebnissen auffällig klar. Doch sind diese gruppenspezifischen Muster auch im Zeitverlauf konstant? Werden drei Viertel der Russlanddeutschen auch in zwei, fünf oder zehn Jahren die

CDU/CSU wählen und 60 Prozent der eingebürgerten Türken die SPD? Diese Frage lässt sich nicht abschließend beantworten, doch es gibt mehrere Gründe anzunehmen, dass die gezeigten parteipolitischen Präferenzmuster zumindest mittelfristig stabil sind. Die Einschätzung beruht auf der Prägnanz (Parteipotenziale) und Tiefe (Parteiidentifikation) der Präferenzen, aber auch auf Ergebnissen einer retrospektiven Sicht, die in Abbildung 1 (s. S. 160) dargestellt sind: Wenn wir die vor 1995 mit danach eingebürgerten Russlanddeutschen und Türken vergleichen, dann zeigt sich vor allem, dass das jeweils gemiedene Lager (SPD bei Russlanddeutschen, Union bei eingebürgerten Türken) nur mäßig von Veränderungen politischer Präferenzen profitiert. Trotz gewisser Variationen, die durchaus auch auf den niedrigen Fallzahlen beruhen können, bleiben die Präferenzen prägnant und signifikant verschieden. Demnach sollten starke Veränderungen innerhalb kurzer Zeit unwahrscheinlich sein, zumal eine veränderte sozialstrukturelle Zusammensetzung (z.B. durch beruflichen Aufstieg) oder eine bessere gesellschaftliche Integration den bisherigen Analysen zufolge nur geringe Effekte auf parteipolitische Präferenzen hat.[37]

Wenn parteipolitische Präferenzen in den verschiedenen Neubürgergruppen tief verankert sind, dann bedürfte es in jedem Fall erst einmal ausreichender Zeit, diese zu ändern. Auch die erste als deutsche Staatsbürger geborene Generation wird zu einem großen Teil, zumindest anfangs, die Präferenzen der Elterngeneration übernehmen.[38] Doch die Parteien erhalten spätestens hier eine neue Chance. Sie sollten diejenigen Neubürgergruppen, von denen sie derzeit noch gemieden werden, über konkrete Angebote neu gewinnen können. Der SPD müsste dies über die Thematisierung der sozialen Lage bei Aussiedlern etwas leichter fallen als der CDU/CSU, die das „C“ im Namen trägt, das Muslime nicht unbedingt ermutigt, sich den im Prinzip durchaus nicht unattraktiven, konservativen Politikangeboten zu öffnen. Insbesondere der letztgenannte Grund wäre durchaus eine Chance für die FDP, die sie bislang kaum nutzt.

Abbildung 1: Wahlabsicht nach Einbürgerungsjahr (ausgewählte Neubürgergruppen; in Prozent)

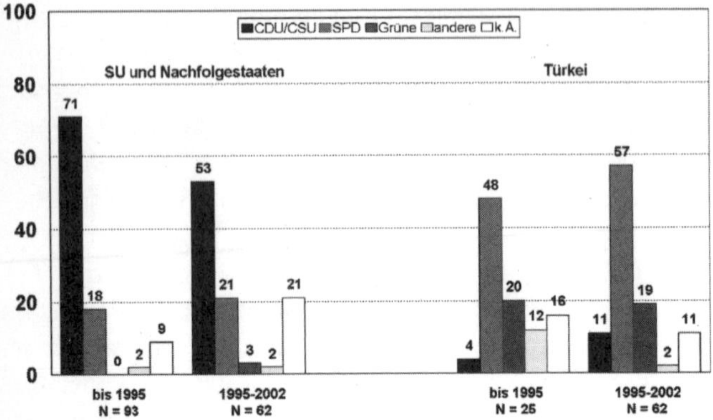

Hinzu kommt, dass Wähler sehr wohl zwischen dem unterscheiden können, was die Parteien für sie und ihr soziales Umfeld tatsächlich tun und was sie andererseits „nur" versprechen. Bis weit in die 1990er-Jahre hinein hatte die Kohl-Regierung eine auch in Teilen der CDU/CSU-Fraktion nicht immer unumstrittene, aussiedlerfreundliche Politik betrieben, die ihr zwar noch heute bei Aussiedlern nützt, die jedoch zusehends verblasst. Die rot-grüne Bundesregierung hat in ihrer ersten Legislaturperiode das Staatsangehörigkeitsrecht moderat, aber wegweisend reformiert, und diese Veränderungen wurden insbesondere von eingebürgerten Türken goutiert. Einigen gingen die Reformen aber nicht weit genug, so dass anzunehmen ist, dass insbesondere die vor der Bundestagswahl 2005 gegründete Linkspartei auch Unterstützung von Eingebürgerten erfährt. Da aktuelle Daten fehlen, lässt sich diese mögliche Verschiebung innerhalb des multikulturell orientierten linken Lagers jedoch bislang nicht quantifizieren.

Kandidaten mit Migrationshintergrund

Wenn das Wahlverhalten von Personen mit Migrationshintergrund in Deutschland noch kaum untersucht ist, dann gilt dies verstärkt für die Beschäftigung mit Kandidaten, die einen Migrationshintergrund haben. Auch hier bestehen forschungspraktische Probleme, denn der Migrationshintergrund eines Kandidaten ist oft nur sehr schwer feststellbar. Nicht zuletzt deshalb liegen auch aus anderen Ländern nur wenige Bestandsaufnahmen vor.[39] Eine erste Annäherung lässt sich über diejenigen Kandidaten der im Bundestag vertretenen Parteien erreichen, die nicht auf dem Gebiet der heutigen Bundesrepublik geboren wurden und demnach eine eigene Migrationserfahrung (erste Generation) aufweisen. Wie Tabelle 3 zeigt (s. S. 162), trifft dies auf 107 (4,6 Prozent) der 2.346 Kandidatinnen und Kandidaten der Bundestagswahl 2005 zu, die einer im Parlament vertretenen Partei angehörten. Durch die Besetzung ausländischer Gebiete durch Deutschland im Zweiten Weltkrieg und die Verkleinerung des deutschen Staatsgebietes als Kriegsfolge schließt die Definition „Geburt außerhalb des Staatsgebietes“ aber auch Personen ein, die als deutsche Vertriebene und Flüchtlinge zu Ende des Zweiten Weltkriegs nach Deutschland kamen. Dies trifft auf den größten Teil (40) der Kandidaten mit Migrationshintergrund zu, zum Beispiel Wolfgang Thierse (SPD) oder Erika Steinbach (CDU).

Daneben gibt es aber auch 13 Kandidaten mit Migrationshintergrund, die in Aussiedlerländern (Rumänien, Polen, Sowjetunion und Nachfolgestaaten) geboren wurden sowie 21 Kandidaten, die in ehemaligen Rekrutierungsländern für ausländische Arbeitnehmer (Italien, Jugoslawien, Türkei u. a.) zur Welt kamen. 33 weitere Kandidaten mit Migrationshintergrund wurden in anderen Ländern (u. a. Westeuropa, Nordamerika, Naher Osten) geboren. Vor allem in letzterer Gruppe, möglicherweise aber auch in den anderen, können sich allerdings noch Personen befinden, die als Kinder deutscher Eltern im Ausland geboren wurden, z.B. im Zuge eines Auslandsaufenthaltes. Manchmal hat dies, wie im

Tabelle 3: Anteile der Kandidaten mit eigener Migrationserfahrung unter den Kandidaten der im Bundestag vertretenen Parteien bei der Bundestagswahl 2005

	insgesamt	CDU/ CSU	FDP	SPD	Grüne	Linke
Außerhalb des Gebietes der Bundesrepublik geborene Kandidaten	107	18	20	21	14	34
darunter:						
aus ehemals deutschen Gebieten Eingewanderte	40	9	6	9	2	14
aus Aussiedlerländern Eingewanderte	13	3	1	3	1	5
aus Rekrutierungsländern für „Gastarbeiter"	21	2	1	4	5	9
aus allen anderen Ländern	33	4	12	5	6	6

Quelle: Eigene Zusammenstellung und Ausdifferenzierung unter Berücksichtigung von Informationen aus der IMMCANDS Database von Sara Claro da Fonseca, WZ Berlin.

Falle von Harald Leibrecht (FDP), auch zu einer Sozialisation im Ausland geführt, so dass die „Rückkehr" nach Deutschland nicht nur als Formalie, sondern auch als Migrationsprozess verstanden werden kann. In anderen Fällen, wie bei Patricia Lips (CDU), fand lediglich die Geburt im Ausland – hier: Italien – statt, so dass man eigentlich nicht von einem Migrationshintergrund sprechen kann. Weitere Forschungsanstrengungen, wie u. a. von Sara Claro da Fonseca, die am Wissenschaftszentrum Berlin über Kandidaten mit Migrationshintergrund bei Bundestagswahlen arbeitet, lassen in Zukunft mehr Klarheit über Kandidaten mit Migrationshintergrund erwarten.[40]

Ein Blick auf Parteidifferenzen lohnt

Trotz der möglichen Einschränkungen hinsichtlich der „zufällig" im Ausland geborenen Deutschen, lohnt der Blick auf Parteidifferenzen. Bei der Linkspartei finden sich die meisten Kandidaten mit Migrationshintergrund, bei den Grünen die wenigsten. Letzteres Ergebnis beruht vor allem auf der mit Abstand niedrigsten Anzahl von grünen Kandidaten aus ehemals deutschen Gebieten; auch aus Aussiedlerländern kommt nur ein Kandidat. Dies sieht bei CDU/CSU, SPD und Linkspartei anders aus: die meisten ihrer Kandidaten kommen aus ehemals deutschen Gebieten. Die Tatsache, dass erheblich mehr Vertriebene in die SBZ als nach Westdeutschland kamen, könnte die vergleichsweise hohen Anteile bei der Linkspartei mit erklären,[41] da der Schwerpunkt der Linkspartei in den neuen Bundesländern liegt. Interessant ist aber vor allem die Frage, ob es, entsprechend dem mono-multikulturellen Cleavage, parteispezifische Differenzen zwischen Kandidaten aus Aussiedlerländern und solchen aus Rekrutierungsländern für „Gastarbeiter" gibt. Hier lassen sich zumindest zwei Tendenzen feststellen. Zum einen stellen linke Parteien mehr Kandidaten aus ehemaligen Rekrutierungsländern für Gastarbeiter als aus Aussiedlerländern auf. Zum anderen haben die politisch links stehenden Parteien mehr Kandidaten aus den Rekrutierungsländern für Gastarbeiter als die Parteien des bürgerlichen Lagers. Der Blick auf Kandidaten, die in der Türkei geboren wurden, macht den Unterschied noch deutlicher: bei der FDP findet sich kein solcher Kandidat, bei der CDU einer, bei der SPD drei, bei den Grünen vier und bei der Linkspartei acht. Hier gibt es dann doch noch beträchtliche Unterschiede zwischen den bürgerlichen und den linken Parteien. Ein abschließender Blick auf diejenigen Kandidaten, die weder in ehemals deutschen Gebieten geboren wurden noch aus Aussiedlerländern oder Rekrutierungsländern für Gastarbeiter kamen, belegt eine vergleichsweise hohe Anzahl von 12 Kandidaten bei der FDP. Von diesen kommen jeweils zwei aus Frankreich und aus den USA, aber drei aus dem Nahen Osten. Möglicherweise ist die liberale FDP eine Partei, die in höherem Ausmaß Personen, die politische Unterdrückung erfahren haben, eine Heimat bietet. Im Vergleich: Nur die Linkspartei bot ebenfalls drei Kandidaten aus dem Nahen Osten auf, CDU und Grüne jeweils einen, die SPD keinen.

Verbessert sich die Qualität politischer Repräsentation?

Die klassische Repräsentationsforschung stellt Parteien und politische Inhalte in den Fokus ihrer Betrachtungen. Demnach ist die Vertretung von Ideen und Interessen das zentrale Element politischer Repräsentation und weitaus wichtiger als die Vertretung gesellschaftlicher Gruppen durch Personen, die solchen Gruppen angehören.[42] Es ist unbestreitbar, dass beispielsweise auch Unternehmer Arbeitnehmerinteressen vertreten können, und dass es keines Migrationshintergrundes bedarf, um die Interessen von Migranten vertreten zu können. Dennoch sollte es aus mehreren Gründen einen Unterschied für die Qualität politischer Repräsentation machen, ob Migranten und ihre Nachkommen durch Personen mit Migrationshintergrund politisch vertreten werden oder nicht.[43]

Zum einen hat die Präsenz auf der politischen Bühne einen doppelten symbolischen Wert. Migranten haben ‚ihre' sichtbaren Repräsentanten, d.h. sie können sich über politische Akteure ihrer eigenen Gruppe der Gesamtgesellschaft leichter zugehörig fühlen.[44] Dies kann sogar dazu führen, dass diese politischen Akteure als Vorbilder wahrgenommen werden und damit die politische Integration gefördert wird. Andererseits wird für die Gesamtgesellschaft durch eine solche Präsenz klarer, dass die Gesellschaft nicht nur aus ‚Einheimischen' besteht bzw. mono-ethnisch ist. Zum zweiten ist es wichtig, dass spezifische Erfahrungsschätze in den politischen Prozess eingebracht werden. Dies war und ist mit Blick auf die Arbeiterschaft oder auf Frauen durchaus von Relevanz.[45] So sollte es einen substanziellen Unterschied machen, ob ein Einwanderer, der selbst und in seinem unmittelbaren Umfeld Diskriminierung erfahren hat, über diesen Themenkomplex diskutiert oder ein über Generationen hinweg gut situierter ‚Einheimischer'. Schließlich ist auch die Kommunikation zwischen den Bürgern und Politikern, im besten Fall Abgeordneten, sehr wichtig für die Qualität politischer Repräsentation.[46] Und hier macht es nicht nur einen Unterschied, einen Politiker ansprechen zu können, der aus dem eigenen Wahlkreis stammt, sondern auch, ob der Bürger ihn, im weitesten Sinne, als Zugehöriger der eigenen gesellschaftlichen Gruppe wahrnehmen kann oder nicht.[47] Die amerikanische Repräsentationsforschung konnte für Afro-Amerikaner zeigen, dass sowohl von Seiten der Bürger als auch auf Seiten der Repräsentanten mehr Kontakt besteht, wenn beide der gleichen Minderheitengruppe angehören.[48]

Erste Ergebnisse für Deutschland verspricht die Deutsche Kandidatenstudie 2005,[49] in deren Rahmen auch nach dem Geburtsort und dem ethnischen Hintergrund (Selbstdefinition mit der Möglichkeit von Mehrfachantworten) der Kandidaten gefragt wurde, so dass auch Aussagen über Kandidaten mit Migrationshintergrund getroffen werden können. Insgesamt 35 (3,4 Prozent) der 1.031 Befragten gaben an, einen anderen ethnischen Hintergrund zu haben. 14 sind einem ehemaligen Rekrutierungsland für Gastarbeiter zuordenbar und 7 einem klassischen Aussiedlerland. Zwei Kandidaten haben einen sorbischen Hintergrund vermerkt. Immerhin 68 Kandidaten (6,6 Prozent) haben die Frage verweigert; nur drei von ihnen wurden im Ausland geboren. Aufgrund der geringen Fallzahlen sind Analysen für einzelne Gruppen statistisch problematisch. Möglich ist jedoch, sich Differenzen zwischen den ausschließlich deutschen und allen Kandidaten mit einem anderen ethnischen Hintergrund anzusehen.

Die Agenda von Kandidaten mit Migrationshintergrund

Im Sinne der klassischen Repräsentationsforschung sollten Abgeordnete mit Migrationshintergrund Themen und Probleme der eigenen ethnischen Gruppe häufiger ansprechen und sich selbst stärker als Vertreter der eigenen ethnischen Gruppe sehen. Mit Blick auf die am häufigsten genannten politischen Probleme ergeben sich wenige Unterschiede zwischen den beiden Kandidatengruppen. Auch für Kandidaten mit anderem ethnischen Hintergrund ist die Arbeitslosigkeit das mit Abstand dringlichste

Problem, wenn auch mit geringerem Abstand zu anderen Problemen. Häufiger als von den ethnisch deutschen Kandidaten werden der soziale Frieden, Bürokratie und Außenpolitik als Probleme genannt, das Haushaltsdefizit dagegen deutlich seltener. Auf der Grundlage dieser Problemschwerpunkte von einer spezifischen Agenda der Kandidaten mit Migrationshintergrund zu sprechen, wäre voreilig.

Abbildung 2: Repräsentationsfokusse von Parlamentskandidaten (Mittelwerte einer Rangordnung von 1=am wichtigsten bis 5=am wenigsten wichtig)

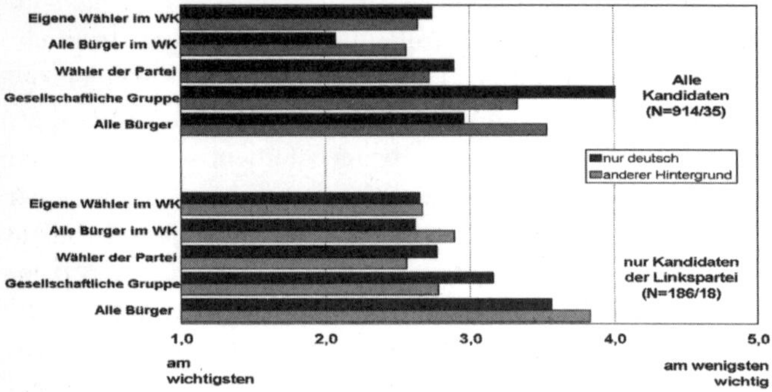

Deutlicher fallen die Ergebnisse auf die Frage nach dem Repräsentationsfokus aus. Die Kandidaten sollten sagen, wen oder was ein direkt gewählter Abgeordneter repräsentieren soll. Als Optionen wurden fünf Möglichkeiten vorgegeben, die in eine Rangfolge gebracht werden sollten: (a) die eigenen Wähler im Wahlkreis, (b) alle Bürger im Wahlkreis, (c) alle Wähler der Partei, (d) eine gesellschaftliche Gruppe und (e) alle Bürger der Bundesrepublik. Die Antwortoption d wurde auch mit Blick auf die Kandidaten mit Migrationshintergrund in den Fragebogen aufgenommen, denn eine der Erwartungen ist, dass bei diesen Kandidaten Sorgen um eine (und vor allem um die eigene) gesellschaftliche Gruppe eine größere Rolle spielen. Und tatsächlich ist für 19 Prozent von ihnen die Gruppenrepräsentation der wichtigste Repräsentationsfokus. Dies sehen lediglich sechs Prozent der Befragten ohne anderen ethnischen Hintergrund so, die Hälfte (50 Prozent) von ihnen ist der Ansicht, eine gesellschaftliche Gruppe zu repräsentieren sei am wenigsten wichtig. Lediglich ein Drittel (33 Prozent) der Kandidaten mit einem anderen ethnischen Hintergrund teilt diese Sicht.[50] Die Tatsache, dass sich die meisten Kandidaten mit Migrationshintergrund bei der Linkspartei finden, ist lediglich ein Faktor für die festgestellten Unterschiede. Wie Abbildung 2 zeigt, ist die Gruppenrepräsentation für die Kandidaten der Linkspartei zwar deutlich wichtiger als für die Kandidaten aller Parteien zusammengenommen, doch auch innerhalb der Linkspartei fallen die Unterschiede zwischen den Kandidaten mit ethnisch deutschem und anderem ethnischen Hintergrund bei dieser Antwortkategorie am höchsten aus.

Bundestagskandidaten mit anderem ethnischen Hintergrund messen der Gruppenrepräsentation nachweislich einen höheren Stellenwert zu als die ‚einheimischen' Kandidaten. Doch kommunizieren sie auch stärker mit den Bürgern und „kümmern" sie sich stärker um sie? Auf Grundlage der Daten der Deutschen Kandidatenstudie 2005 lassen sich diese Erwartungen nicht bestätigen, denn es gibt kaum Unterschiede zwischen den beiden Kandidatengruppen. Andere Ergebnisse könnten sich ergeben, wenn direkt nach der eigenen ethnischen Gruppe gefragt würde, was im Rahmen der Kandidatenstudie vor allem mit Blick auf die große Mehrheit der ethnisch deutschen Kandidaten nicht getan wurde. Wichtiger als für die ethnisch deutschen Kandidaten ist für Kandidaten mit anderem ethnischen Hintergrund aber die Durchsetzung der politischen Interessen der eigenen Wähler. Insofern scheinen ihnen – das legen die Ergebnisse der Deutschen Kandidatenstudie 2005 nahe – politische Inhalte im politischen Prozess wichtiger zu sein als der Kontakt zur Basis.

Abgeordnete mit Migrationshintergrund

Nach gegenwärtigem Forschungsstand wurden 16 Kandidaten mit Migrationshintergrund in den Deutschen Bundestag gewählt, die nicht aus ehemals deutschen Gebieten stammen, ein weiterer rückte in den Bundestag nach (Tabelle 4). Sechs von ihnen wurden allerdings als Deutsche im Ausland geboren und besitzen mehr oder weniger zufällig bzw. nur formal einen Migrationshintergrund. Die klassische erste Einwanderergeneration ist mit sieben Abgeordneten vertreten, die zweite mit weiteren vier Abgeordneten. Es ist nicht völlig auszuschließen, dass es weitere Abgeordnete der zweiten Einwanderergeneration im Deutschen Bundestag gibt, vor allem Kinder von Aussiedlern, die schwer zu identifizieren sind. Hierzu werden in Zukunft stärkere Anstrengungen unternommen – möglicherweise müssen die Angaben in Tabelle 4 dann ergänzt werden.

Trotz dieser Einschränkung hinsichtlich der zweiten Generation sind mit Blick auf Tabelle 4 zwei Ergebnisse festzuhalten. Erstens: Personen mit Migrationshintergrund sind im Deutschen Bundestag unterrepräsentiert. Zweitens: Linke Parteien haben mehr Abgeordnete mit Migrationshintergrund. Beide Ergebnisse werfen weitere Forschungsfragen auf. Liegt diese Unterrepräsentation an den Parteien, an den (potenziellen) Kandidaten oder gar an den Wählern? Wie zuvor gezeigt werden konnte, sind Personen mit Migrationshintergrund bereits als Kandidaten unterrepräsentiert, und dies mit Blick auf die klassischen Migrantengruppen vor allem bei den bürgerlichen Parteien. Daneben finden sich offenbar mehr Kandidaten mit Migrationshintergrund bei den nicht im Bundestag vertretenen Parteien,[51] so dass einige Indizien dafür sprechen, dass die Möglichkeiten für diese Personengruppe, über die etablierten Parteien in den Bundestag zu gelangen, limitiert sind. Die vergleichsweise besseren Chancen bieten sich wohl auf der politischen Linken. Hierauf gibt es auch aus anderen Ländern einige Hinweise.[52]

Tabelle 4: Abgeordnete des 16. Deutschen Bundestags mit Migrationshintergrund (erste und zweite Einwanderergeneration; ohne ehemals deutsche Gebiete)

	CDU/ CSU	FDP	SPD	Grüne	Linke
als Deutsche im Ausland geboren	Carl E. von Bismarck (CH) Uwe Schummer (AUS) Patricia Lips (I)	Hartfrid Wolff (CH) Harald Leibrecht (USA)	Herta Däubler-Gmelin (SVK)		
1. Einwanderergeneration			Lale Akgün (TK) Josip Joratovic (YU)	Ekin Deligöz (TK) Jerzy Montag (PL) Omid Nouripour (Iran)	Hüseyin-Kenan Aydin (TK) Hakki Keskin (TK)
2. Einwanderergeneration (vorläufig)	Michaela Noll (Iran)		Sebastian Edathy (IND)	Josef P. Winkler (IND)	Sevim Dagdelem (TK)
Anteil der Abgeordneten mit Migrationshintergrund	0,4%	0,0%	1,4%	7,8%	5,7%

Nachzutragen ist, dass Kandidaten, die in ehemaligen Rekrutierungsländern für Gastarbeiter geboren wurden, auf den Landeslisten der linken Parteien im Durchschnitt etwas besser positioniert sind als Kandidaten, die in Deutschland geboren wurden. Bei Linkspartei, Grünen und CDU trifft dies auch für Kandidaten zu, die in Aussiedlerländern geboren wurden. Deshalb könnte es möglich sein, dass die Hürde, in der Partei Fuß zu fassen, höher ist, als nachfolgend auf einen akzeptablen und möglicherweise aussichtsreichen Listenplatz zu gelangen. Inwieweit die Kandidaten, ihr Qualifikationsprofil sowie ihre eigenen politischen Präferenzen für die Berücksichtigung innerhalb der etablierten Parteien eine wichtige Rolle spielen, bleibt künftigen Forschungsanstrengungen genauso vorbehalten wie der Einfluss der Wähler auf den Erfolg von Kandidaten mit Migrationshintergrund.[53]

Anmerkungen

1 Die Arbeit an diesem Beitrag wurde von der VolkswagenStiftung gefördert. Ich möchte mich bei Sara Claro da Fonseca vom Wissenschaftszentrum Berlin für den Austausch von Forschungs-Zwischenergebnissen und bei Maike Salzwedel vom MZES für umfangreiche Recherchearbeiten zum Migrationshintergrund von Kandidaten und Abgeordneten bedanken. Teile des Aufsatzes beruhen auf der überarbeiteten Fassung eines Beitrags aus dem Jahr 2003: vgl. Wüst, Andreas M. (2003): Das Wahlverhalten eingebürgerter Personen in Deutschland. In: Aus Politik und Zeitgeschichte, B53/2003, S. 29-38.

2 The Wall Street Journal Europe, No. 160, 19.9.2002, S. A3; FAZ Nr. 259, 7.11.2002, S. 10.

3 Titelseite der BILD vom 14. September 2005.

4 Der Spiegel Nr. 9, 24.2.2003, S. 42.

5 Exakte Zahlen für wahlberechtigte Neubürger liegen zum Zeitpunkt der Abfassung des Manuskripts (Oktober 2006) noch nicht vor. Geht man davon aus, dass Eingebürgerte die gleiche Altersstruktur aufweisen wie alle Deutschen mit Migrationshintergrund, dann sind 67,5 Prozent von ihnen wahlberechtigt.

6 Vgl. u. a. Salentin, Kurt (1999): Die Stichprobenziehung bei Zuwandererbefragungen. In: ZUMA-Nachrichten 45, 1999, S. 115-135.

7 Für Deutschland (Politbarometer 1999) und Heidelberg (lokale Umfrage 1999) repräsentative Daten und Analysen in: Wüst, Andreas M. (2002): Wie wählen Neubürger? Politische Einstellungen und Wahlverhalten eingebürgerter Personen in Deutschland. Opladen. Analysen für die Jahre 2001/02 s. ders. (2003): Das Wahlverhalten eingebürgerter Personen in Deutschland. In: Aus Politik und Zeitgeschichte, B53/2003, S. 29-38. Für die Eingebürgerten des Jahres 2000 in Hamburg repräsentative Kurzanalyse in: Klinger, Thorsten (2001): Politische und gesellschaftliche Partizipation von Eingebürgerten in Hamburg. In: Hamburg in Zahlen IV, 2001, S. 132-135. Vgl. auch Sauer, Martina (2002): Die Einbürgerung türkischer Migranten in Deutschland. In: Goldberg, Andreas/Halm, Dirk/Sauer, Martina (Hrsg.) (2001): Migrationsbericht 2002 des Zentrums für Türkeistudien. Münster, S. 165-228, S. 178 f. und die Daten in: Die Zeit 37, 2003, S. 6.

8 Es ist anzunehmen, dass eine Befragung im Jahr 2005 abermals leicht höhere

Eingebürgertenanteile ergeben hätte. Hier und nachfolgend ist zu berücksichtigen, dass sich sämtliche Angaben auf wahlberechtigte Eingebürgerte beziehen, d.h. Neubürger unter 18 Jahren ausgeschlossen sind.

9 Die Heidelberger Untersuchung des Jahres 1999 ergab, dass insgesamt nur 21 Prozent der Neubürger einen deutschen Schulabschluss vorweisen können; bei Eingebürgerten aus Aussiedlerländern liegt der Anteil sogar unter 10 Prozent, bei eingebürgerten Türken beträgt er über 60 Prozent (vgl. Wüst; Anm. 7, S. 98 ff.).

10 Vgl. Wüst; Anm. 7, S. 103 f.

11 Siehe z.B. Wüst, Andreas M. (2003): Wahlverhalten in Theorie und Praxis: Die Bundestagswahlen 1998 und 2002. In: Oberreuter, Heinrich (Hrsg.) (2003): Parteien und Wahlen in Deutschland – ein kritische Bilanz. München, S. 90-117.

12 Vgl. zur sozialen Integration Eingebürgerter und den weiteren Indikatoren Wüst; Anm. 7, S. 116-125.

13 Es gibt leider wenig systematische und vor allem kaum vergleichende Analysen. Vgl. vor allem Messina, Anthony M. (2006): The Political Incorporation of Immigrants in Europe: Trends and Implications. In: Messina, Anthony M./Lahav, Gallya (Hrsg.) (2006): The Migration Reader: Exploring Politics and Policies. Boulder, S. 470-493; verschiedene Beiträge in: Wiener Hefte zur Migration und Integration in Theorie und Praxis 1(1), 2003; Tillie, Jean (1988): Explaining Migrant Voting Behaviour in the Netherlands. Combining the Electoral Research and Ethnic Studies Perspective. In: Revue Européenne des Migrations Internationales 14 (2), 1988, S. 71-95.

14 Vgl. Messina; Anm. 13, S. 472 mit weiteren Verweisen.

15 Messina; Anm. 13, S. 473.

16 Saggar, Shamit (2001): Race and Representation: Electoral Politics and Ethnic Pluralism in Britain. Manchester, S. 103.

17 De Sipio, Louis (1996): Counting on the Latino Vote. Latinos as a New Electorate. Charlottesville; ders. (2001): Building America, One Person at a Time: Naturalization and Political Behavior of the Naturalized in Contemporary American Politics. In: Gerstle, Gary/Mollenkopf, John (Hrsg.) (2001): E Pluribus Unum? Contemporary and Historical Perspectives on Immigrant Political Incorporation. New York, S. 67-106; Citrin, Jack/Highton, Benjamin (2002): How Race, Ethnicity, and Immigration Shape the California Electorate. San Francisco (Public Policy Institute of California).

18 Vgl. z. B. Schwarz, Thomas (1997): Das neue Wahlrecht für Unionsbürger und seine Inanspruchnahme. In: KommunalPraxis Baden-Württemberg 5/1997.

19 Daten und Analysen auf einer Stichprobe türkischer Nachnamen auf Telefon-CD-ROMs basierend (zur Methodik siehe Sauer; Anm. 7, S. 178 f.), Die Zeit 37, 2003, S. 6.

20 Klinger; Anm. 7, S.132-135.

21 Vgl. hierzu neben De Sipio: Counting on the Latino Vote; Anm. 17, auch Wunderlich, Tanja (2005): Die neuen Deutschen: Subjektive Dimensionen des Einbürgerungsprozesses. Stuttgart.

22 De Sipio: Counting on the Latino Vote; Anm. 17, S. 95.
23 Citrin/Highton; Anm. 17, S. 74-77.
24 Wüst, Andreas M.: Naturalised Citizens as Voters: Behaviour and Impact. In: German Politics 13 (2), S. 341-359, hier S. 349.
25 De Sipio: Counting on the Latino Vote; Anm. 17, S. 65; S. 92.
26 Vgl. hierzu z. B. Faas, Thorsten/Rattinger, Hans (2003): Politische Konsequenzen von Arbeitslosigkeit: Eine Analyse der Bundestagswahlen 1980 bis 2002. In: Wüst, Andreas M. (Hrsg.) (2003): Politbarometer. Opladen, S. 205-254, hier S. 225.
27 Freeman, Gary P./Ögelman, Nedim (1998): Homeland Citizenship policies and the status of third country nationals in the European Union. In: Journal of Ethnic and Migration Studies 24 (4), 1998, S. 769-788.
28 Vgl. z. B. Klingemann, Hans-Dieter et al. (1994): Parties, Policies, and Democracy. Boulder.
29 Wüst, Andreas M. (1995): Vorbild USA? Deutsche Einwanderungspolitik auf dem Prüfstand. Heidelberg (Magisterarbeit); Herbert, Ulrich (2001): Geschichte der Ausländerpolitik in Deutschland. Saisonarbeiter, Zwangsarbeiter, Gastarbeiter, Flüchtlinge. München; Vogel, Dita/Wüst, Andreas M. (2003): Paradigmenwechsel ohne Instrumentenwechsel? Kontinuität und Wandel im Politikfeld Migration. In: Seeleib-Kaiser, Martin/Gohr, Antonia (Hrsg.) (2003): Sozial- und Wirtschaftspolitik unter Rot-Grün. Wiesbaden, S. 265-286.
30 Vgl. z. B. Richard von Weizsäcker (1995): Wer ist der Fremde? Unser Staatsbürgerschaftsrecht muss dringend reformiert werden. In: Die Zeit 11, 1995, S. 16.
31 Dies betrifft insbesondere die Zeit, die nötig ist, damit sich solche Bindungen entwickeln und von einer Generation auf die nächste übertragen werden; vgl. Falter, Jürgen W./Schoen, Harald/Caballero, Claudio (2000): Dreißig Jahre danach: Zur Validierung des Konzepts „Parteiidentifikation" in der Bundesrepublik. In: Klein, Markus et al. (Hrsg.) (2000): 50 Jahre Empirische Wahlforschung in der Bundesrepublik Deutschland. Wiesbaden, S. 235-271.
32 Vgl. z.B. Wüst; Anm. 11, S. 108.
33 Vgl. Roth, Dieter/Wüst, Andreas M. (2006): Abwahl ohne Machtwechsel: Die Bundestagswahl 2005 im Lichte langfristiger Entwicklungen. In: Jesse, Eckhard/Sturm, Roland (Hrsg.) (2006): Bilanz der Bundestagswahl 2005: Voraussetzungen, Ergebnisse, Folgen. Wiesbaden, S. 43-70, hier S. 55.
34 Siehe hierzu auch Korneluis, Bernhard (2003): Politbarometer-Praxis: Die Trendwende vor der Bundestagswahl 2002. In: Wüst, Andreas M. (Hrsg.) (2003): Politbarometer. Opladen, S. 65-80, hier S. 75-77.
35 Vgl. hierzu bereits Wüst; Anm. 24, S. 356 f.
36 Vgl. hierzu u.a. Wüst; Anm. 7, S. 189-216; ders. (2003): Eingebürgerte als Wähler. In: Wiener Hefte 1(1), 2003, S. 113-126, hier S. 122-125.
37 Wüst; Anm. 7, S. 147 ff. und S. 189 ff.
38 Vgl. Campell, Angus et al. (1960): The American Voter. New York, S. 146-148; Russell J. Dalton (2002): Citizen Politics. New York 20023, S. 175-180.
39 Vgl. Messina; Anm. 13.
40 Vgl. Claro da Fonseca, Sara (2003): Neue Bürger – Neue Kandidaten? Die Par-

teien im Wettstreit um Migrantenstimmen. In: WZB-Mitteilungen 114, Berlin 2006.

41 Vgl. Bade, Klaus J./Oltmer, Jochen (2004): Normalfall Migration. Bonn, S. 57.

42 Vgl. Pitkin, Hanna F. (1967): The Concept of Representation. Berkeley.

43 Vgl. hierzu grundlegend: Philipps, Anne (1995): The Politics of Presence. Oxford sowie Jane Mansbridge (1999): Should Blacks Represent Blacks and Women Represent Women? A Contingent „Yes". In: Journal of Politics 61 (3), 1999, S. 628-657; dies. (2004): Rethinking Representation. In: American Political Science Review 97 (4), 2004, S. 515-528.

44 Vgl. z.B. Abney, Glenn F./Hutcheson, John D. (1981): Race, Representation, and Trust: Changes in Attitudes After the Election of a Black Mayor. In: Public Opinion Quarterly 45 (1), 1981, S. 91-101.

45 Vgl. bspw. Norris, Pippa/Lovenduski, Joni (1995): Political Recruitment. Gender, Race and Class in the British Parliament. Cambridge.

46 Vgl. Herzog, Dietrich et al. (1990): Abgeordnete und Bürger: Ergebnisse einer Befragung der Mitglieder des 11. Deutschen Bundestages und der Bevölkerung. Opladen, S. 19.

47 Vgl. z. B. Gay, Claudine (2002): Spirals of trust? The Effect of Descriptive Representation on the Relationship Between Citizens and Their Government. In: American Journal of Political Science 46 (4), 2002, S. 717-733.

48 Vgl. Gay, Anm. 47, S. 729; Fenno, Richard F. (2003): Going Home. Black Representatives and Their Constituents. Chicago, S. 261; Lublin, David (1997): The Paradox of Representation. Racial Gerrymandering and Minority Interests In: Congress. Princeton, S. 72-97.

49 Weitere Informationen zur Deutschen Kandidatenstudie 2005 finden sich im Internet: http://www.mzes.uni-mannheim.de/projekte/gcs/.

50 Die Unterschiede sind statistisch signifikant (chi2-Test; $p < 0{,}01$).

51 Claro da Fonseca, Sara (2006): Immigrant Constituencies as a Political Challenge. Vortrag auf der Jahrestagung der APSA 2006 (http://www.wz-berlin.de/zkd/dsl/pdf/APSA2006_SCF.pdf).

52 Vgl. z.B. Messina; Anm. 13; Kittilson, Miki C./Tate, Katherine (2004): Political Parties, Minorities and Elected Office: Comparing Opportunities for Inclusion in the U.S. and Britain. In: Center for the Study of Democracy, Paper 04-06, 2004, Irvine: University of California [http://repositories.cdlib.org/csd/04-06/].

53 Ergebnisse aus anderen Ländern sind hier alles andere als eindeutig. Vgl. Bergh, Johannes/Bjørklund, Tor (2003): The Political Representation of Immigrants in Oslo and Copenhagen: A Study of Electoral Systems and Voting Behavior. In: Brochmann, Grete (Hrsg.) (2003): The Multicultural Challenge. Amsterdam, S. 101-121.

Thomas Straubhaar

Wirtschaftliche Folgen der Zuwanderung

Weltweite Zunahme der Migration

Migration ist weltweit zu einem zentralen Thema von Politik, Gesellschaft und Wirtschaft geworden. Die Global Commission on International Migration (GCIM) hat Ende 2005 ihren Abschlussbericht publiziert. Weltbank, Internationaler Währungsfonds, verschiedene Unterorganisationen der UN, die Kommission der Europäische Union (EU), die OECD, die Internationale Arbeitsorganisation (ILO) oder die Internationale Migrationsorganisation (IOM) veröffentlichen regelmäßig eine Vielzahl von Migrationsberichten, thematisch einschlägige Outlooks, Reports und Dokumente. In Deutschland sind nach dem Bericht der Unabhängigen Kommission „Zuwanderung" (Süssmuth-Bericht) oder dem Jahresgutachten des Sachverständigenrates für Zuwanderung und Integration verschiedene Bundesministerien und Bundesämter aktiver geworden. So hat Anfang Juli 2006 das Bundesamt für Migration und Flüchtlinge (BAMF) im Auftrag der Bundesregierung den „Migrationsbericht 2005" vorgelegt.

Es gibt also zum Thema Zuwanderung viel zu sagen. Und das ist auch richtig so. Denn die internationale Migration hat in den beiden letzten Dekaden enorm zugenommen (vgl. Kasten).

Viele oder wenige Zuwanderer?

Knapp 200 Millionen Menschen dürften heute in einem anderen als ihrem Heimatland leben. Das sind wenige, nämlich nur gut 3 Prozent, wenn man die Weltbevölkerung von rund 6,3 Milliarden als Maßstab nimmt. Es sind viele, wenn man die 200 Millionen als absolute Zahl betrachtet. Dann entspricht das Volk der Wandernden etwa der Einwohnerzahl Brasiliens, dem – bezogen auf die Bevölkerung – fünftgrößten Land der Erde. Die 200 Millionen Ausländer sind sogar sehr viele, wenn man einen Blick zurück in die Vergangenheit wirft. 1980 lebten erst rund 100 Millionen Menschen im Ausland. Seither hat sich diese Zahl also verdoppelt. Dabei spielt allerdings eine ausschlaggebende Rolle, dass die Sowjetunion, die Tschechoslowakei und Jugoslawien in einzelne Teile zerbrachen. Ohne eigenes Dazutun und ohne grenzüberschreitende Wanderung wurden auf dem politischen Reißbrett Inländer über Nacht zu Ausländern. Eine Metamorphose übrigens, die in den letzten 200 Jahren immer wieder eine sehr bedeutende Rolle spielte: Durch politische Änderungen der Staatsgebiete dürften mehr Grenzen über Menschen als Menschen über Grenzen gewandert sein!

Ein Trend, der auch künftig anhalten wird. Die grenzüberschreitende Wanderung wird in den kommenden Jahren eher stärker als schwächer werden, sie dürfte eher rascher als langsamer verlaufen, und sie wird eher größere als geringere Herausforderungen für die Aufnahmeländer mit sich bringen. Auf der Suche nach einem besseren Leben anderswo werden Menschen über immer längere Distanzen wandern. Sie kommen somit aus immer weiter entfernten Regionen. Dadurch werden die Unterschiede zwischen Aufnahmegesellschaft und Zuwandernden sowohl sprachlich, kulturell, sozioökonomisch wie auch bezüglich der gemeinsamen Werte, Normen und Moralvorstellungen zunehmen. Somit stellt sich noch einmal ausgeprägter die Frage, welche ökonomischen Folgen die Zuwanderung von Menschen verursachen. Davon soll im Folgenden die Rede sein.

Im Eingangskapitel „Zuwanderung und Effizienz“ wird von einer relativ abstrakten neoklassischen Gleichgewichtswelt ausgegangen, in der Einwanderer auf ihre Funktion als Produktionsfaktoren reduziert werden, die sich auf perfekten Arbeitsmärkten bewegen. Das Folgekapitel „Zuwanderung und Wachstum" führt die ökonomische Logik zunächst weiter und analysiert die langfristigen Auswirkungen der Migration, beginnt dann aber am vollkommenen Modell zu kratzen, in dem Ungleichgewichtsprozesse nicht mehr per Annahme ausgeschlossen bleiben. Der dritte Abschnitt „Zuwanderung und Verteilung" erweitert die ökonomische Analyse um die distributive Dimension. Das vierte Kapitel „Zuwanderung und Sozialstaat" zeigt auf, dass die Effekte der Migration wesentlich verändert werden, je nachdem wie weit mit sozialpolitischen Instrumenten und über Steuern und Transfers in die primäre Verteilung der Einkommen als Folge von Marktprozessen eingegriffen wird. Der fünfte Abschnitt schließlich soll deutlich machen, dass es letztlich politisch-ökonomische Spannungsfelder sind, die über die Beurteilung der Frage entscheiden, ob „mehr" Zuwanderung mehr oder weniger Probleme verursacht.

Zuwanderung und Effizienz

Für die sich auf Adam Smith berufenden Ökonomen bestehen bei der Beurteilung der Zuwanderung keine Zweifel: Migration ist positiv zu bewerten. Sie fördert den „Reichtum der Nationen". Einwanderung beseitigt einen (relativen) Mangel im Aufnahmeland. Auswanderung verringert einen (relativen) Überschuss im Herkunftsland. Migration ist somit nicht mehr als ein vorübergehendes, also temporäres Arbitragephänomen. Sie verhindert ein Abweichen von der Messlatte ökonomischer Effizienz, nämlich dem „Gesetz des einheitlichen Preises" („The Law of one Price" im Güter- und das „Faktorpreis-Ausgleichstheorem" im Faktormarkt). Die ökonomische „Benchmark" der (statischen, allokativen) Effizienz besagt, dass (handelbare) Güter überall in der Welt mehr oder weniger gleich viel kosten müssten und die reale Kaufkraft der Stundenlöhne für identische Arbeit weltweit ähnlich sein sollte.

Migration korrigiert Marktunvollkommenheiten, die nicht durch Güterhandel oder Kapitaltransfers beseitigt werden können. Beispielsweise gibt es nicht-handelbare Güter, wie Erzlager, Kraftwerke, bereits gebaute Fabrikanlagen oder natürliche Landschaften, die sich kaum oder überhaupt nicht verschieben lassen. Dann ist es billiger, Menschen zum Arbeitsplatz als Arbeitsplätze zu den Menschen zu bringen. Hat Migration – zusammen mit dem Güterhandel oder Kapitalinvestitionen – dafür gesorgt, dass nach Abschluss aller Anpassungsvorgänge früher oder später überall das „Gesetz des einheitlichen Preises" erfüllt ist, werden die Anreize für weitere grenzüberschreitende Wanderungsprozesse verschwinden und die Migration kommt an ein Ende. Anders gewendet: Die Folgen der Migration beseitigen die Ursachen der Migration.

Zusammengenommen ist in einer ökonomischen Modellwelt die Zuwanderung von Arbeitskräften für das Zielland makroökonomisch positiv. Wie Freihandel auf Gütermärkten ist eine freie Wanderung der Arbeitskräfte eine unabdingbare Notwendigkeit, um das Sozialprodukt zu maximieren. Migration hilft, Ungleichgewichte auf dem Arbeitsmarkt einzuebnen. Mehr Migration ist somit in der Regel besser als weniger Migration.

Zuwanderung und Wachstum

Seit Gunnar Myrdals „kumulativen (zirkulären) Teufelskreisen" und Alfred Hirschmans „sich selbst verstärkenden Polarisierungseffekten" wird Migration nicht als ausgleichendes Regulativ oder kurzfristiges Arbitragephänomen verstanden, sondern als selbst verstärkende Ursache für ein beschleunigtes Auseinanderklaffen der wirtschaftlichen Entwicklung von armen Auswanderungs- und reichen Einwanderungsländern. Der Grund dafür, dass Zuwanderung nicht zu Konvergenz, sondern Divergenz führt, liegt darin, dass in der Realität in aller Regel die jüngeren, besser qualifizierten, risikofreudigeren Menschen das Land verlassen und die älteren, schlechter qualifizierten und weniger dynamischen

Verwandten und Angehörigen zurückbleiben. Im Aufnahmeland wird der Pool an leistungsfähigen Arbeitskräften vergrößert, in den Herkunftsländern trocknet er aus. Deshalb spricht man oft von „Brain Gain" bzw. „Brain Drain".

Zuwanderung erhöht das verfügbare Humankapital. Dadurch steigt die Kapitalrentabilität, und das wirtschaftliche Wachstum wird stimuliert. Sich selbst verstärkende Effekte fördern diese Wachstumsspirale zusätzlich: So ist die Wahrscheinlichkeit positiver externer Effekte bei höher qualifizierten Zuwanderern besonders hoch. Dadurch steigt auch das Grenzprodukt der komplementären einheimischen Arbeitskräfte. Als Beispiel mag die osteuropäische Fachärztin dienen, die in einem deutschen Krankenhaus arbeitet. Es kann sein, dass erst sie es ermöglicht, dass bestimmte Operationen an Ort und Stelle durchgeführt werden können. Dank der Verfügbarkeit über das spezielle Wissen der ausländischen Medizinerin behalten dann auch deutsche Pfleger, Bettenmacher und Reinigungshelfer ihren Job. Um das Krankenhaus werden sich möglicherweise Dienstleistungsbetriebe niederlassen, die in der einen oder andern Weise Vorleistungen erbringen, Patienten und ihre Angehörigen mit Konsumgütern oder Hilfeleistungen versorgen, Therapien anbieten oder sogar komplexe Forschung und Labortests durchführen. Das wird in der einen oder anderen Weise Innovationen anregen und damit das Wachstum zusätzlich stimulieren.

Zusammengefasst ergibt sich, dass in einer dynamischen Sicht Migration sehr wohl Zentralisierungsprozesse verschärfen kann. Internationale Wanderungen führen tendenziell zu einer verstärkten Konzentration der Bevölkerung und des Kapitals auf so genannte „dynamische Zentren", die ihre (absoluten) komparativen Vorteile als Produktionsstandorte durch die Zuwanderung festigen können. Dadurch wird es möglich, dass Migration das regionale Wachstum in weniger entwickelten peripheren Gebieten hemmt und das Wirtschaftswachstum in dynamischen Zentren fördert.

Zuwanderung und Verteilung

Die Krux der Migration liegt darin, dass das ökonomische Modell zunächst nichts darüber aussagt, wer denn die Effizienzgewinne der Zuwanderung einstreichen kann. Während die Volkswirtschaft insgesamt gewinnt, werden nicht alle Beteiligten zu den Gewinnern gehören. Durch die Zuwanderung wird ein Strukturwandel ausgelöst, der langfristig zwar dringend notwendig ist und der erlaubt, die durchschnittliche Produktivität zu erhöhen, von dem aber nicht alle Einheimischen gleichermaßen positiv betroffen sind. Einige werden möglicherweise sogar aus dem Arbeitsmarkt verdrängt. Es ergeben sich politisch-ökonomische Spannungsfelder zwischen Interessengruppen der Gewinner und der (relativen) Verlierer. Vereinfacht auf den Punkt gebracht,

- gewinnen alle Einheimischen, die im Produktionsprozess Aufgaben erfüllen, die komplementär sind zu den Tätigkeiten der Zuwandernden, und es
- verlieren alle Einheimischen, die im Produktionsprozess dieselben Aufgaben erfüllen, die nun von den Zuwandernden erledigt werden können.

Werden beispielsweise im deutschen Arbeitsmarkt fehlende Informatiker(innen) im Ausland angeworben, werden in der Tendenz die Löhne jener deutschen Spezialistinnen und Spezialisten sinken, die mehr oder weniger denselben Job erfüllen. Hingegen profitieren komplementäre einheimische Produktionsfaktoren (begonnen beim Putzpersonal und aufgehört bei den Arbeit gebenden Firmen). Dank den zuwandernden IT-Spezialisten steigt deren Arbeitsproduktivität.

Je einfacher einheimische durch einwandernde Arbeitskräften ersetzbar sind, desto härter werden die Anpassungserfordernisse. Bei gut funktionierenden Arbeitsmärkten wird durch die Zuwanderung ein Druck auf die Reallöhne ersetzbarer einheimischer Arbeitskräfte ausgeübt (was die direkt Betroffenen negativ beurteilen, was aber für die übrige Wirtschaft positiv ist). Bei schlecht funktionierenden Arbeitsmärkten wird die Arbeitslosigkeit ansteigen.

In der Realität (und ganz besonders in der deutschen Wirklichkeit!) ist es möglich, dass Zuwandernde einheimische Arbeitskräfte aus dem Arbeitsmarkt in die Erwerbslosigkeit drängen. Allerdings ist dann die Zuwanderung (in der Regel) nicht die Ursache der Arbeitslosigkeit, sondern lediglich ein relativ offensichtlicher Beleg für die fehlende berufliche und räumliche Mobilität und Flexibilität der Einheimischen. Oder: Nicht die Migration der Ausländer, sondern die fehlende (berufliche oder räumliche) Mobilität der Einheimischen verursacht die Arbeitslosigkeit!

Immobilität mag zwar mikroökonomisch durchaus attraktiv scheinen. Makroökonomisch hat sie jedoch den Charakter eines „Luxusgutes". Immobilität hat ihren volkswirtschaftlichen Preis, da sie eine rasche und flexible Anpassung an geänderte Rahmenbedingungen verzögert. Des Öfteren ließen sich halt Menschen transaktions- und kostengünstiger zu bestehenden Fabrikationsanlagen bringen als neue Investoren für neue Produktionsanlagen zu finden sind. In Zeiten eines sehr raschen Strukturwandels sind die makroökonomischen Kosten der Immobilität in Form steigender struktureller Arbeitslosigkeit besonders augenfällig.

Gerade für Westeuropa und vor allem für Deutschland ist der Mangel an beruflicher aber auch räumlicher Mobilität eine fundamentale Ursache der hohen Beschäftigungslosigkeit. Vielfach ist nicht ein Zuviel an Migration, sondern ein Zuwenig an Mobilität das eigentliche Problem. Der Zugriff auf ausländische Arbeitsmärkte hilft hier, regionale oder sektorale Arbeitsmarktungleichgewichte zu überwinden.

Wenn sich viele Deutsche den Luxus von Immobilität und Sesshaftigkeit leisten können und wollen (weil für sie die mikroökonomischen Vorteile der Immobilität überwiegen), bietet sich an, Menschen von außen als Ersatz für die makroökonomisch erforderliche Mobilität sorgen zu lassen. Oft ist die internationale Wanderung von Arbeitskräften nicht mehr als eine Anpassungsreaktion auf ineffizient gesetzte staatliche Regulierungen in anderen (Güter- und Kapital-)Märkten oder auf dem nationalen Arbeitsmarkt selber. Beispielsweise sind ausländische Arbeitskräfte weit stärker bereit, schmutzige, schlecht bezahlte Jobs anzunehmen, nachts und sonntags zu arbeiten – eine Flexibilität, die Einheimischen oft aufgrund historisch überlebter Arbeitsmarktregulierungen und Tarifverordnungen verbaut ist. Zuwanderung ermöglicht somit eine verbesserte Allokation der Arbeitskräfte. Menschen haben in höher entwickelten Volkswirtschaften die Wahl zwischen eigener Mobilität und Flexibilität oder der Einwanderung von außen. Einwanderung ersetzt somit die fehlende Mobilität der einheimischen Bevölkerung (dazu gehören auch die fehlende berufliche Mobilität sowie eine fehlende Lohnflexibilität).

Je ausgeprägter die Diskrepanz zwischen

- den (makroökonomischen) Mobilitätserfordernissen, die ein immer schneller werdender Strukturwandel einfordert, und
- der (mikroökonomischen) Mobilitätsbereitschaft, die sich die Einheimischen zumuten wollen,

desto wichtiger wird es, dass Ausländer(innen) für das notwendige Maß an Mobilität und Flexibilität in einer Volkswirtschaft sorgen. So gesehen, ist gerade Einwanderung im verkrusteten Arbeitsmarkt das Kosten senkende „Schmieröl" des makroökonomischen Strukturwandels.

Zuwanderung und Sozialstaat

Zuwandernde Menschen konkurrieren mit Einheimischen um

- Sozialleistungen, die direkt über Beiträge oder indirekt über Steuergelder finanziert werden, und um
- die Nutzung öffentlicher Güter (Rechtsrahmen, Justizwesen, innere und äußere Sicherheit), Infrastrukturanlagen (Verkehrs-, Telekommunikations- und Energienetze) und Dienstleistungen (Gesundheits-, Bildungswesen), die allen zur Verfügung stehen und die direkt über Abgaben und Gebühren oder indirekt über Steuern finanziert werden.

Damit wird die Frage zentral, wieweit Einwandernde Sozial- und Fürsorgeleistungen sowie öffentliche Güter durch den Staat beziehen und diese über Steuern, Abgaben und Gebühren auch mitfinanzieren. Wer subventioniert im Saldo wen: die Ausländer die Einheimischen oder umgekehrt? Oder anders ausgedrückt: Profitieren oder verlieren die einheimischen Sozialkassen durch die Zuwanderung?

Die Frage nach dem Sozialkasseneffekt der Zuwanderung ist ex ante nicht eindeutig zu beantworten. Allein eine empirische Überprüfung liefert hier genauere Erkenntnisse. Gerade die Empirie bietet aber gewaltige Methoden- und Datenprobleme. Teile des Transfersystems lassen sich nur mit sehr rudimentären Schätzwerten abbilden. Entsprechend fragmentarisch und widersprüchlich sind dann auch bisherige Ergebnisse. Speziell die Vernachlässigung der Rentenversicherung und der dynamischen Wachstumseffekte geben Anlass zu Diskussionen über die Aussagekraft der empirischen Resultate. Zudem sind die Berechnungen zu sehr raum- und zeitbezogen, um sie zu verallgemeinern.

In der Regel ist der Sozialkasseneffekt der Zuwanderung an den Konjunkturzyklus des Aufnahmelandes gekoppelt. Er ist eng mit den Möglichkeiten verbunden, die den Zuwandernden auf dem Arbeitsmarkt sowohl konjunkturell als auch einwanderungsrechtlich offenstehen. Nicht zuletzt sind Aufenthaltsdauer und damit eng verbunden der Integrationserfolg in die Aufnahmegesellschaft wichtig (vgl. Kasten).

Die erfolgreiche Integration Jugendlicher mit Migrationshintergrund ist von fundamentaler Bedeutung

Die PISA-Studie (Programme for International Student Assessment) hat die Schwierigkeiten von Schülerinnen und Schülern mit Migrationshintergrund im deutschen Bildungssystem offengelegt. Obwohl in Deutschland sehr viel öffentliches Geld ausgegeben wird, um ausländische Kinder besser in das deutsche Schulsystem zu integrieren, ist das Ziel der Chancengleichheit für Jugendliche mit Migrationshintergrund bis anhin bei weitem verfehlt worden. Das ist aus zwei Gründen eine Fehlentwicklung, die schleunigst zu korrigieren ist.

Erstens sind die ausländischen Kinder vielfach hoch motiviert. Sie scheitern jedoch oft nicht intellektueller, sondern sprachlicher Defizite wegen. Es ist unbestritten, dass bei ausländischen Kindern die Förderung des Deutschen als Zweitsprache umso erfolgreicher ist, je früher mit der Sprachförderung begonnen wird. Somit kommt Kindergärten und Vorschulen eine wichtige Rolle zu, die „Sprachlosigkeit" nichtdeutschsprachiger Kinder frühzeitig zu beheben. „Mehrsprachigkeit sollte ein bewusster Bestandteil des Kindergartenalltags werden. Hierzu ist eine entsprechende Ausbildung der Erzieherinnen notwendig. Aufgebaut werden kann dabei auf bereits vorhandenen Kompetenzen von Erzieherinnen mit Migrationshintergrund, die in größerer Zahl eingestellt werden sollten", so hat es der Sachverständigenrat für Zuwanderung und Integration in seinem Jahresgutachten 2004 zu Recht gefordert. Würden Jugendliche mit Migrationshintergrund besser integriert, wäre „automatisch" das in Deutschland verfügbare Humankapital größer. Dieser Zugewinn ist gerade mit Blick auf die demographische Alterung unverzichtbar. Oder anders formuliert: es ist in jeder Beziehung eine kostengünstigere und damit effizientere Strategie, die bereits in Deutschland lebenden Ausländer(innen) der zweiten und dritten Generation besser in die deutsche Gesellschaft und Arbeitswelt zu integrieren, als Probleme der demographischen Alterung durch Zuwanderung „neuer" Ausländer(innen) beheben zu wollen.

Zweitens wirkt sich eine bessere Integration von Kindern und Jugendlichen mit Migrationshintergrund später positiv für die öffentlichen Haushalte aus. Besser integrierte Ausländer(innen) werden eher eine Beschäftigung finden. Somit werden sie auch Steuern und Abgaben entrichten. Schlechter integrierte Ausländer(innen) werden die Staatshaushalte in mehrfacher Form belasten. Einfacher ausgedrückt: es ist kostengünstiger in jungen Jahren Jugendliche mit Migrationshintergrund gezielt zu fördern, anstatt in späteren Jahren die Folgen einer misslungenen Integration finanzieren zu müssen.

Offensichtlich ist, dass Migration für den Sozialstaat dann zum Problem werden kann, wenn zu leicht, zu großzügig und zu unspezifisch flächendeckend Sozialtransfers über zu viele ausgeschüttet werden. Eine zu weit gehende Entkoppelung von früheren Leistungen an spätere Ansprüche (Zahlungen) verschärft das Problem. Dann sind die Migrationsprobleme jedoch oft nicht spezifische Probleme der Migration, sondern generelle Probleme des Sozialstaates!

Zuwanderung und Politik

Zum Urteil über die Zuwanderung tragen auch Agglomerations- oder Ballungseffekte sowie Verdrängungseffekte bei. Dabei geht es weniger um objektive gesamtwirtschaftliche Belastungen als weit stärker um subjektive individuelle Betroffenheiten. Denn in der Regel sind es nicht die wenigen Zuwandernden, die zu verstopften Straßen, überfüllten Krankenhäusern oder schlechten Schulen führen. Wenn aber in urbanen Brennpunkten die Kriminalität der Ausländer tatsächlich höher ist als jene der Einheimischen, oder wenn in sozialen Spannungsgebieten die Zahl ausländischer Schüler jene der Einheimischen weit übersteigt, dann wird sich eine generelle Stimmung gegen die Zuwanderung insgesamt mobilisieren lassen.

Wenn die Zuwanderung gesamtwirtschaftlich positiv ist, aber einzelne Teile der Gesellschaft verlieren (oder subjektiv glauben, sie würden verlieren), wird es letztlich eine politisch-ökonomische Frage, wieweit Zuwanderung schrankenlos möglich oder durch rechtliche und administrative Hemmnisse erschwert wird.

Die „Logik des kollektiven Handelns“ hilft zu erklären, wieso sich die Interessen von wenigen negativ Betroffenen gegen die Interessen der vielen Profiteure der Zuwanderung oft in weiten Teilen durchsetzen können: Die relativ wenigen durch die Zuwanderung relativ stark negativ betroffenen Einheimischen lassen sich leichter und wirkungsvoller organisieren als die relativ größere Masse der positiv Betroffenen, die aufgrund der individuell doch geringen Vorteile eher zum „Trittbrettfahren“ neigen dürften. Entsprechend der unterschiedlichen Interessenlage werden Zuwanderungsbeschränkungen stärker ausfallen, als es gesamtwirtschaftlich effizient wäre.

Eine Kompensation der Zuwanderungseffekte durch eine Entschädigungszahlung der Gewinner an die Verlierer würde das makroökonomisch ineffiziente Ergebnis korrigieren. Hier könnte eine politisch-ökonomische Rechtfertigung für Transferleistungen der „profitierenden“ Produktionsfaktoren (Kapital, Fachkräfte) an die „verlierenden“ Arbeitskräfte (weniger Qualifizierte) liegen.

Der westeuropäische Sozialstaat hatte nicht zuletzt unter anderem die Aufgabe (in der Vergangenheit durchaus gut) erfüllt, zwischen Verlierern und Gewinnern einer Öffnung der nationalen Arbeitsmärkte eine Kompensation herbeizuführen. Hier zeigt sich jedoch mit und durch die Globalisierung ein fundamentaler Wandel:

- Leistungsfähige Steuerzahler können leichter und schneller abwandern, sei es als Person, sei es als Unternehmen, oder sei es schlicht funktional durch eine Verlagerung von Arbeitsplätzen ins Ausland.
- Wirtschaftlich schwächere Empfänger der Transferleistungen kommen in ein Dilemma. Sie müssen entweder geringere Sozialleistungen in Kauf nehmen oder aber bereit sein, mehr Migration zuzulassen, um so bessere Voraussetzungen für mehr Effizienz zu schaffen.

Die zunehmende Bereitschaft innerhalb der Europäischen Union, die Nationalisierung der Arbeitsmärkte und die Restriktionen der Einwanderung zumindest etwas zu lockern, sind Zeichen dafür, dass die Globalisierung die Anti-Immigrationsströmungen im politisch-ökonomischen Spannungsfeld geschwächt hat, weil nun das Drohpotenzial der Abwanderung glaubwürdiger und die Kosten einer Marktabschottung zu groß geworden sind (vgl. Kasten).

Das Punktesystem als zentraler Selektionsmechanismus

Das deutsche Zuwanderungsgesetz von 2005 schafft für eine ökonomisch sinnvolle Auswahl von Ausländern keine Basis. Der Verzicht auf den Auswahlmechanismus eines Punktesystems ist schade, weil gerade das Punktesystem (das ja nur in Kombination mit der Festlegung von Zuwanderungsquoten seine Wirkung entfalten kann) die echte politische Kompromisslösung darstellen würde. Das Punktesystem erlaubt, mit einem Instrument gleichzeitig zwei Ziele zu erfüllen: das Begrenzungsziel ebenso wie das Steuerungsziel. Der große Irrtum liegt in der Meinung, mit dem Punktesystem würden Tür und Tor nach Deutschland weit geöffnet und die Politik verlöre die in der Tat fundamentale Kompetenz, die Grenzen dicht zu machen, wann immer sie glaubt, die Zuwanderung stoppen zu müssen. Das Gegenteil ist der Fall. Das Punktesystem belässt der Politik die Möglichkeit, jederzeit die legale Zuwanderung nach Deutschland vollständig zu stoppen, bietet aber zusätzlich der Politik ein hohes Maß an Flexibilität, die gewünschte Zuwanderung nach wirtschaftlichen Gesichtspunkten steuern zu können.

Das Punktesystem ist zunächst einmal ein Begrenzungssystem. Der erste Schritt besteht nämlich darin, dass die Politik Jahr für Jahr von neuem eine Quote festlegen müsste, die zuallererst verbindlich bestimmt, wie viele Menschen legal nach Deutschland einwandern dürfen. Selbstredend kann auch eine Quote von Null als angemessen und richtig erachtet werden, was im Klartext nichts anderes bedeutet als ein Zuwanderungsstopp. Es ist somit offensichtlich, dass ein Punktesystem mit jedem Niveau der politisch gewünschten legalen Zuwanderung vereinbar ist. Punktesystem und Begrenzung der Zuwanderung sind nicht unversöhnliche Gegensätze, sondern harmonische Ergänzungen!

Erst wenn der jährliche Zuwanderungsspielraum politisch bestimmt wurde, kommt das Punktesystem zur Geltung. Das Punktesystem sorgt nämlich nun für eine aus ökonomischer Sicht optimale Selektion. Es funktioniert umso besser, je einfacher und transparenter die Kriterien sind und je mehr darauf verzichtet wird, all zu viel im Voraus regulieren zu wollen. Es ist eine Illusion zu glauben, die Selektion ließe sich zielgenau nach einzelnen Berufen vornehmen. Einwanderungswillige sollten aufgrund der Kriterien Qualifikation, Alter und Sprachkenntnisse in eine Warteschlange eingeteilt werden. Soweit die Quote reicht, erhalten dann die zuvorderst Stehenden das Recht, nach Deutschland einzuwandern.

Ein Punktesystem bietet die Möglichkeit, eine ökonomisch sinnvolle Auswahl der Zuwanderungsberechtigten vorzunehmen. Es schafft einfache und klare rechtliche Regeln für die Arbeitsmigration. Es erlaubt, zweckmäßig und flexibel auf sich ändernde Gegebenheiten auf dem Arbeitsmarkt zu reagieren. Mit einem Punktesystem vergrößert sich der migrationspolitische Gestaltungsspielraum für Politik, Wirtschaft und Gesellschaft.

Zusammengefasst sind neben den ökonomischen Konsequenzen der Einwanderung ebenso die sozialen und (verteilungs-)politischen Folgen mit zu berücksichtigen. Letztere werden umso augenfälliger, je mehr gegen Ende des 20. Jahrhunderts Asylsuchende und Flüchtlinge aus Kriegs- und Bürgerkriegsregionen die europäischen Migrationsstatistiken zu prägen begannen. Gerade für europäische Wohlfahrtsstaaten erlangte eine Faustregel Gültigkeit, die auch in klassischen Einwanderungsländern wie den USA ihren Niederschlag fand: Wo kein Sozialstaat ist, da sind auch keine Migrationsprobleme! Ökonomische Migrationsprobleme entstehen vor allem dann, wenn mit sozialpolitisch motivierten (re-)distributiven Maßnahmen das allokative Marktergebnis (zu stark) korrigiert wird. Einwanderer beeinflussen das politisch-ökonomische Spannungsfeld und verändern für viele Einheimische die (sozial- bzw.) finanzpolitische Budgetinzidenz. Die Bewertung der Migrationsfolgen ist damit in ganz besonderem Maße durch politisch-ökonomische Interessengruppen geprägt.

Bedeutet mehr Zuwanderung mehr oder weniger Probleme?

Wird Bilanz gezogen, zeigt sich, dass für die einheimische Bevölkerung Einwanderung insgesamt positiv zu bewerten ist. Kurzfristig unterstützt sie die Anpassungsprozesse an einen immer rascheren Strukturwandel. Langfristig stimuliert sie das wirtschaftliche Wachstum. Vor allem wenn dank der Zuwanderung positive Externalitäten entstehen, beispielsweise in Form eines „Brain Gains".

Eine politisch-ökonomische Spannung entsteht durch die ungleiche subjektive, aber auch objektive Betroffenheit durch die Zuwanderungseffekte. Die Vorteile der Einwanderung sind anonymisiert. Sie werden nicht wissentlich wahrgenommen. Sie kommen der Gesellschaft insgesamt mehr oder weniger gleichmäßig verteilt zugute, ohne dass die Urheber bekannt sind, etwa so, wie auch die täglichen Vorteile einer gut funktionierenden Rechtsordnung als selbstverständlich genommen werden und sich kaum jemand mehr darum bemüht, sie ständig hervorzuheben.

Ganz anders beurteilen arbeits- oder wohnungssuchende Einheimische die Einwanderung. Aus ihrer direkten Betroffenheit erkennen sie im Ausländer (in der Ausländerin) eine direkte Konkurrenz um Arbeitsplätze oder Wohnraum. Wer einen Job oder eine Wohnung an einen Ausländer verliert, wird sich wenig für die anonymen Vorteile für alle interessieren. In einer verständlichen Angst um Arbeitsplätze, auf der oft vergeblichen Suche nach billigen Wohnungen und mit Blick auf die Kriminalitätsstatistik stehen viele Einheimische der Einwanderung misstrauisch gegenüber – vor allem, wenn sie tagtäglich an urbanen Brennpunkten unmittelbar mit den Problemen der Zuwanderung konfrontiert werden und sich in ihrem unmittelbaren persönlichen Wohlbefinden eingeschränkt fühlen.

Zudem glauben viele Einheimische, dass die Ausländer(innen) verantwortlich dafür seien, dass Straßen verstopft, Krankenhäuser überfüllt, Schulklassen zu groß oder Wohnungs- und Erholungsraum zu knapp werden. Schlimmer noch: Oft müssen die ohnehin bereits knappen Sozialkassen mit gescheiterten Zuwanderern, Asylsuchenden und Flüchtlingen geteilt werden. Hier müsste immer wieder daran erinnert werden, dass es beim Asylrecht um Menschenrechte und damit um humanitäre Grundrechte geht und nicht um ökonomische Kosten und Nutzen.

Während die Vorteile der Einwanderung kaum thematisiert werden, bieten die negativen Erscheinungen nicht immer – aber in schwierigen Zeiten immer öfter – Stoff genug, um mit übergroßen Schlagzeilen das Bild zu schwärzen. Einzelschicksale und verbrecherische Untaten werden dann zu allgemeinen Bedrohungsbildern aufgebaut. Allzu leicht werden hier Ausländer(innen) insgesamt in eine Sündenbock-Rolle gepresst. Allzu rasch bleibt vergessen, dass die Masse der Ausländer(innen) ihr Einkommen durch ehrliche, in der Regel beschwerliche Arbeit erzielt und damit durch die ganz normale Einkommensteuer ihren Beitrag zur Alimentierung der Sozialkassen leistet. Es wundert wenig, dass aus einer subjektiven Betroffenheit oft verdrängt wird, wie gering die objektive Belastung durch die ausländische Wohnbevölkerung tatsächlich ist und dass die anonymen makroökonomischen Vorteile der Zuwanderung ganz vergessen werden.

Richtig ist, dass Zuwanderung makroökonomisch positiv zu beurteilen ist. In aller Regel ist mehr Zuwanderung ökonomisch besser als weniger. Was auf den ersten Blick als „Probleme" der Zuwanderung mit ganz fetten Überschriften ins Bild der Öffentlichkeit gezerrt wird, erweist sich bei genauerem Hinsehen oft als generelles Problem des Sozialstaates und nicht als spezifisches Problem, das durch die Zuwandernden verursacht wird. Im Gegenteil: Es sind nicht zuletzt die positiven Wirkungen der Zuwanderung und die Beiträge der ausländischen Arbeitskräfte zu den deutschen Sozialkassen, die es auch und gerade ermöglichen, schwächere und Not leidende Deutsche finanziell zu unterstützen.

Richtig bleibt aber auch, dass die ökonomischen Wirkungen der Zuwanderung nicht überschätzt werden sollten. Genau so wenig wie Zuwanderung so schlecht ist, wie sie von den negativ Betroffenen bewertet wird, so wenig ist sie der Königsweg, der alle ökonomischen oder demographischen Probleme der Aufnahmegesellschaft lösen kann. Zuwanderung hilft höchstens flankierend. Sie ist aber kein Ersatz für (überfällige) Strukturreformen.

Herbert Brücker

Wirtschaftliche Effekte der Migration in alternden Gesellschaften

Beeinflusst Migration den demographischen Wandel?

Geringe Fertilitätsraten und eine steigende Lebenserwartung führen in den nächsten Dekaden zu einem deutlichen Anstieg des Alters der Bevölkerung in Deutschland. Ohne Zuwanderung dürfte die Bevölkerung in Deutschland von 83 Millionen Personen im Jahr 2005 auf 59 Millionen Personen im Jahr 2050 sinken. Im selben Zeitraum wird das Verhältnis der über 60-Jährigen zu den 20- bis 60-Jährigen von 0,4 auf 1,05 steigen. Die Alterung der Bevölkerung vollzieht sich nicht kontinuierlich, sondern wird sich in den Jahren ab 2015 beschleunigen und in der Dekade zwischen 2030 und 2040 ihren Höhepunkt erreichen. Insbesondere der Anteil der jungen Alterskohorten an der Bevölkerung im erwerbsfähigen Alter wird bereits früh sinken.

Langfristige Prognosen der Bevölkerungsentwicklung unterliegen einer erheblichen Unsicherheit. Die demographische Entwicklung ist kein Datum. Sie kann durch institutionelle Veränderungen (soziale Sicherungssysteme, Kinderbetreuung, Bildungs- und Ausbildungssystem), wirtschaftliche Entwicklungen und soziokulturelle Verhaltensänderungen beeinflusst werden. Allerdings werden derartige Veränderungen in den wirtschaftlichen und institutionellen Rahmenbedingungen wie auch soziale Verhaltensänderungen bestenfalls langfristig wirksam. So ist die Geburtenrate mit 1,3 bis 1,4 Kinder je Frau in (West-)Deutschland über die letzten Dekaden recht konstant. Auch die Entwicklung der Mortalitätsrate folgt einem stationären Trend. Die Rate des natürlichen Bevölkerungswachstums lässt sich deshalb recht gut auch über längere Zeiträume prognostizieren.

Die große Unbekannte in den meisten demographischen Szenarien ist die Migration. Migration beeinflusst die Altersstruktur der Bevölkerung im Wesentlichen auf vier Wegen:

- Erstens steigt mit der Zuwanderung der Umfang der jungen Kohorten, da das durchschnittliche Alter der Zuwanderer deutlich geringer ist als das der deutschen Bevölkerung.
- Zweitens bewirkt die Rückwanderung älterer Kohorten, dass die ausländische Bevölkerung nicht im gleichen Maße altert wie die einheimische Bevölkerung in Deutschland.
- Drittens sind die Fertilitätsraten ausländischer Frauen höher als die deutscher Frauen, wodurch ebenfalls das durchschnittliche Alter der Bevölkerung in Deutschland sinkt.
- Viertens schließlich beeinflussen die unterschiedlichen Mortalitätsraten der ausländischen und der einheimischen Bevölkerung in Deutschland die Altersstruktur zusätzlich.

Der Einfluss der Zuwanderung auf die Altersstruktur der Bevölkerung in Deutschland hängt daher nicht allein von den Annahmen über den Umfang der Nettozuwanderung ab, sondern auch davon, welche Annahmen im Hinblick auf den Umfang und das durchschnittliche Alter der Zu- und Rückwanderer sowie die Fertilitäts- und Mortalitätsraten der ausländischen Bevölkerung getroffen werden.

Um den Einfluss der Migration auf die demographische Entwicklung in Deutschland zu skizzieren, wird hier auf eine Bevölkerungsprojektion des Deutschen Instituts für Wirtschaftsforschung (DIW Berlin) zurückgegriffen.[1] Die Annahmen und Ergebnisse der Migrationsszenarien sind vergleichbar mit anderen einschlägigen Projektionen der demographischen Entwicklung in Deutschland.[2] Unter anderem wird angenommen, dass die Geburtenzahl der ausländischen Frauen 1,5, die der einheimischen Frauen in Deutschland 1,3 beträgt und das Verhältnis zwischen Zu- und Rückwanderungsraten über die Zeit konstant bleibt.

Vier Szenarien

Um die Effekte der Zuwanderung für die Altersstruktur der deutschen Bevölkerung zu skizzieren, werden hier vier Szenarien simuliert: Als Referenzszenario wird der Fall einer Nettozuwanderung von Null angenommen. Im zweiten Szenario wird unterstellt, dass die Nettozuwanderung sich bis zum Jahre 2050 auf durchschnittlich 135.000 Personen pro Jahr beläuft. Dies ist gegenüber der Zuwanderung in der letzten Dekade ein deutlicher Rückgang, entspricht aber in etwa der Nettozuwanderung nach Deutschland seit dem Jahr 2000. Im dritten Szenario wird eine Nettozuwanderung von 270.000 Personen pro Jahr angenommen. Dies entspricht in etwa der Nettozuwanderung nach Deutschland in der zweiten Hälfte der 1990er-Jahre, würde aber gegenüber dem gegenwärtigen Niveau eine Verdoppelung bedeuten. Im vierten Szenario schließlich wird die Zahl der Personen im erwerbsfähigen Alter (20 bis 60 Jahre) bei rund 46 Millionen Personen etwa konstant gehalten. Hierfür wäre eine durchschnittliche Nettozuwanderung von 570.000 Personen pro Jahr notwendig.[3]

Migration und demographische Struktur

Die Simulationsergebnisse werden in den Tabellen 1 und 2 präsentiert. Bei einer Nettozuwanderung von Null würde die deutsche Bevölkerung von knapp 83 Millionen Personen im Jahre 2002 auf knapp 59 Millionen Personen im Jahre 2050 sinken. Der Anteil der über 60-Jährigen an der Gesamtbevölkerung, d.h. derjenigen Alterskohorten, die gegenwärtig überwiegend nicht mehr erwerbstätig sind, würde im selben Zeitraum von 22,5 Prozent auf 44,3 Prozent ansteigen. Der Altersquotient, der hier als das Verhältnis der über 60-Jährigen zu den 20- bis 60-Jährigen definiert ist, würde von 0,4 auf 1,05 steigen. Der Belastungsquotient schließlich, der hier als das Verhältnis der 0- bis 20-Jährigen und der über 60-Jährigen zu den 20- bis 60-Jährigen definiert ist, würde von 0,8 auf 1,38 steigen.

Tabelle 1
Nettozuwanderung und Altersstruktur der Bevölkerung

Alter
0-20
20-60
über 60
Insgesamt
Alter
0-20
20-60
über 60
Insgesamt
Alter
0-20
20-60
über 60
Insgesamt
Alter
0-20
20-60
über 60
Insgesamt

Quelle: Berechnungen des DIW

Tabelle 2
Entwicklung des Alters- und Belastungsquotienten

insgesamt
keine Nettozuwanderung
Nettozuwanderung von 135.000 Personen
Nettozuwanderung von 270.000 Personen
Nettozuwanderung von 570.000 Personen
keine Nettozuwanderung
Nettozuwanderung von 135.000 Personen
Nettozuwanderung von 270.000 Personen
Nettozuwanderung von 570.000 Personen

Quelle: Berechnungen des DIW.
Vgl. Text zu den Annahmen der Szenarien

2002	2010	2015	2020	2030	2040	2050
Bevölkerung nach Altersgruppen in Millionen Personen						
Keine Nettozuwanderung						
18,070	14,230	13,130	12,210	11,030	9,420	8,070
45,900	43,890	42,080	39,460	32,090	28,710	24,740
18,550	21,460	22,800	24,570	28,520	27,770	26,090
82,520	79,580	78,010	76,240	71,640	65,900	58,900
Nettozuwanderung von 135.000 Personen						
18,070	14,820	13,880	13,050	11,900	10,340	9,010
45,900	44,940	43,630	41,360	34,520	31,360	27,110
18,550	21,200	23,230	25,280	29,910	30,060	23,980
82,520	80,960	80,740	79,690	76,330	71,760	60,100
Nettozuwanderung von 270.000 Personen						
18,070	15,042	14,248	13,581	12,710	11,376	10,376
45,900	45,580	44,628	42,759	36,735	34,233	31,011
18,550	21,256	22,632	24,383	28,006	27,067	25,683
82,520	81,878	81,508	80,723	77,451	72,676	67,070
Nettozuwanderung von 570.000 Personen						
18,070	15,190	14,700	14,630	15,680	15,450	15,270
45,900	46,000	46,100	46,130	46,100	46,950	46,880
18,550	21,570	23,000	24,950	29,720	30,850	32,550
82,520	82,760	83,800	85,710	91,500	93,250	94,690

2002	2010	2015	2020	2030	2040	2050
Altersquotient (Verhältnis der Altersgruppe 60+ zur Altersgruppe 20-60)						
82,520	79,580	78,010	76,240	71,640	65,900	54,900
0,40	0,49	0,54	0,62	0,89	0,97	1,05
0,40	0,47	0,53	0,59	0,87	0,96	0,88
0,40	0,47	0,51	0,57	0,76	0,79	0,83
0,40	0,47	0,50	0,54	0,64	0,66	0,69
Belastungsquotient (Verhältnis der Altersgruppe 20-60 zu den Altersgruppen 0-20 und 60+)						
0,80	0,81	0,85	0,93	1,23	1,30	1,38
0,80	0,80	0,85	0,93	1,21	1,29	1,22
0,80	0,80	0,83	0,89	1,11	1,12	1,16
0,80	0,80	0,82	0,86	0,98	0,99	1,02

Bei einer Nettozuwanderung von 135.000 bzw. 270.000 Personen würde die deutsche Bevölkerung bis zum Jahr 2050 auf 60,1 bzw. 67,1 Millionen Personen sinken. Die Bevölkerung in einem Alter von über 60 Jahren würde von 18,6 Millionen auf 24 Millionen bzw. 25,7 Millionen steigen. Damit würde der Altersquotient von 0,4 auf 0,88 (Nettozuwanderung von 135.000 Personen) bzw. auf 0,83 (Nettozuwanderung von 270.000 Personen) und der Belastungsquotient von 0,8 auf 1,22 (Nettozuwanderung von 135.000 Personen) bzw. auf 1,16 (Nettozuwanderung von 270.000 Personen) steigen. Dies ist nach wie vor eine erhebliche Zunahme, aber ein signifikanter Rückgang gegenüber dem Szenario ohne Zuwanderung.

In dem letzten Szenario mit einer jährlichen Nettozuwanderung von 570.000 Personen würde die deutsche Bevölkerung bis zum Jahr 2050 auf knapp 95 Millionen Personen steigen. Obwohl die Zahl der Bevölkerung im erwerbsfähigen Alter im Wesentlichen konstant bleibt, würden der Altersquotient von 0,4 auf 0,69 und der Belastungskoeffizient von 0,8 auf immerhin 1,02 steigen. Dies ist darauf zurückzuführen, dass die Bevölkerung mit Migrationshintergrund ebenfalls altert.

Schwankungen in der demographischen Entwicklung

Der demographische Wandel vollzieht sich nicht gleichmäßig über die Zeit. Der Alterungsprozess beschleunigt sich ab 2015 und erreicht in der Dekade 2020 bis 2030 seinen Höhepunkt, danach schwächt sich die Zunahme des Alters der Bevölkerung mit dem Aussterben der geburtenstarken Jahrgänge wieder etwas ab.

Aufgrund des beschleunigten Alterungsprozesses ab dem Jahr 2015 wird in dem Szenario, das die Zahl der Bevölkerung im erwerbsfähigen Alter konstant hält, angenommen, dass die Nettozuwanderung mit jährlich 160.000 Personen bis zum Jahr 2010 sehr viel geringer als in den späteren Dekaden ist. Der Höhepunkt wird in der Dekade von 2020 bis 2030 mit einer Nettozuwanderung von mehr als 870.000 Personen erreicht.

Brutto- und Nettozuwanderung

Die Zahl der Nettozuwanderung entzieht sich der unmittelbaren politischen Steuerung. Durch die Einwanderungspolitik kann im Wesentlichen nur die Bruttozuwanderung beeinflusst werden. Die Bruttowanderungszahlen sind sehr viel höher als die Nettowanderungszahlen: In den 1980er- und 1990er-Jahren entsprach einer jährlichen Nettozuwanderung von 270.000 Personen eine Zuwanderung von 930.000 Personen und eine Rückwanderung von 660.000 Personen. Wenn das Wanderungsverhalten der Vergangenheit stabil bleibt, dürfte einer Nettozuwanderung von einer Millionen Personen eine Zuwanderung von rund 1,7 Millionen Personen entsprechen. Wenn die Nettozuwanderungsraten substanziell gesteigert werden sollen, muss in Deutschland folglich die Zahl der Einwanderer, die ein Arbeits- und Aufenthaltsrecht erhalten, erheblich gesteigert werden.

Zunahme der Bevölkerung ausländischer Herkunft

In Abhängigkeit von den Zuwanderungszahlen und den Annahmen über die Altersstruktur der Zuwanderer steigt natürlich auch die Bevölkerung ausländischer Herkunft. Bei einer Nettozuwanderung von Null wird die Bevölkerung ausländischer Herkunft von 7,3 Millionen im Jahre 2002 geringfügig auf 7,8 Millionen im Jahre 2050 steigen. Bei einer Nettozuwanderung von jährlich 130.000 Personen würde die Bevölkerung ausländischer Herkunft auf 14,6 Millionen, bei einer Nettozuwanderung von 270.000 Personen auf 20,5 Millionen Personen und bei einer Nettozuwanderung von 570.000 Personen auf rund 44 Millionen Personen bzw. rund 50 Prozent der in Deutschland lebenden Bevölkerung steigen. Allerdings wird die Zahl der ausländischen Staatsbürger aufgrund von Einbürgerungen, die Annahme der deutschen Staatsbürgerschaft durch Migranten der zweiten und dritten Generation und Ehen zwischen Deutschen und Ausländern sehr viel geringer sein. Ähnlich wie bei der Massenzuwanderung nach Deutschland vor und nach den beiden Weltkriegen aus Osteuropa werden erhebliche Teile der Bevölkerung ausländischer Herkunft nach einigen Dekaden durch Assimilation nicht mehr sichtbar sein.

Das Gesetz der großen Zahl

Die Ergebnisse der hier präsentierten Simulationen bestätigen das, was in der demographischen Forschung auch als „Gesetz der großen Zahl" bezeichnet wird: Um die demographische Struktur der Bevölkerung zu beeinflussen, sind sehr hohe Nettozuwanderungsraten notwendig, weil die zugewanderte Bevölkerung auch von dem Alterungsprozess betroffen ist. Zudem passen sich die Fertilitätsraten der ausländischen Bevölkerung recht schnell denen der deutschen Bevölkerung an, so dass auch hier weitaus weniger Kinder geboren werden, als für die Reproduktion der ausländischen Bevölkerung in Deutschland notwendig wäre. Nach den Schätzungen der Vereinten Nationen müsste die in Deutschland lebende Bevölkerung auf 180 Millionen Personen anwachsen, damit die Altersstruktur der deutschen Bevölkerung konstant gehalten werden kann.[4]

Ist ein Anstieg der Nettozuwanderung realistisch?

Die Zuwanderung kann natürlich durch eine Liberalisierung der Einwanderungspolitik erhöht werden. Angesichts des großen Einkommensgefälles zwischen Einwanderungsländern wie Deutschland und anderen entwickelten Staaten in der EU und den Ländern an der europäischen Peripherie besteht ein erhebliches Migrationspotenzial. So belaufen sich die Pro-Kopf-Einkommen in den wichtigen Herkunftsregionen der Zuwanderung in die EU – Südosteuropa, Nordafrika und dem Mittleren Osten und den Nachfolgestaaten der früheren Sowjetunion – gemessen in Kaufkraftparitäten auf rund 20 Prozent des Einkommens in der alten EU-15. In den afrikanischen Ländern südlich der Sahara beläuft sich das Pro-Kopf-Einkommen durchschnittlich auf rund ein Zehntel des Niveaus in der alten EU-15. Mit Ausnahme der osteuropäischen Länder besteht jedoch auch ein erhebliches Gefälle zwischen dem Bildungs- und Ausbildungsniveau der Bevölkerung in den Herkunftsländern und den Ländern der EU. Dies dürfte die Bereitschaft in der EU, die Arbeitsmärkte zu öffnen, senken.

Zu berücksichtigen ist allerdings auch, dass selbst bei einem hohen Einkommensgefälle immer nur kleine Teile der Bevölkerung in den Herkunftsländern bereit sind zu wandern. Zudem beschränken hohe Wanderungskosten die Möglichkeiten zur Migration für breite Bevölkerungsgruppen in armen Ländern.

Schließlich beschränkt ein wichtiger demographischer Umstand das Migrationspotenzial: Der demographische Wandel vollzieht sich global, auch wenn die einzelnen Länder in unterschiedlichem Ausmaß von dem Alterungsprozess betroffen sind. Die wichtigsten Herkunftsländer der Migration nach Deutschland lassen sich im Hinblick auf ihre demographische Struktur in drei Regionen unterteilen: zum einen die Türkei und das frühere Jugoslawien mit einer Bevölkerung von 84 Millionen Personen, zum anderen die südeuropäischen EU-Mitglieder (Griechenland, Italien, Spanien und Portugal) mit einer Bevölkerung von insgesamt 105 Millionen Personen, und abschließend die mittel- und osteuropäischen Länder, in denen vor 1990 die Ausreisemöglichkeiten durch den Eisernen Vorhang weitgehend beschränkt waren,[5] mit einer Bevölkerung von 340 Millionen Personen.

Aus diesen drei Regionen stammen rund 70 Prozent der ausländischen Bevölkerung in Deutschland. Seit Beginn der 1990er-Jahre ist die ausländische Bevölkerung aus der Türkei, dem früheren Jugoslawien und den mittel- und osteuropäischen Ländern mit rund zwei Millionen Personen gewachsen, während der Anteil der ausländischen Bevölkerung aus den südeuropäischen Mitgliedstaaten der EU sinkt. Schließlich hat der Anteil der ausländischen Bevölkerung aus den nordafrikanischen Maghreb-Staaten und dem Mittleren Osten in den 1990er-Jahren, von einem niedrigen Niveau ausgehend, zugenommen. Angesichts der demographischen Struktur könnte diese Region künftig für Zuwanderung an Bedeutung gewinnen.

Abbildung 1 *Anteil der Alterskohorten mit hoher Wanderungsbereitschaft in den wichtigsten Herkunftsregionen*

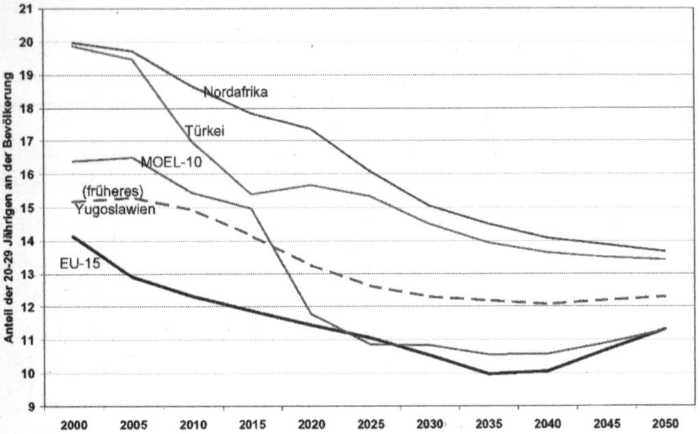

Quellen: Weltbank (2005) und eigene Berechnungen.

Folgende Trends charakterisieren die demographische Entwicklung in den Herkunftsregionen: In der Türkei und Nordafrika ist das mittlere Alter der Bevölkerung (Median) deutlich geringer als in Deutschland und der Anteil der Kohorten mit einer besonders hohen Wanderungsneigung, d.h. der Anteil der 20- bis 29-Jährigen an der Gesamtbevölkerung, mit rund einem Fünftel etwa fünf Prozentpunkte höher als in Deutschland und der EU-15. In dieser Region wird nach der Bevölkerungsprojektion der Weltbank[6] das Durchschnittsalter der Bevölkerung in den nächsten Dekaden deutlich ansteigen, so dass in der Dekade 2040-2050 die Altersstruktur in dieser Region der gegenwärtigen Altersstruktur in Deutschland entspricht. Der Anteil der Kohorten im Alter von 20 bis 29 an der Gesamtbevölkerung wird von gegenwärtig rund

20 Prozent auf unter 14 Prozent fallen. In den südeuropäischen Mitgliedstaaten der EU entsprechen die Fertilitätsraten und die Altersstruktur der Bevölkerung bereits heute weitgehend denen in Deutschland. Hier wird die Bevölkerung folglich ähnlich wie in Deutschland altern und der Anteil der Kohorten im Alter von 20 bis 29 von gegenwärtig rund 15 Prozent bis zum Jahr 2050 auf unter zehn Prozent sinken.

In den mittel- und osteuropäischen Ländern und im früheren Jugoslawien ist das Durchschnittsalter der Bevölkerung nur geringfügig jünger als in Deutschland und der Anteil der jungen Kohorten mit einer hohen Wanderungsneigung nur unwesentlich höher. Im Zuge des transformationsbedingten Einbruchs der Geburtenraten in diesen Regionen wird das Durchschnittsalter der Bevölkerung jedoch schneller steigen als in Deutschland, so dass das Durchschnittsalter etwa ab dem Jahr 2030 höher sein wird als in Deutschland. Der Anteil der Kohorten im Alter zwischen 20 bis 29 Jahren wird von gegenwärtig 15 bis 16 Prozent bis zum Jahr 2050 auf elf bis zwölf Prozent sinken (vgl. Abbildung 1).

Der demographische Wandel beeinflusst folglich auch die Altersstruktur der Bevölkerungen in den Herkunftsländern der Migration nach Deutschland erheblich. Der Anteil der Kohorten mit einer hohen Wanderungsneigung an der Gesamtbevölkerung wird in den nächsten fünf Dekaden in den Herkunftsländern um ein Viertel bis ein Drittel sinken. Dies wird sich in der Dekade 2020 bis 2030, in der zur Aufrechterhaltung der demographischen Struktur in Deutschland statistisch ein besonders hoher Wanderungsbedarf besteht, bereits weitgehend vollzogen haben. Es kann infolgedessen davon ausgegangen werden, dass das Migrationspotenzial in den nächsten Dekaden spürbar zurückgeht.

Wirtschaftliche Folgen

Es ist also aus zwei Gründen wenig realistisch, dass durch eine sprunghafte Erhöhung der Zuwanderungszahlen die Alterung der Bevölkerung in Deutschland in den Dekaden 2020 bis 2050 ausgeglichen werden kann: Erstens müsste die ausländische Bevölkerung dramatisch zunehmen, was wiederum zu erheblichen Problemen der wirtschaftlichen und sozialen Integration führen würde. Zweitens ist es zweifelhaft, ob ein derart hohes Migrationspotenzial überhaupt realisiert werden kann. Allerdings kann die Zuwanderung, angesichts des hohen Einkommensgefälles zwischen Deutschland und den anderen entwickelten Ländern in der EU und den Regionen an der europäischen Peripherie, zumindest auf kurze und mittlere Sicht erheblich erhöht werden. Welche Folgen würde ein solcher Anstieg der Nettozuwanderung nach sich ziehen?

Grundsätzlich gilt, dass durch Migration der Faktor Arbeit erheblich produktiver eingesetzt werden kann. Dies führt zu globalen Einkommensgewinnen, die nach den einschlägigen Berechnungen vermutlich höher als diejenigen einer weiteren Liberalisierung von Handel und Kapitalverkehr sind. Allerdings sind die Gewinne und Verluste durch Migration nicht gleichmäßig über die Produktionsfaktoren und damit über die Bevölkerung verteilt. Es kann trotz einer deutlichen Erhöhung der Wohlfahrt der Nationen zu einer erheblichen Umverteilung kommen (vgl. den Beitrag von Thomas Straubhaar in diesem Buch). Es können unter Berücksichtigung von Arbeitslosigkeit auch Verluste für die Einwanderungsländer entstehen (vgl. Boeri/Brücker 2005). Das Gefälle in der demographischen Struktur der Bevölkerung erhöht grundsätzlich die potenziellen Gewinne durch Migration. Im Zuge des Alterungsprozesses kann der bestehende Kapitalstock durch Migration produktiver eingesetzt werden und damit Mittel für die Finanzierung der Lasten des demographischen Wandels mobilisiert werden. In den folgenden Abschnitten wird hier nur auf einen Aspekt dieser potenziellen Gewinne eingegangen: Die fiskalischen Gewinne des Wohlfahrtsstaates in einer alternden Gesellschaft.

Chancen für den Wohlfahrtsstaat

Die Zuwanderung wirft Gewinne und Kosten für den Wohlfahrtsstaat in den Einwanderungsländern auf. Zunächst erhöht sich mit der Zuwanderung der Anteil der Erwerbstätigen an der Bevölkerung. Dies verringert die Belastung insbesondere umlage- und abgabefinanzierter Sozial- und Steuersysteme in einer alternden Gesellschaft. Der Umfang dieser Gewinne hängt von der Integration der Zuwanderer in den Arbeitsmarkt und der Struktur der Steuer- und Sozialsysteme ab. Zudem weitet sich mit der Zuwanderung die Zahl zukünftiger Steuerzahler aus. Mit dem Wachstum der Bevölkerung verringert sich somit die Nachhaltigkeitslücke, die sich aus der Überwälzung öffentlicher Schulden auf künftige Generationen bei gleichzeitig schrumpfender Bevölkerung ergibt.[7]

Diesen potenziellen Gewinnen durch Zuwanderung stehen Kosten gegenüber: Zuwanderer sind überdurchschnittlichen Arbeitslosigkeits- und Sozialhilferisiken ausgesetzt, während ihre Steuer- und Abgabenbeiträge aufgrund geringer Verdienste unter dem Durchschnitt der deutschen Bevölkerung liegen. Es ist folglich eine empirische Frage, ob und in welchem Umfang die wirtschaftlichen Lasten der alternden Bevölkerung durch Zuwanderung gemildert werden können.

Die Nettoeffekte der Zuwanderung sind für Deutschland in mehreren Studien untersucht worden. Auf Grundlage des – durchaus kontroversen – Forschungsstandes können folgende Schlussfolgerungen gezogen werden:

- Bonin et al. (2000) und Bonin (2001) zeigen für Deutschland, dass sich über den Lebenszyklus eines Zuwanderers ein positiver Nettoertrag für die öffentlichen Finanzen ergibt, wenn er in einem Alter zwischen 11 Jahren und 55 Jahren einwandert. Dies trifft für die große Mehrheit der Zuwanderer zu. Bei jüngeren Alterskohorten ergibt sich ein negativer Beitrag aufgrund der Berücksichtigung der Ausbildungskosten, bei älteren aufgrund der höheren Gesundheits- und Sozialhilferisiken.

- Löffelholz und Köpp (1998) ziehen aus ihrer Analyse der fiskalischen Effekte der Zuwanderung die Schlussfolgerung, dass sich der Zuzug und der Aufenthalt von Ausländern insgesamt positiv auf die öffentlichen Haushalte auswirken. Dies wird auf die positiven Effekte für umlagefinanzierte soziale Sicherungssysteme, die sich bei einer Verjüngung der Bevölkerung ergeben, und auf die unterproportionale Inanspruchnahme öffentlicher Güter durch die ausländische Bevölkerung zurückgeführt. Durch öffentliche Investitionen in eine verbesserte Integration der ausländischen Bevölkerung können diese Erträge noch deutlich gesteigert werden.
- Eine Studie des Ifo-Institutes (Sinn et al. 2001) kommt hingegen zu dem Ergebnis, dass gegenwärtig die ausländische Bevölkerung zu einer Nettobelastung für die öffentlichen Finanzen in Deutschland führt. Der Unterschied zu den Studien von Bonin et al. (2000), Bonin (2001) und Löffelholz und Köpp (1998) ergibt sich im Wesentlichen aus der Annahme, dass Ausländer bereits in einem Alter von Null Jahren zuwandern und dass die Verringerung der Steuerlast künftiger Generationen unberücksichtigt bleibt. Die tatsächlichen fiskalischen Erträge der Zuwanderung werden damit systematisch unterschätzt.

Unter den Annahmen der Studien von Bonin et al. (2000) und Bonin (2001) sind die Gewinne der Zuwanderung für den Wohlfahrtsstaat in einer alternden Gesellschaft erheblich: Bei einer Nettozuwanderung von 300.000 Personen könnte die Nachhaltigkeitslücke, also die Differenz zwischen den Ausgaben und Einnahmen, die geschlossen werden muss, damit die Schuldenlast für die künftigen Generationen nicht steigt, von sechs Prozent des Bruttoinlandsproduktes auf vier Prozent gesenkt werden. Dies ist ein erheblicher Gewinn, der die Belastung des Wohlfahrtsstaates durch die Alterung der Gesellschaft signifikant reduzieren würde.

In allen Studien steigen die fiskalischen Gewinne durch Zuwanderung mit der Qualifikation der Einwanderer: Mit steigendem Ausbildungsniveau erhöht sich der Beitrag zu Steuern und Abgaben, während die Arbeitslosigkeits- und Sozialhilferisiken sinken.

Mikroökonometrische Studien zeigen in der Tat, dass Ausländer mit gleichen Humankapitalcharakteristika ein geringeres oder gleiches Sozialhilferisiko im Vergleich zur einheimischen Bevölkerung in Deutschland haben, so dass die fiskalischen Erträge deutlich mit der Qualifikation der Zuwanderer steigen dürften.[8]

Schlussfolgerungen

Die Alterung der deutschen Bevölkerung wird auch bei einem Politikwechsel in der Einwanderungspolitik nicht aufgehalten werden können. Unter realistischen Annahmen wird sich der Anteil der älteren Bevölkerungsgruppen, die nicht mehr im erwerbsfähigen Alter sind, bis zum Jahr 2050 gegenüber dem Beginn dieses Jahrtausends mindestens verdoppeln. Gleichzeitig geht die Zahl der Kinder und Jugendlichen zurück. Der Anteil der Bevölkerungsgruppen, die nicht im erwerbsfähigen Alter sind, wird deshalb nur um rund 50 Prozent steigen. Gleichzeitig steigt das Durchschnittsalter derjenigen, die noch im Arbeitsprozess stehen. Durch Zuwanderung kann der Altersquotient um bis zu ein Drittel, und der Belastungsquotient um bis zu ein Viertel gesenkt werden.

Dies würde aber einen radikalen Bruch mit der gegenwärtigen Einwanderungspolitik erfordern. Die Nettozuwanderungsraten müssten um das Zwei- bis Dreifache steigen, und die Bruttozuwanderungsraten um ein Mehrfaches. Kurz und mittelfristig ist ein solcher Anstieg, angesichts des großen Einkommensgefälles zwischen Deutschland und den anderen Einwanderungsländern in der EU auf der einen und den Herkunftsländern der Migration an der europäischen Peripherie auf der anderen Seite, durchaus denkbar. Allerdings ist der demographische Wandel ein globales Phänomen. Die Bevölkerungen in den Herkunftsländern altern ebenfalls. Dies wird dazu führen, dass die jungen Kohorten mit einer hohen Wanderungsbereitschaft in den nächsten zwei bis drei Dekaden um Rund ein Drittel zurückgehen werden. Also genau dann, wenn der demographiebedingte Einwanderungsbedarf besonders hoch ist, dürfte das Wanderungspotenzial sinken. Eine Migrationspolitik, die die demographische Struktur der Bevölkerung in Deutschland beeinflussen will, muss deshalb bereits heute den Politikwechsel einleiten.

Migration führt zu einem produktiveren Einsatz des Faktors Arbeit und folglich zu einem Anstieg des globalen Sozialproduktes. Durch das Gefälle in der demographischen Struktur der Ein- und Auswanderungsländer steigen diese Gewinne zusätzlich an. Sie dürften höher sein als die Gewinne einer weiteren Liberalisierung der Güter- und Kapitalmärkte. Allerdings fallen die Gewinne der Einwanderungsländer bei inflexiblen Arbeitsmärkten und Arbeitslosigkeit geringer aus. Der demographische Wandel bedeutet nicht zwangsläufig, dass die Arbeitslosenrate sinkt. Bei einer höheren Belastung des Faktors Arbeit durch Sozialabgaben kann es im Gegenteil auch zu einem fallenden Arbeitsangebot und steigender Arbeitslosigkeit kommen. Durch Zuwanderung können diese Belastungen gesenkt werden. De facto werden Migranten in Deutschland durch die sozialen Sicherungssysteme besteuert. Dies gilt vor allem für das umlagefinanzierte Rentensystem, das gegen kurze Beitragszahlungen und damit gegen die typischen Erwerbsbiographien von Migranten diskriminiert. Die fiskalischen Gewinne der Migration in einer alternden Gesellschaft können deshalb hoch ausfallen. Das gilt auch, wenn wir berücksichtigen, dass Migranten überdurchschnittlich von Arbeitslosigkeit betroffen sind und deshalb auch überdurchschnittlich hohe Leistungen wie Arbeitslosengeld I und II beziehen.

Alles in allem kann Deutschland die Folgen des demographischen Wandels nicht durch Zuwanderung bewältigen. Migration kann aber dazu beitragen, die wirtschaftlichen Kosten zu mildern. Der Beitrag der Migration zur Bewältigung des demographischen Wandels wird umso höher ausfallen, je besser es gelingt, eine große Zahl von qualifizierten Migranten zu gewinnen und diese in Arbeitsmarkt und Gesellschaft zu integrieren. Dies setzt einen grundlegenden Wechsel in der deutschen Einwanderungs- und Integrationspolitik voraus.

Literatur

Birg, Herwig/Flöthmann, E.-Jürgen/Heins, Frank/Reiter, Iris (1998a): Migrationsanalyse – Empirische Längsschnitt- und Querschnittanalysen auf der Grundlage von Mikro- und Makromodellen für die Bundesrepublik Deutschland. In: IBS-Materialien, Band 43, IBS.

Birg, Herwig/Flöthmann, E.-Jürgen/Frein, Thomas (1998b): Simulationsrechnungen zur Bevölkerungsentwicklung in den alten und neuen Bundesländern im 21. Jahrhundert. In: IBS-Materialien, Band 45, K, IBS.

Boeri, Tito/Brücker, Herbert (2005): Why are Europeans so Tough on Migrants? Economic Policy, 44, 2005.

Bonin, Holger (2001): Fiskalische Effekte der Zuwanderung nach Deutschland: Eine Generationenbilanz. In: IZA Discussion Paper 305, Bonn: IZA.

Bonin, Holger/Raffelhüschen, Bernd/Walliser, Jan (2000): Can Immigration Alleviate the Demographic Burden? In: FinanzArchiv, 57, S. 1-21.

Brücker, Herbert/Kohlhaas, Michael (2004): Möglichkeiten der quantitativen und qualitativen Ermittlung von Zuwanderungsbedarf nach Teilarbeitsmärkten in Deutschland. Gutachten für den Zuwanderungsrat der Bundesregierung. Berlin, Deutsches Institut für Wirtschaftsforschung, Februar 2004.

Eurostat (2001): Bevölkerungsvorausschätzung. Eurostat, Luxembourg.

Löffelholz, Hans-Dietrich/Köpp, Günter (1998): Ökonomische Auswirkungen der Zuwanderung nach Deutschland. Schriftenreihe des Rheinisch-Westfälischen Instituts für Wirtschaftsforschung, Neue Folge, Heft 63, Berlin.

Riphahn, Regina (1999): Immigrant Participation in the German Welfare Program. In: FinanzArchiv, 55, S. 163-185.

Sinn, Hans-Werner/Flaig, Gebhard/Werding, Martin/Munz, Sonja/Düll, Nicola/Hoffmann, Herbert (2001): EU-Erweiterung und Arbeitskräftemigration. Wege zu einer schrittweisen Annäherung der Arbeitsmärkte. Institut für Wirtschaftsforschung. München.

Schulz, Erika (1997): Alternde Gesellschaft: Zur Bedeutung von Zuwanderung für die Altersstruktur der Bevölkerung in Deutschland. In: DIW Wochenbericht, Jg. 62 (1997), Nr. 33, S. 578-590.

Schulz, Erika (1999): Zur langfristigen Bevölkerungsentwicklung in Deutschland: Modellrechnung bis 2050. In: DIW Wochenbericht, Jg. 66 (1999), Nr. 42, S. 745-757.

Schulz, Erika (2001): Demographische Entwicklung und Zuwanderungs‚bedarf'. Berlin.

Statistisches Bundesamt (2000): Bevölkerung: Bevölkerungsentwicklung Deutschlands bis zum Jahr 2050. Ergebnisse der 9. koordinierten Bevölkerungsvorausberechnung. Wiesbaden.

Statistisches Bundesamt (2001): Bevölkerung: Bevölkerungsentwicklung Deutschlands bis zum Jahr 2050. Ergebnisse der 10. koordinierten Bevölkerungsvorausberechnung. Wiesbaden.

Ulrich, Ralf E. (2001): Die zukünftige Bevölkerungsstruktur Deutschlands nach Staatsangehörigkeit, Geburtsort und ethnischer Herkunft: Modellrechnung bis

2050. Gutachten im Auftrag der Unabhängigen Kommission „Zuwanderung". Eridion GmbH.
United Nations (2001a): Replacement Migration: Is it a Solution to Declining and Ageing Populations? In: Population Studies, 206.
United Nations (2001b): Alterung der Weltbevölkerung 1950-2050: Zusammenfassung. In: Population Studies, 207.
Weltbank (2005): World Development Indicators. CD-ROM.Washington, D.C.
Zimmermann, Klaus F./Bauer, Thomas K./Bonin, Holger/Fahr, René/Hinte, Holger (2001): Fachkräftebedarf bei hoher Arbeitslosigkeit. Gutachten im Auftrag der Unabhängigen Kommission „Zuwanderung". Bonn: Institut zur Zukunft der Arbeit (IZA).

Anmerkungen

1 Vgl. Brücker und Kohlhaas (2004); Schulz (1997, 1999, 2001).
2 Vgl. Birg et al. (1988a), Birg et al (1988b), Eurostat (2001), Statistisches Bundesamt (2001), United Nations (2001a, 2001b).
3 In diesem Szenario wurde unterstellt, dass das Alter der Zu- und Rückwanderer konstant bleibt. Unter der Annahme, dass das durchschnittliche Alter der Zu- und Rückwanderer im Zeitverlauf steigt, wäre eine jährliche Zuwanderung von mehr als 700.000 Personen notwendig, um die Bevölkerung im erwerbsfähigen Alter konstant zu halten. Vgl. Brücker und Kohlhaas (2004).
4 Vgl. United Nations (2001a, 2001b).
5 Es handelt sich um die zehn Beitrittsländer zur Europäischen Union aus Mittel- und Osteuropa mit einer Gesamtbevölkerung von 104 Millionen Personen und die Länder der Gemeinschaft Unabhängiger Staaten (GUS) mit einer Gesamtbevölkerung von 240 Millionen Personen im Jahr 2002.
6 Vgl. Weltbank (2005).
7 Vgl. zur Berechnung der Nachhaltigkeitslücke für Deutschland Bonin et al. (2000) und Bonin (2001).
8 Vgl. Riphahn (1998).

Christoph Butterwegge

Medienberichterstattung – Abbau oder Verstärkung von Vorurteilen?

Massenmedien sind geistige Katalysatoren

Massenmedien filtern für die Meinungsbildung wichtige Informationen und beeinflussen auf diese Weise das Bewusstsein der Menschen, für die sich die gesellschaftliche Realität zunehmend über die Medienrezeption erschließt. In der Migrationsberichterstattung wirken die Massenmedien als geistige Katalysatoren: Journalistinnen und Journalisten bringen Vorurteile gegenüber Ausländern, Klischees im Hinblick auf (bestimmte Gruppen von) Migranten und Stereotype, mit denen diese belegt werden, nicht unbedingt selbst hervor, tragen aber zu ihrer Bestätigung und Verfestigung in den Köpfen von Zeitungslesern, Fernsehzuschauerinnen und Radiohörern bei, während sie nur selten Aufklärung betreiben und durch Hintergrundberichte notwendige Kenntnisse über das komplexe Wanderungsgeschehen in der Welt von heute (Stichwort „Globalisierung") vermitteln.

Negativberichterstattung anstatt seriösem Journalismus

Aus den Zeitungen und anderen Medien ist selten Positives über Ausländerinnen und Ausländer zu erfahren. Mord und Totschlag, Diebstahl, (Banden-)Raub und (Asyl-)Betrug sind Delikte, über die im Zusammenhang mit ethnischen Minderheiten häufig berichtet wird. Ein angelsächsisches Bonmot („Only bad news are good news") abwandelnd, kann man konstatieren: Nur böse

Ausländer sind für deutsche Medien gute Ausländer! Georg Ruhrmann (1999, S. 102) spricht denn auch von einem „Negativsyndrom", das die Mainstream-Berichterstattung kennzeichne: „Folgen weltweiter Migrationsprozesse und das Entstehen multikultureller Tendenzen werden in einer Semantik der Gefahren präsentiert. Die vorhandenen und zukünftigen sozialen Veränderungen werden nicht als entscheid- und gestaltbar, sondern als katastrophal und schicksalhaft dargestellt."

Ohne den „Volkszorn" gegen Asylsuchende schürende Berichte wären rassistische Übergriffe wie im sächsischen Hoyerswerda (September 1991) und in Rostock-Lichtenhagen (August 1992) kaum vor laufenden Fernsehkameras mit Applaus bedacht worden. Im deutschen Mediendiskurs dominierten aber seit 1989/90 Kollektivsymbole wie „brechende Dämme" und das „volle Boot", die (neo)rassistischen Positionen entsprechen (vgl. Gerhard 1992, S. 171). „Asylantenfluten" ergossen sich über Deutschland, das als „Wohlstandsinsel" galt. Nicht nur durch ständige Benutzung der Flutmetaphorik, sondern auch mittels „Killwörtern" (Jürgen Link) wie „Scheinasylanten" oder „Wirtschaftsflüchtlinge" wurde die Stimmung angeheizt.

Obwohl die Asylbewerberzahlen nach der Grundgesetzänderung im Mai 1993 stark zurückgingen, setzten Journalistinnen und Journalisten ihre Negativberichterstattung über ausländische Flüchtlinge fort. Im so genannten Bremer Kurdenskandal wurden zu Beginn des Jahres 2000 ca. 500 angeblich aus der Türkei stammende Asylbewerber von der Polizei und der Lokalpresse bezichtigt, sich in betrügerischer Absicht als staatenlose Libanesen ausgegeben sowie Aufenthaltsrechte und Sozialleistungen erschlichen zu haben (vgl. hierzu: Butterwegge/Hentges 2001, S. 88 ff.; Butterwegge/Hentges 2004, S. 84 ff.). Missbrauchsvorwürfe, die sich aus rassistischen Klischees speisen, geben diesen neue Nahrung, sodass man durchaus von einem Teufelskreis sprechen kann, den zu durchbrechen selbst linksliberalen Journalistinnen und Journalisten nicht leicht fällt.

„Ausländerkriminalität" schürt die Kriminalitätsfurcht

Seit der emotional aufgeladenen Asyldiskussion zu Beginn der 1990er-Jahre wird die Kriminalitätsfurcht der Mehrheitsgesellschaft auf die ethnischen Minderheiten projiziert. Flüchtlinge wurden zu „Betrügern", „Sozialschmarotzern" und „Störenfrieden" gestempelt, die durch ihr Hiersein oder ihr Verhalten den Wohlstand und das friedliche Zusammenleben in der Bundesrepublik Deutschland gefährden. Dabei gab es vor allem in der Boulevardpresse reihenweise „Dramatisierungen, Skandalisierungen, Exotisierungen, Sensationierungen, Verzerrungen und Falschmeldungen", die Bernd Scheffer (1997, S. 33) als „Manipulationen" bezeichnet.

Für Margret Jäger, Gabriele Cleve, Ina Ruth und Siegfried Jäger (1998, S. 13) weist schon der Begriff „Ausländerkriminalität" auf die rassistische Struktur sowohl des hiesigen Einwanderungs- wie auch des dazu parallel verlaufenden Kriminalitätsdiskurses hin: „Dieser Terminus legt den Schluss nahe, dass Kriminalität, wenn sie von Ausländern begangen wird, ursächlich mit ihrem Status als Ausländer zu tun habe." Deutsche werden überwiegend als „Einzeltäter" dargestellt, wohingegen Migrantinnen und Migranten eher im Kollektiv auftauchen, auch wenn nicht immer explizit von „ausländischen Banden" die Rede ist (vgl. dazu: Jäger u. a. 1998).

Ein gutes Beispiel für dieses duale Darstellungsmuster lieferte die rheinische Boulevardzeitung *Express* am 21. Oktober 1999: Ihr Aufmacher auf Seite 1 lautete: „Balkan-Bande hops genommen. Danke, Polizei! – Hunderte Einbrüche in und um Köln aufgeklärt", während ein „Burgenkönig vor Gericht: Wie oft hat er betrogen?" überschriebener Artikel vergleichsweise klein war und erst auf Seite 28 stand, obwohl es dabei um einen Schaden in Millionenhöhe ging. Über mehrere Jahre hinweg waren junge Taschendiebe aus Südosteuropa ein Top-Thema der Boulevardpresse, die das Ausländerbild der Deutschen maßgeblich prägt. Am 9. November 1999 machte der Kölner *Express* beispielsweise mit der Schlagzeile „Passen Sie auf! Klau-Kinder in der Stadt" auf, am 22. August 2002 veröffentlichte er unter der Überschrift „Die Klau-Kids von Köln. Sie haben Hunderte von Menschen überfallen und beklaut. Und sie laufen frei herum" nach Art eines Fahndungsaufrufs die Bilder von 53 überwiegend dunkelhäutig aussehenden Jugendlichen. Rechtzeitig zur Fußball-Weltmeisterschaft in Deutschland griff die *Bild*-Zeitung das Thema erneut auf. Unter dem Titel „WM-Alarm: Klau-Kids wieder da!" berichtete sie am 25. April 2006 über Banden kleiner Trickdiebe „aus Süd- und Lateinamerika und Osteuropa", die es besonders auf Touristen in der Kölner City abgesehen hätten.

Problematisch ist schon die Nennung der nichtdeutschen Herkunft von Tatverdächtigen und Straftätern in Berichten über Verbrechen, weil dadurch der Eindruck vermittelt bzw. bestärkt wird, die Amoralität eines Gesetzesbrechers hänge mit dessen Abstammung oder ethnischer Herkunft zusammen (vgl. Topitsch 1997, S. 136). Dies gilt auch, wenn Namen abgekürzt werden, daraus jedoch die nichtdeutsche Herkunft der (mutmaßlichen) Täter ersichtlich ist. Besonders perfide erscheint da ein „Polizeischutz für bedrohten Hauptschüler. 15-Jähriger von Mitschüler beleidigt und geschlagen" überschriebener Artikel im Lokalteil des *Berliner Tagesspiegels* (vom 9.5.2006), der Schlägereien im Umfeld einer Schöneberger Schule behandelt und nicht nur die Tatsache hervorhebt, dass „weit mehr als die Hälfte" der Beteiligten einen Migrationshintergrund haben, sondern den Hauptbeschuldigten auch „Masel Al-Q." nennt, was zusammen mit dem Hinweis, dass „alle Schülernamen geändert" wurden, eigentlich nur bedeuten kann, dass der Verfasser die sich aufdrängende Assoziation zu Al Qaida gewollt oder vielleicht sogar als witzig empfunden hat.

Freilich bedarf es gar keiner Schlagzeile wie „Tod im Gemüseladen: Türke erschoss Libanesen" (*Weser-Kurier* vom 22.5.1999, S. 1), um rassistische Klischees zu reproduzieren oder entsprechende Einstellungsmuster zu stimulieren. Schon eine nüchterne und scheinbar „objektive" Polizeistatistik zur Ausländerkriminalität enthält – sofern sie weder kommentiert noch richtig interpretiert wird – die heimliche Botschaft, Menschen anderer Nationalität bzw. Herkunft seien aufgrund ihrer biologischen und/oder kulturellen Disposition für Straftaten anfälliger.

Migranten werden als „Sozialparasiten" stigmatisiert

Wer staatliche Hilfe braucht, Fördermaßnahmen oder finanzielle Unterstützung in Anspruch nehmen muss, wird von den meisten Journalistinnen und Journalisten entweder ignoriert oder gar als „Wohlfahrtsimmigrant", „Asylschmarotzer" bzw. „Sozialparasit" denunziert, was ausgezeichnet in das mediale Bild von der „Krise des Sozialstaates" (vgl. hierzu: Butterwegge 2005, S. 97 ff.) passt. Am 17. Oktober 2005 berichtete die *Bild*-Zeitung unter Berufung auf einen „Report" des Hauses von Wirtschafts- und Arbeitsminister Wolfgang Clement über Fälle des Leistungsmissbrauchs, der die betroffenen Langzeitarbeitslosen mit „Parasiten" in Verbindung bringt und sich gegen Missbrauch, „Abzocke" und Selbstbedienung im Sozialstaat wendet, unter dem Aufmacher „Die üblen Tricks der Hartz-IV-Schmarotzer! ... und wir müssen zahlen". In dem Artikel des größten deutschen Boulevardblatts heißt es: „Bei Hartz IV wird gnadenlos abgezockt." Unter den fünf „schlimmsten Fällen" waren „eine Hartz-IV-Empfängerin aus Tunesien", die „schon längst wieder in ihrer Heimat" lebte, sowie „ein Libanese", der als „bei seinen Landsleuten bekannter Sänger" nicht nur „gegen Honorar ständig bei Festen und Hochzeiten" auftrete, sondern auch „ein BMW-Cabriolet" fahre. Damit erweckte man den Eindruck, als seien Migrantinnen und Migranten überrepräsentiert und als handle es sich bei den „Abzockern" nicht um zum Teil kuriose Ausnahmen, sondern nur um die Spitze eines Eisberges. Am 7. November 2005 ergänzte der *Spiegel* unter der Überschrift „Missbrauch bei Türken?" und Berufung auf die Bundesagentur für Arbeit, vermutlich beziehe eine „große Zahl türkischer Arbeitsloser", die nennenswertes Vermögen im Heimatland hätten, ohne es anzugeben, rechtswidrig Arbeitslosengeld II.

Terrorismushysterie und Islamophobie nach dem 11. September

Seit den Attentaten auf das Word Trade Center und das Pentagon verdunkelte sich nicht nur das Islambild deutscher Medien (vgl. Ate 2006), sondern feierte auch die Deutung der Weltpolitik als „Kampf der Kulturen" (Samuel P. Huntington) bzw. „Krieg der Zivilisationen" (Bassam Tibi) fröhliche Urständ. Der damalige *Zeit*-Mitherausgeber und Chefredakteur Josef Joffe schrieb für die am 13. September 2001 erscheinende Ausgabe, welche für das Blatt ungewohnt reißerisch und mit roten Lettern „Krieg gegen die USA" verkündete, einen Leitartikel unter dem Titel „Die Zielscheibe: unsere Zivilisation. Terror total und global". Dort hieß es: „In dieser Woche scheint der Harvard-Politologe Samuel Huntington mit seinem viel gescholtenen Kampf der Kulturen (1995) auf schrecklichste Weise Recht zu bekommen."

Osama bin Laden und Al Qaida wurden zu Chiffren, welche die Feindschaft gegenüber der westlichen Zivilisation symbolisieren. Terrorismus, Fundamentalismus und Islamismus avancierten in vielen Medien zu einer gleichermaßen allgegenwärtigen wie omnipotenten Gefahr, der man gemeinsam mit US-Präsident George W. Bush in kriegerischer Manier entgegentrat, wobei sich der Einwanderungs- und der Kriminalitätsdiskurs wieder verschränkten. Teilweise gab es sogar einen Rückfall in Zerrbilder, die während der Asyldiskussion in den frühen 1990er-Jahren dominiert hatten. Genannt sei hier nur das *stern*-Titelbild vom 27. September 2001, wo ein dunkelhäutiger Mann mit Vollbart und Sonnenbrille zu sehen ist, in deren Gläsern sich unter der Überschrift „Terror-Gefahr in Deutschland. Geheimdienste warnen vor Anschlägen radikaler Muslime" die brennenden Türme des World Trade Center spiegeln, sowie das Titelbild eines *Spiegel special* (2/2003) zum Thema „Allahs blutiges Land. Der Islam und der Nahe Osten", wo von verschleierten Musliminnen über einen bärtigen Fanatiker mit bluttriefendem Krummdolch bis zum flammenden Inferno über Juden alle Stereotype bedient werden.

Nach den Terroranschlägen am 11. September 2001 wurde der lange erhoffte und seinerzeit wahrscheinlich mögliche Paradigmenwechsel in der arbeitsmarktbezogenen Migrationspolitik durch einen autoritären Sicherheitsdiskurs konterkariert (vgl. dazu: Reißlandt 2003, S. 132 ff.). Der zumindest vorübergehend liberale Zeitgeist wandelte sich wieder, weil fortan auch der „Schläfer" das Zerrbild des muslimischen Migranten bestimmte und sich die Zuwanderungsdebatte dadurch fast ins Gegenteil verkehrte: „Ihr Ausgangspunkt war die Hoffnung auf willkommene Zuwanderer, die der deutschen Gesellschaft dabei helfen, einige ihrer eklatantesten Schwächen auszugleichen. Nun dreht sich alles darum, dem Zuwanderer, der den Terror ins Land trägt, den Weg zu versperren." (Geis 2004) Migrantinnen und Migranten wurden noch stärker mit (Gewalt-)Kriminalität, Emotionalität und Irrationalität, Rückständigkeit und Unberechenbarkeit, wenn nicht gar religiösem Fundamentalismus und politisch-ideologischem Fanatismus in Verbindung gebracht. „Wiederholte Verweise auf ‚kriminelle Ausländer' oder ‚islamische Terroristen' delegitimieren Migranten, behindern ihre Integration im Sinne der Akzeptanz in der deutschen Mehrheitsgesellschaft (‚Ingroup') und legen Maßnahmen gegen sie nahe." (Weber-Menges 2005, S. 136)

Demgegenüber vertritt Eberhard Seidel (2003, S. 1354) die Auffassung, ein in Deutschland „bislang unbekanntes zivilgesellschaftliches Klima" habe die nach den Terroranschlägen in New York und Washington D.C. allgemein befürchteten antiislamischen Ressentiments unter Kontrolle gehalten und die Einbindung selbst der Boulevardpresse in den neuen zivilgesellschaftlichen Konsens bewirkt, was er mit einem Zitat aus der *Bild*-Zeitung vom 16. September 2001 belegt: „Das Letzte, was wir jetzt brauchen, ist ein Kampf der Kulturen. Das Allerletzte sind Mit-Christen, die nun zum Feldzug gegen den Islam blasen und den weltweiten Schock nutzen, um auf den Flammen des Infernos ihr heuchlerisches Süppchen zu kochen."

Ob das größte deutsche Boulevardblatt diese mahnenden und warnenden Worte eines seiner Redakteure in der Folgezeit wirklich beherzigte, ist eine Frage, die hier nicht mit letzter Sicherheit beantwortet werden kann. Matthias Junge (2005, S. 316) hat andere Tageszeitungen (*Die Welt, FAZ* und *Frankfurter Rundschau*) im Hinblick auf Ursachenzuschreibungen für den 11. September 2001 unmittelbar nach dem Ereignis analysiert und kritisiert eine Vernachlässigung ökonomischer und politischer Zusammenhänge: „Die Frage nach der Weltordnung tritt seit dem 11. September in den ausgewählten Zeitungen zuvörderst als Frage nach der Regulation von Kulturdifferenzen auf." Noch lange nach den Attentaten dominierten in deutschen Massenmedien die Bilder der brennenden Zwillingstürme, militärische Metaphern und eine martialische Sprache.

Wenn „uns" die Türken auf der Tasche liegen …

Genau ein Jahr und einen Tag nach den Terroranschlägen veröffentlichte Hans-Ulrich Wehler in der *Zeit* (vom 12.9.2002) einen Gastbeitrag, dessen Titel „Das Türkenproblem. Der Westen braucht die Türkei – etwa als Frontstaat gegen den Irak. Aber in die EU darf das muslimische Land niemals" die antiislamische Stoßrichtung der Diskussion darüber deutlich erkennen ließ. Auch rassistische Untertöne waren nicht zu überhören, wenn der Bielefelder Historiker schrieb: „Nach geografischer Lage, historischer Vergangenheit, Religion, Kultur, Mentalität ist die Türkei kein Teil Europas. Weshalb sollte man 65 Millionen muslimischen Anatoliern die Freizügigkeit gewähren, sich auf unabsehbare Zeit mit einem kostspieligen Versorgungsfall belasten?"

Giovanni di Lorenzo, neuer Chefredakteur der *Zeit*, setzte diese Art der Kommentierung fort, als er in der Ausgabe vom 30. September 2004 unter dem Titel „Drinnen vor der Tür. Auch nach drei Generationen sind die Türken in Deutschland nicht angekommen" über deren anhaltende Erfolglosigkeit klagte. „Es muss", hieß es da, „erlaubt sein, auf eine Form der Einwanderung zu schauen, die der Volkswirtschaft heute wenig bringt und den Steuerzahlern schwer nachvollziehbare Belastungen abverlangt."

Von einem ausgeglichenen Verhältnis zwischen eingezahlten Sozialversicherungsbeiträgen und ausgezahlten Leistungen könne nicht die Rede sein, und „zu viele Türken" frönten der auch unter Deutschen grassierenden Unsitte, den Sozialstaat hemmungslos auszubeuten. Verstärkt werde diese Neigung durch den gerade unter Mitgliedern der dritten Generation beobachtbaren „Rückzug in eine türkische Parallelwelt". Detailliert wurde den Türken vorgerechnet, was sie die Deutschen kosteten, und hieraus der Schluss gezogen, dass diese Form der Einwanderung weder länger finanzierbar noch Integration möglich sei.

... und ihre Frauen Kopftücher tragen (lassen)

Was der geplante EU-Beitritt der Türkei für die Außenpolitik bedeutete, war das Kopftuch an Schulen für die Innenpolitik. Sabine Schiffer (2005, S. 26) moniert, dass sich die Medien auf den Schleier und das Kopftuch als Symbole für den Islamismus und seine Unterdrückung der Frau konzentrieren und diese Kleidungsstücke benutzt hätten, um Fremdheit zu markieren: „Seit dem 11. September ist eine Zunahme an expliziten Schuldzuweisungen gegenüber Muslimen für verschiedenste Untaten auszumachen." Tatsächlich kulminierten im so genannten Kopftuch-Streit die weit gehend ungeklärten Fragen nach der Haltung zum Islam wie zur Religion allgemein und nach der Einstellung zur Migration wie zum weiblichen Geschlecht (vgl. Oestreich 2005).

Als der mit den Namen von Osama bin Laden und Al Qaida verbundene Bombenterror mit den Anschlägen auf Vorortzüge in Madrid am 11. März 2004 sowie auf die U-Bahn und einen Bus in London am 7. Juli 2005 auch Europa traf, wurde das politische und mediale Klima rauer. In der kampagnenartigen Berichterstattung über „Zwangsverheiratungen" von Mädchen und Frauen, die oftmals zusammen mit eng befreundeten Familien „arrangierte Ehen" sind und schon während der 1970er-Jahre skandalisiert wurden (vgl. Beck-Gernsheim 2006, S. 33 f.), sowie über „Ehrenmorde" blieben (kultur)rassistische Untertöne daher nicht aus. Als die Kurdin Hatun Sürücü am 7. Februar 2005 in Berlin erschossen wurde, beschäftigte das Thema nicht nur die lokalen Medien wochenlang. So berichtete die *Süddeutsche Zeitung* am 26. Februar 2005 unter dem Titel „In den Fängen einer türkischen Familie. Muslimische Dorfmoral in der Berliner Moderne: Schon wieder haben türkische Männer eine Frau mit dem Tod bestraft. Die Geschichte eines brutalen Zusammenpralls der Kulturen" darüber. Nachdem das Landgericht Berlin am 13. April 2006 den jüngsten Sohn der Familie Sürücü zu neun Jahren und drei Monaten Jugendstrafe verurteilt, seine beiden gleichfalls angeklagten älteren Brüder jedoch mangels Beweisen freigesprochen hatte, flammte die Debatte erneut auf. So berichtete ein „Migration: Verbrechen im Namen der Ehre" überschriebener *Spiegel*-Artikel (vom 24.4.2006), die Forderungen nach Ausweisungen und schärferen Gesetzen würden lauter, wobei er die Stimmung durch solche Formulierungen wie „die gesamte Sippe", „archaisch strukturierte Kurden", „selbstgewählte Isolation" oder „die gnadenlose Gewalt, die von jungen, meist muslimischen Migranten ausgeht" und die Feststellung, „dass die Parallelwelt vornehmlich türkischer Einwanderer immer undurchdringlicher wird", weiter anheizte.

Schahrzad Farrokhzad (2006, S. 75) arbeitet vier Konstruktionsvarianten der islamischen Frau in Medien und Öffentlichkeit heraus, die nebeneinander existieren, aber unterschiedlich beurteilt werden: die exotische Orientalin, die Kopftuchtürkin, die moderne Türkin und die Fundamentalistin. „Auffällig ist, dass die türkische Frau im Mittelpunkt des medialen Interesses steht – was im Alltagsdiskurs zur Folge hat, dass viele der in Deutschland lebenden orientalisch aussehenden und/oder Kopftuch tragenden Frauen aufgrund ihrer phänotypischen Merkmale für Türkinnen gehalten werden."

Zwischen „deutscher Leitkultur" und multikultureller Wirklichkeit

Medien liefern nicht nur (Zerr-)Bilder von Zuwanderern und ethnischen Minderheiten, die das Denken und Handeln der Einheimischen beeinflussen, sondern prägen auch deren Haltung im Hinblick auf die Modelle eines friedlichen Zusammenlebens zwischen Menschen unterschiedlicher Nationalität, Herkunft, Kultur und Religion, indem sie Möglichkeiten und Grenzen der Integration ausloten und öffentliche Debatten darüber führen. Besonders das in der Bundesrepublik seit den 1980er-Jahren diskutierte Konzept einer „multikulturellen Gesellschaft" wurde auch von Journalistinnen und Journalisten kommentiert, (fehl)interpretiert und wiederholt überzogen, aber nie überzeugend kritisiert.

In seiner Titelgeschichte „Deutsche und Ausländer: Gefährlich fremd" vom 14. April 1997 erklärte der *Spiegel* die multikulturelle Gesellschaft für gescheitert. Auf dem Titelbild des Hamburger Nachrichtenmagazins schwenkte eine Frau mit dunklem Teint und geschwollener Halsschlagader eine rote (türkische) Fahne. Daneben saßen Mädchen mit Kopftüchern auf endlos lang wirkenden Bankreihen einer Koranschule. Unter der Fahne trieb eine dunkelhäutig-maskuline, mit Messern und Nunchakus bewaffnete Jugendgang ihr Unwesen. Zu dieser an Manipulation grenzenden Fotomontage bemerkt Mark Terkessidis (2003, S. 244): „In einem Akt perfider journalistischer Zuspitzung fasste der *Spiegel* das hegemoniale Angstphantasma über ‚Ausländer' zusammen: Fanatismus, Fundamentalismus, Kriminalität, Gewalt."

Wenngleich manche Zeitungen und Zeitschriften, die das Thema sofort danach aufgriffen, sehr viel differenzierter als der *Spiegel* urteilten (vgl. Sarigöz 1999), bestimmte dieser als Leitmedium das politische Klima der Bundesrepublik. Man rückte von einem liberalen Konzept der Migrations-, Integrations- und Minderheitenpolitik ab, dem das Dogma der Nachkriegszeit gegenüberstand, die Bundesrepublik sei kein Einwanderungsland und dürfe es auch nicht werden. Seriöse bürgerliche Presseorgane polemisierten nunmehr häufiger gegen das Konzept der „multikulturellen Gesellschaft“, mit dem man (Ausländer-)Kriminalität, Bandenkriege und Chaos in Verbindung brachte.

Dagegen setzte der damalige Berliner Innensenator Jörg Schönbohm (CDU) im Sommer 1998 die gut zwei Jahre später von seinem Parteifreund und damaligen Chef der Unionsfraktion im Bundestag Friedrich Merz aufgegriffene Forderung, Zuwanderer müssten sich der „deutschen Leitkultur“ fügen. Hierüber entbrannte in den Medien eine längere Kontroverse, bei der es um die „nationale Identität“ ging. In diesem Zusammenhang fungierten Vertreter demokratischer Parteien wiederholt als Stichwortgeber rechtsextremer Publikationsorgane, die sich gern auf Stellungnahmen und Positionen bürgerlicher Kreise berufen, um ihre Reputation zu erhöhen (vgl. Hentges 2002, S. 113 f.).

In der Diskussion über das angebliche „Scheitern der multikulturellen Gesellschaft“ und die Forderung nach einem Treueid für Zuwanderer, die nach der Ermordung des niederländischen Filmemachers Theo van Gogh am 2. November 2004 wieder aufflammte, feierte die „deutsche“, häufiger auch die „christlich-abendländische“ oder „freiheitliche demokratische“ Leitkultur fröhliche Urständ. Die liberale *Zeit* überschrieb den von Leon de Winter verfassten Leitartikel eines Dossiers, das am 18. November 2004 erschien, zum Thema „Vor den Trümmern des großen Traums. Warum selbst in den Niederlanden, dem Mutterland der Toleranz, die islamischen Vorstellungen von Respekt und Ehre mit westlichen Werten nicht harmonieren können“, womit aus Sicht der Blattmacher klar war, dass „Multikultur“ keine Zukunft mehr hatte.

Im Feuilleton der *FAZ* (vom 23.11.2004) sprach Lorenz Jäger vom „Bankrott des Multikulturalismus“ und mutmaßte, die Ermordung Theo van Goghs werde womöglich eines Tages mit dem Fall der Berliner Mauer verglichen, denn nunmehr sei „eine weitere Lebenslüge der deutschen Linken geplatzt und der Katzenjammer entsprechend groß“, was zwei Wege eröffne: „Der eine ist der Übergang zur Wirklichkeit. Wird er nicht eingeschlagen, dann bleibt nur eine weitere Drehung der multikulturellen Schraube: Dann wird der Staat seinen therapeutischen Charakter noch einmal steigern und für die Unwilligen unter der Mehrheitsbevölkerung neue Erziehungs- und Toleranzprogramme auflegen. Er wird dann ein jakobinischer Tugendstaat, und die Freiheit bleibt auf der Strecke." Dagegen relativierte Mark Siemons an selbiger Stelle, gescheitert sei nur die „Milchmädchenrechnung der Monokultur", und wies auf Kanada hin, wo die meisten Einwanderer nicht nur in den Arbeitsmarkt integriert, sondern auch von der dortigen Gesellschaft „als Gewinn für ihr eigenes Wohlergehen gewollt und gewünscht" seien: „Wie selbstverständlich gehört zur kanadischen Leitkultur die kulturelle Verschiedenheit."

„Parallelgesellschaft" avanciert zum Modebegriff

„Parallelgesellschaft" avancierte nach dem Mord an van Gogh zu einem Mode- und dem Konträrbegriff zur „multikulturellen Gesellschaft", der eine umfassende Drohkulisse aufbaut und düstere Entwicklungsperspektiven ahnen lässt. Er gilt als Chiffre für kulturelle Entfremdung, Integrationsverweigerung und Selbstabschottung. Erol Yildiz (2006) zeigt, wie insbesondere von türkischen Migrantinnen und Migranten bewohnte Stadtviertel im Rahmen eines medialen Ghettodiskurses als „Parallelwelt" bzw. „Gegengesellschaft" konstruiert werden.

Albrecht von Lucke (2005, S. 10) erkannte darin einen „diskursiven Dammbruch", dass die außenpolitische Frontstellung gegenüber dem Islamismus und Terrorismus nunmehr voll auf die Innenpolitik und deren Streitpunkte durchschlug: „Deutschland ist im Krieg gegen die Feinde der Freiheit, und die Heimatfront steht in Berlin-Kreuzberg." Mit der Diskussion über „Parallelgesellschaften", die in einem „Die Schlacht um Europa" überschriebenen Artikel von Gilles Kepel in der *Welt am Sonntag* vom 21. November 2004 und im Titelblatt der am Tag darauf erschienenen Ausgabe des Münchener Nachrichtenmagazins *Focus*

„Unheimliche Gäste. Die Gegenwelt der Muslime in Deutschland“ gipfelte, sah von Lucke wieder die Gedankenwelt und die militante Rhetorik eines Carl Schmitt heraufziehen: „In all diesen Szenarien taucht (...) ein altbekanntes Muster auf, das die Bundesrepublik spätestens nach Beendigung des Kalten Krieges überwunden glaubte, nämlich die Zurichtung der Gesellschaft nach den Prinzipien von Freund und Feind.“

Nach der vorgezogenen Bundestagswahl am 18. September 2005 flammte die „Leitkultur“-Debatte erneut auf. Norbert Lammert (CDU) erklärte unmittelbar nach seiner Wahl zum Nachfolger Wolfgang Thierses als neuer Parlamentspräsident gegenüber der *Zeit* (vom 20.10.2005), dieser Begriff sei „reflexartig“ abgelehnt worden, verdiene es aber, wieder aufgegriffen zu werden: „Dass es in jeder Gesellschaft Überzeugungen geben muss, die möglichst breit verankert sind, ist eine Binsenweisheit. Kein politisches System kann seine innere Legitimation ohne solche gemeinsam getragenen Überzeugungen aufrechterhalten – schon gar nicht in schwierigen Zeiten wie heute, in denen nicht Wohlstandszuwächse verteilt, sondern Ansprüche eingesammelt werden müssen.“

Lammert kritisierte ausdrücklich die Wortkombination „deutsche Leitkultur“, verband Letztere mit einer „Revitalisierung des Glaubens“ im Sinne christlicher Religionsgemeinschaften und hob hervor, dass jede Gesellschaft nicht nur eine Rechtsordnung brauche, sondern sich auch „über ihre Grundlagen, ihre Herkunft, ihre Orientierungen“ verständigen müsse: „Wir machen bei uns die Erfahrung, dass sich neben der Rechtsordnung, deren Geltung kein Mensch bestreitet, Verhaltensmuster halten, die ihrerseits kulturell begründet sind. Wenn sich die Gesellschaft nicht regelmäßig ihrer Grundlagen vergewissert, läuft sie Gefahr, dass sich auch die Rechtsordnung auflöst.“ (*Rheinischer Merkur* vom 24.11.2005) Indem Lammert die Religion (statt der Nation) zum zentralen Ab- bzw. Ausgrenzungskriterium machte, löste er das Problem einer Dominanzkultur, die sich über den Wertehorizont der Zuwanderer erhaben dünkt, nicht. Mit dem von ihm benutzten

„Kulturkreis"-Begriff wird vielmehr Fremdheit konstruiert bzw. assoziiert und vor allem die nichteuropäische Migration negativ etikettiert bzw. abqualifiziert.

Deutschpflicht und Schulkrawalle

Im Frühjahr 2006 machten zwei Berliner Schulen in den Massenmedien regelrecht Furore. Die von Lehrerinnen, Lehrern, Eltern sowie Schülerinnen und Schülern der Weddinger Hoover-Realschule vereinbarte und in die Hausordnung aufgenommene Deutschpflicht auf dem Schulhof und bei Klassenfahrten galt den meisten darüber berichtenden Journalistinnen und Journalisten als Musterbeispiel gelungener Integration und zivilgesellschaftlichen Engagements (vgl. Man spricht Deutsch. Eine Realschule in Berlin bemüht sich um Integration. Nun ist die Empörung groß, in: Die *Zeit* vom 26.1.2006). Dass die Mutter-, Familien- bzw. Herkunftssprachen von Migranten und deren Nachkommen, die hierzulande selten als ethnische Minderheiten gelten, besser gefördert als „verboten" werden sollten, ging angesichts der gleichzeitig stattfindenden Diskussion über Einbürgerungstests, wie sie Baden-Württemberg und Hessen befürworteten, völlig unter. Der 16-jährige Schülersprecher Asad Suleman, dessen Eltern aus Pakistan stammen, gelangte mit seinem Bekenntnis zur deutschen Sprache in alle großen Tageszeitungen der Republik und wurde sogar in die ARD-Talkshow von Sabine Christiansen eingeladen (vgl. Deutschstunden, in: Die *Zeit* vom 2.2.2006).

Noch mehr Aufmerksamkeit erregte die Gewalttätigkeit, welche das Kollegium der Rütli-Hauptschule in einem Schreiben an die Senatsbehörde beklagte, das der Lokalpresse zugespielt wurde (vgl. Krawalle an der Hauptschule Neukölln: Kollegium fordert die Auflösung der „Rütli"; Hauptstadt knallhart. Notruf aus Neukölln, in: *Der Tagesspiegel* vom 30.3.2006). Auch in überregionalen Medien wurde die Brutalität vieler Schüler fast ausnahmslos mit einem hohen Anteil von Jugendlichen türkischer bzw. arabischer Herkunft „erklärt", der soziale Hintergrund aber häufig vernachlässigt. Selbst wenn Journalist(inn)en dieses Problem wie in dem *Spiegel*-Artikel „Die verlorene Welt" (vom 3.4.2006) als Ursache erkannten und benannten, verdunkelten sie es durch einseitige Zuschreibungen („Streitigkeiten zwischen ethnischen Gruppen sind besonders typisch"). Reporter, Kamerateams und Fotografen belagerten tagelang die in der Boulevardpresse als „Terrorschule" bezeichnete Einrichtung, hetzten „hinter arabischen und türkischen Halbwüchsigen her" und zahlten teilweise über 100 Euro für „gestellte Gangster-Gesten", wie die *Zeit* (vom 6.4.2006) in einem Dossier „Ist die Rütli noch zu retten?" berichtete.

Das Münchner Nachrichtenmagazin *Focus* machte die Vorfälle an der Rütli-Hauptschule am 10. April 2006 zum Aufhänger seiner Titelgeschichte „Die Multikulti-Lüge. Wie die Integration in Deutschland scheitert. Kommt jetzt die Wende in der Ausländerpolitik?" Unter einem „Außer Kontrolle" betitelten Foto, auf dem Rütli-Schüler mit Steinen auf Reporter und Kamerateams werfen, hieß es: „Die Integration muslimischer Einwanderer ist gescheitert. Die Multikulti-Ideologie weicht einem nüchternen Blick auf die Chancen und Gefahren einer unumkehrbaren Migration."

Literatur

Ateş, Şeref (2006): Das Islambild in den Medien nach dem 11. September 2001. In: Butterwegge, Christoph/Hentges, Gudrun (Hrsg.) (2006): Massenmedien, Migration und Integration. 2. Aufl. Wiesbaden, S. 153-172.

Beck-Gernsheim, Elisabeth (2006): Türkische Bräute und die Migrationsdebatte in Deutschland. In: Aus Politik und Zeitgeschichte. Beilage zur Wochenzeitung Das Parlament, 1-2/2006, S. 32-37.

Butterwegge, Christoph/Hentges, Gudrun (2001): „Ausländer und Asylmissbrauch" als Medienthema: Verantwortung und Versagen von Journalist(inn)en. In: Butterwegge, Christoph/Lohmann, Georg (Hrsg.) (2001): Jugend, Rechtsextremismus und Gewalt. Analysen und Argumente. 2. Aufl. Opladen, S. 83-99.

Butterwegge, Christoph/Cremer, Janine/Häusler, Alexander/Hentges, Gudrun/Pfeiffer, Thomas/Reißlandt, Carolin/Salzborn, Samuel (2002): Themen der Rechten – Themen der Mitte. Zuwanderung, demografischer Wandel und Nationalbewusstsein. Opladen

Butterwegge, Christoph/Hentges, Gudrun (2004): Libanesische Kurd(inn)en im Kreuzfeuer der medialen Kritik. Über die Verantwortung und das Versagen von Journalist(inn)en. In: NAVEND – Zentrum für Kurdische Studien (Hrsg.) (2004): Kurden und Medien. Ein Beitrag zur gleichberechtigten Akzeptanz und Wahrnehmung von Kurden in den Medien. Bonn, S. 79-108.

Butterwegge, Christoph (2005): Krise und Zukunft des Sozialstaates. Wiesbaden

Butterwegge, Christoph (2006): Migrationsberichterstattung, Medienpädagogik und politische Bildung. In: ders./Hentges, Gudrun (Hrsg.) (2006): Massenmedien, Migration und Integration. 2. Aufl. Wiesbaden, S. 187-237.

Butterwegge, Christoph/Hentges, Gudrun (Hrsg.) (2006): Zuwanderung im Zeichen der Globalisierung. Migrations-, Integrations- und Minderheitenpolitik. 3. Aufl. Wiesbaden

Farrokhzad, Schahrzad(2006): Exotin, Unterdrückte und Fundamentalistin. Konstruktionen der „fremden Frau" in deutschen Medien. In: Butterwegge, Christoph/Hentges, Gudrun (Hrsg.) (2006): Massenmedien, Migration und Integration. 2. Aufl. Wiesbaden, S. 55-86.

Geis, Matthias (2004): Vom Gastarbeiter zum Schläfer. In: Die Zeit vom 15.4. 2004

Hentges, Gudrun (2002): Das Plädoyer für eine „deutsche Leitkultur" – Steilvorlage für die extreme Rechte? In: Butterwegge, Christoph u. a. (2002): Themen der Rechten – Themen der Mitte. Zuwanderung, demografischer Wandel und Nationalbewusstsein. Opladen, S. 95-121.

Jäger, Margret/Cleve, Gabriele/Ruth, Ina/Jäger, Siegfried (1998): Von deutschen Einzeltätern und ausländischen Banden. Medien und Straftaten. Duisburg

Junge, Matthias (2003): Die Bewältigung des 11. September in ausgewählten Tageszeitungen. In: Allmendinger, Jutta (Hrsg.) (2003): Entstaatlichung und soziale Sicherheit. Verhandlungen des 31. Kongresses der Deutschen Gesellschaft für Soziologie in Leipzig. Teil 1. Opladen, S. 311-321.

Lucke, Albrecht von (2005): Diskursiver Dammbruch. In: Blätter für deutsche und internationale Politik 1/2005, S. 9-11.

Oestreich, Heide (2005): Der Kopftuch-Streit. Das Abendland und ein Quadratmeter Islam. 2. Aufl. Frankfurt am Main

Reißlandt, Carolin (2003): Ein neuer Anlauf nach dem Scheitern? – Die wechselhafte Geschichte des Zuwanderungsgesetzes. In: Butterwegge, Christoph/Hentges, Gudrun (Hrsg.) (2003): Zuwanderung im Zeichen der Globalisierung. Migrations-, Integrations- und Minderheitenpolitik. 2. Aufl. Opladen, S. 123-148.

Ruhrmann, Georg (1999): Medienberichterstattung über Ausländer: Befunde – Perspektiven – Empfehlungen. In: Butterwegge, Christoph/Hentges, Gudrun/Sarigöz, Fatma (Hrsg.) (1999): Medien und multikulturelle Gesellschaft. Opladen, S. 95-108.

Sarigöz, Fatma (1999): Die multikulturelle Gesellschaft im Spiegel der Medien. In: Butterwegge, Christoph/Hentges, Gudrun/Sarigöz, Fatma (Hrsg.) (1999): Medien und multikulturelle Gesellschaft. Opladen, S. 9-28.

Scheffer, Bernd (1997): Eine Einführung: Medien und Fremdenfeindlichkeit. Alltägliche Paradoxien, Dilemmata, Absurditäten und Zynismen. In: ders. (Hrsg.)

(1997): Medien und Fremdenfeindlichkeit. Alltägliche Paradoxien, Dilemmata, Absurditäten und Zynismen. Opladen, S. 17-71.

Schiffer, Sabine (2005): Der Islam in deutschen Medien. In: Aus Politik und Zeitgeschichte. Beilage zur Wochenzeitung Das Parlament, 20/2005, S. 23-30.

Schneider, Manfred (2004): Schicksalsgemeinschaft. Wie die deutschen Konservativen Weltoffenheit demonstrieren. In: Frankfurter Rundschau vom 22.7.2004

Seidel, Eberhard (2003): Islam und Islamismuskritik in Deutschland. Zwischen Blauäugigkeit und Dämonisierung. In: Blätter für deutsche und internationale Politik, 11/2003, S. 1352-1360.

Terkessidis, Mark (2003): Wir selbst sind die Anderen. Globalisierung, multikulturelle Gesellschaft und Neorassismus. In: Butterwegge, Christoph/Hentges, Gudrun (Hrsg.) (2003): Zuwanderung im Zeichen der Globalisierung. Migrations-, Integrations- und Minderheitenpolitik. 2. Aufl. Opladen, S. 231-252.

Topitsch, Rainer (1997): Soziobiologie, Fremdenfeindlichkeit und Medien. In: Scheffer, Bernd (Hrsg.) (1997): Medien und Fremdenfeindlichkeit. Alltägliche Paradoxien, Dilemmata, Absurditäten und Zynismen. Opladen, S. 123-142.

Weber-Menges, Sonja (2005): Die Wirkungen der Präsentation ethnischer Minderheiten in deutschen Medien. In: Geißler, Rainer/Pöttker, Horst (Hrsg.) (2005): Massenmedien und die Integration ethnischer Minderheiten in Deutschland. Problemaufriss – Forschungsstand – Bibliographie. Bielefeld, S. 127-184.

Yildiz, Erol (2006): Stigmatisierende Mediendiskurse in der kosmopolitanen Einwanderungsgesellschaft. In: Butterwegge, Christoph/Hentges, Gudrun (Hrsg.) (2006): Massenmedien, Migration und Integration. 2. Aufl. Wiesbaden, S. 37-53.

Karl-Heinz Meier-Braun

Weltweite Migration und die Rolle der Vereinten Nationen

Migration und Bevölkerungsentwicklung

Nach Berechnungen der Bevölkerungsabteilung der Vereinten Nationen (UN Population Division) zur „Bestandserhaltungsmigration“ werden zwischen 1995 und 2050 die Bevölkerung Japans sowie die nahezu aller Länder Europas schrumpfen. Einige Länder, darunter Italien, könnten zwischen einem Viertel und einem Drittel ihrer Bevölkerung verlieren. Die Bevölkerung wird so stark altern, dass das durchschnittliche Alter eine noch nie da gewesene Höhe erreicht. Die Zahl der Personen im erwerbsfähigen Alter, die auf je eine Person im Rentenalter entfällt, wird sich in vielen Fällen von etwa vier auf zwei halbieren. Das heißt: künftig müssten nicht mehr vier, sondern zwei Beschäftigte einen Rentner versorgen. Nach anderen Studien kommt in Deutschland bei gleich bleibender Geburtenrate in 40 Jahren auf einen Rentner sogar nur noch ein aktiver Beitragszahler. Dann müssten die Rentenbeiträge auf mindestens 40 Prozent des Arbeitseinkommens steigen (2004: 19,5 Prozent).

Ein Rückgang der Bevölkerung wird nach den UN-Untersuchungen ohne Bestandserhaltungsmigration nicht aufzuhalten sein, wobei die Experten von einer Struktur der Zuwanderung nach Alter und Geschlecht ausgehen, die der Zuwanderung in die klassischen Einwanderungsländer wie die Vereinigten Staaten, Kanada und Australien in den 1990-Jahren entspricht. Die Zahl der Einwanderer, die notwendig ist, um einen Rückgang der Bevölkerung aufzufangen, liegt erheblich über den bisherigen UN-Prognosen. Die einzige Ausnahme bilden dabei die Vereinigten Staaten. Im Verhältnis zu ihrer Bevölkerungsgröße bräuchten Italien und Deutschland die höchste Nettozuwanderung (Zuzüge minus Fortzüge), um den Bestand der Bevölkerung im arbeitsfähigen Alter erhalten zu können (vgl. auch den Beitrag von Herbert Brücker in diesem Buch).

Schrumpfende EU-Bevölkerung – treffsichere UN-Prognosen

Insgesamt ist anzumerken, dass die demographischen Vorausberechnungen keine „Kaffeesatzlesereien" sind. Es wird stets genau angegeben, welche Ergebnisse unter welchen Annahmen im Hinblick auf die Kinderzahl, Lebenserwartung und Wanderung zu erwarten sind. Die Prognosen sind auch deshalb ziemlich treffsicher, weil beispielsweise der größte Teil der Menschen, die etwa im Jahr 2030 leben werden, schon geboren ist. So lag der Fehler der UN-Berechnungen für die Weltbevölkerung aus den 1950er-Jahren für das Jahr 2000, also fast für ein halbes Jahrhundert später, bei unter fünf Prozent.

Gerade in Deutschland ähnelt der Altersaufbau schon längst keiner Pyramide mehr, mit einem festen Sockel von Jungen, einem soliden Mittelbau von Erwerbstätigen und wenigen Alten an der Spitze. Vielmehr sieht er jetzt schon aus wie ein „zersauster Tannenbaum" und bald – so sagen schon manche – wie eine Urne. Falls die Bevölkerung um ein Viertel schrumpft, hätte dies katastrophale Folgen für die Industrieländer, für die Renten-, Kranken- oder Pflegeversicherung und für den Bestand von Kindergärten und Schulen. Das Kernproblem ist die niedrige Geburtenrate. Um den Bevölkerungsbestand aufrechtzuerhalten, müsste jede Frau im Durchschnitt 2,1 Kinder zur Welt bringen. In Wirklichkeit sind es EU-weit nur 1,3 Kinder, wobei Deutschland mittlerweile die niedrigste Geburtenrate in der Europäischen Union hat.

Aufhalten oder rückgängig machen lässt sich die Entwicklung zum „Altenheim" durch Einwanderung ohnehin nicht mehr, höchstens abmildern. Falls man mittel- bis langfristig wirklich etwas verändern wollte, müsste man praktisch nur noch Kinder einwandern lassen – eine groteske Vorstellung. Einwanderung ist schon deshalb kein Allheilmittel gegen eine schrumpfende Gesellschaft, weil Zuwanderer auch älter werden und sich ihre Geburtenrate jener der Aufnahmegesellschaft angleicht. Einpersonenhaushalte sind bereits sowohl unter Ausländern als auch unter Deutschen mit einem Anteil von 34 bzw. 37 Prozent der häufigste Haushaltstyp, auch wenn es bei der ausländischen Bevölkerung immer noch mehr Großhaushalte gibt.

Noch sind die Zuwanderer in Deutschland im Durchschnitt jünger als die Gesamtbevölkerung, was eine positive Auswirkung auf die sozialen Sicherungssysteme hat. Einwanderer sind ein „Balsam für Rentenkassen", wie es das Institut der Deutschen Wirtschaft in Köln ausdrückt. Europa sollte Zuwanderer deshalb auch als Bereicherung, geradezu als Glücksfall begreifen. Die jungen Einwanderinnen und Einwanderer, hier geboren und aufgewachsen, sind auf jeden Fall ein Gewinn in einer immer älter werdenden Gesellschaft. Darauf weisen Migrationsforscher seit über 25 Jahren hin. Europa, insbesondere Deutschland, braucht Einwanderer, weil es nur so seinen wirtschaftlichen und sozialen Standard halten kann. Mit anderen Worten: das Boot ist nicht voll, sondern es wird immer leerer!

Tiefgreifende Folgen alternder Bevölkerung

Nicht nur in der Landwirtschaft, im Hotel- und Gaststättengewerbe, in der Kranken- und Altenpflege werden Mitarbeiter gesucht. Ein wachsender Bedarf besteht auch an Hochschulabsolventen. Trotz vier Millionen Arbeitsloser konnten beispielsweise im Herbst 2004 in der Metall- und Elektroindustrie viele Stellen nicht besetzt werden. Gesamtmetall-Präsident Martin Kannegiesser sagte, dass dieser Branche rund 150.000 Mitarbeiter fehlten. Seit Beginn des Jahres sei die Zahl der nicht besetzten Arbeitsplätze um 40.000 (oder 35 Prozent) gestiegen. Gesucht werden unter anderem Installateure, Schlosser, Maler, Maurer, Mechaniker, Elektriker und Bürokaufleute. Wegen der sinkenden Geburtenrate droht Deutschland ein Fachkräftemangel und der Rückgang seiner Bevölkerung von 82,5 Millionen auf rund 75 Millionen bis zum Jahr 2050 – also auf das Niveau von 1963. Experten sagen einen Einbruch auf dem Immobilien- und Kapitalmarkt voraus, denn die Bevölkerung schrumpft und altert zugleich. Die Zahl der Selbstständigen, einschließlich der Freiberufler, wird aus demographischen Gründen in den kommenden Jahrzehnten um deutlich mehr als eine halbe Million zurückgehen. Gefordert wird deshalb unter anderem: Förderung von Ausländern!

Migration weltweit

Insgesamt gehören Bevölkerungsentwicklung und Migration zu den großen Herausforderungen der Menschheit in diesem Jahrhundert. Zusätzlich zu dem Sonderberichterstatter für die Menschenrechte von Migranten, Jorge A. Bustamante (Mexiko), wurde deshalb eine „Weltkommission für internationale Migration“ (Global Commission on International Migration, GCIM) mit Sitz in Genf eingesetzt, die im Oktober 2005 ihren Bericht mit Lösungsvorschlägen veröffentlicht hat. Mit Rita Süssmuth wurde auch ein deutsches Mitglied berufen. Die frühere Präsidentin des Deutschen Bundestages leitete in Deutschland bereits die vom ehemaligen Bundeskanzler Schröder eingesetzte „Zuwanderungskommission“ und war Vorsitzende des mittlerweile wieder aufgelösten Sachverständigenrates für Zuwanderung und Integration der Bundesregierung. „Migration kann nur noch im europäischen und internationalen Maßstab gestaltet werden“, so Süssmuth im Hinblick auf die „Neue Völkerwanderung“, wie die weltweite Migration schon genannt wird.

Rund 200 Millionen Menschen sind weltweit unterwegs. Ihre Zahl stieg im Laufe des letzten Jahrzehnts jährlich um sechs Millionen und nimmt damit schneller zu als das Wachstum der Weltbevölkerung. Die meisten sind Arbeitsmigranten, etwa 17 Millionen sind Flüchtlinge, die vor Krieg, Verfolgung und massiven Menschenrechtsverletzungen fliehen mussten oder sich in fluchtähnlichen Situationen befinden. Weltweit sind fast die Hälfte (48,6 Prozent) aller Migranten Frauen. Man spricht schon von einer „Feminisierung der Migration“, zumal immer mehr Frauen als allein verdienendes Familienoberhaupt ohne männliche Begleitung unterwegs sind.

Migration umfasst alle grenzüberschreitenden Wanderungsbewegungen, wie z.B. freiwillige Auswanderung von Hochqualifizierten oder Familienzusammenführungen. Dazu gehört außerdem die zeitweilige Auswanderung für eine begrenzte Beschäftigung, beispielsweise von Saisonarbeitskräften, sowie die „illegale Migration“, auch „irreguläre Migration“ genannt. Außerdem zählt unter den Begriff Migration die erzwungene Flucht durch Kriege oder Umweltkatastrophen. Durch den weit gefassten Migrationsbegriff ist das Aufstellen einer internationalen Migrationsstatistik schwierig und sollte dringend unter UN-Standards verbessert werden.

Arbeitsmigranten

Schon die ersten „Gastarbeiter“, die in den 1950er-Jahren aus dem Mittelmeerraum nach Deutschland geholt wurden, waren Vorboten der modernen Globalisierung. Die Arbeitskräftewanderung ist Teil und Folge der weltweiten Globalisierung. Ein „Weltmarkt der Migration“ ist längst entstanden, in dem sich sowohl die reichen Industrienationen als auch die reichen Ölstaaten am Persischen Golf offensichtlich dauerhaft auf die Beschäftigung von ausländischen Arbeitskräften eingerichtet haben, selbst bei relativ hoher Arbeitslosigkeit im eigenen Lande. Verbilligte Kommunikations- und Transportmöglichkeiten haben die Welt der Arbeitsmigration revolutioniert. Für einen Migranten ist es heute viel leichter geworden, sich innerhalb weniger Flugstunden weltweit auf Arbeitssuche zu begeben und trotzdem Kontakt mit der Heimat zu halten.

Weltweit sind zwar Millionen von Menschen als Arbeitskräfte im Ausland unterwegs. Irregulär Migrierte hinzugerechnet entspricht dies allerdings nur drei Prozent der Weltbevölkerung. Umgekehrt ausgedrückt: fast 100 Prozent der Menschen bleiben zuhause und arbeiten nicht im Ausland. Es ist also die Ausnahme und nicht die Regel, dass sich jemand als Arbeitsmigrant auf den Weg macht. Viele Länder leben aber geradezu von dem Geld, das die Gastarbeiter in der Ferne verdienen. Ihre Rücküberweisungen machen jährlich rund 150 Milliarden US-Dollar (2004) aus, was einen Anstieg um 50 Prozent in gerade einmal fünf Jahren darstellt. Die Rücküberweisungen, die Migranten in ihre Heimat senden, entsprechen dem Dreifachen der gesamten öffentlichen Entwicklungshilfe und spielen eine wichtige Rolle bei der Bekämpfung der Armut in den Herkunftsländern, indem sie den Entwicklungsprozess unterstützen, wenn die Regierungen dieser Länder ein für das Wirtschaftswachstum förderliches Umfeld schaffen.

Die Überweisungen der Arbeitsmigranten gehören zum Gewinn – „Brain Gain" – der internationalen Arbeitskräftewanderung. Zur negativen Seite der Arbeitsmigration zählt der Verlust an Humankapital – „Brain Drain" –, wenn junge, gut ausgebildete Fachkräfte abwandern. Rund 400.000 Wissenschaftler und Ingenieure aus Entwicklungsländern arbeiten in den Industriestaaten in Forschung und Entwicklung. Ghana und Jamaika registrieren mehr ausgebildete Mediziner außerhalb als innerhalb ihres Landes. Die Bilanz der Süd-Nord-Migration fällt deshalb insgesamt zwiespältig aus, auch wenn die wirtschaftlichen Auswirkungen der Migration auf die Aufnahme- und Herkunftsländer als überwiegend positiv zu bewerten sind.

Flüchtlinge nach der Genfer Flüchtlingskonvention

Der „Hohe Flüchtlingskommissar der Vereinten Nationen" (UNHCR) unterstützt und setzt sich für den Schutz von weltweit rund 17 Millionen Menschen ein, die vor Krieg, Verfolgung und massiven Menschenrechtsverletzungen geflohen sind oder sich in „flüchtlingsähnlichen Situationen" befinden. Darüber hinaus sind schätzungsweise zwischen 20 bis 25 Millionen Menschen innerhalb ihrer Heimatländer wegen innerstaatlicher Konflikte vertrieben worden. Diese Gruppe fällt nicht unter den Schutz der Genfer Flüchtlingskonvention, weil sie keine Grenze überschritten hat, auch wenn der UNHCR immer öfter gebeten wird, solchen Menschen zu helfen. Das Amt des Hohen Flüchtlingskommissars wurde durch die Resolution 428 der UN-Vollversammlung gegründet und nahm am 1. Januar 1951 als Unterorgan der UN-Vollversammlung seine Arbeit auf. Der UNHCR sollte den Millionen von Flüchtlingen und Vertriebenen in Europa helfen, die während oder nach dem Zweiten Weltkrieg ihre Heimat verlassen mussten. Die Grundlage für die Arbeit der Flüchtlingsorganisation der Vereinten Nationen ist nach wie vor die Genfer Flüchtlingskonvention von 1951 und das Protokoll von 1967. Diese „Magna Charta" des Internationalen Schutzes für Flüchtlinge hat unzähligen Menschen das Leben gerettet. Das internationale Recht definiert einen Flüchtling als eine Person, die sich aus begründeter Furcht vor Verfolgung außerhalb eines Landes befindet, dessen Staatsangehörigkeit sie besitzt, oder die wegen eines Krieges oder innerstaatlichen Konflikts geflohen ist.

Binnenvertriebene

Allerdings umfasst die weltweite Zahl der Migranten auch zahlreiche Menschen, die zum Verlassen ihrer Heimat gezwungen wurden, ohne dabei internationale Grenzen zu überqueren, etwa auf dem Balkan, in Afghanistan, Sri Lanka, dem Sudan oder Kolumbien. Weltweit gibt es schätzungsweise 20 bis 25 Millionen dieser „Binnenvertriebenen". Im Unterschied zu Flüchtlingen nach der Genfer Flüchtlingskonvention ist es bei ihnen sehr viel schwieriger, Hilfe und Schutz zu gewährleisten. Unberücksichtigt bleibt ihr Schicksal dennoch nicht. So hat der UN-Generalsekretär bereits 1992 einen Beauftragten für Binnenvertriebene eingesetzt. Seit September 2004 hat dieses Amt der Schweizer Walter Kälin inne.

Umweltflüchtlinge

Inzwischen sind weltweit neue Probleme hinzugekommen: so mussten bereits Millionen von Umweltflüchtlingen ihre Heimat verlassen, weil ihre natürlichen Lebensgrundlagen zerstört wurden (z.B. Wüstenbildung, Überschwemmungen). Gerade diese Zahlen schwanken aber sehr stark, sind also mit Fragezeichen zu versehen, zumal sie meist auf Schätzungen beruhen. Nach dem UN-Weltbevölkerungsbericht 2001 befanden sich aber bereits rund 25 Millionen Menschen auf der Flucht vor Umweltzerstörungen. Damit überstieg die Zahl der Umweltflüchtlinge zum ersten Mal in der Geschichte der Menschheit die der Kriegsflüchtlinge. Gar nicht abzusehen ist, welche Flüchtlingsströme Veränderungen des Weltklimas, beispielsweise die Überflutungen von Küstengebieten, auslösen könnten. Falls sich aufgrund des Treibhauseffektes der Meeresspiegel in Bangladesch um einen Meter erhöhen sollte, rechnen Fachleute mit 20 bis 25 Millionen Menschen, die ihre Heimat verlassen müssten.

Ärmste Länder tragen die Hauptlast der Migration

Insgesamt wird die Diskussion über die „Neue Völkerwanderung" im Westen meist von Unsachlichkeiten und vom Eindruck geprägt, als würden jetzt schon alle Flüchtlinge und Arbeitsmigranten der Welt in die reichen Industrienationen strömen. Aber das Gegenteil ist richtig: Höchstens ein bis zwei Prozent aller Flüchtlinge kommt in Europa an. Die weltweiten Migrations- und Asylprobleme spielen sich vor allem auf der südlichen Halbkugel ab. Die armen und ärmsten Länder tragen die Hauptlast dieser Wanderungsbewegungen. Nur wenige erreichen die reichen Wohlstandsinseln wie die Bundesrepublik Deutschland. Die wichtigsten Migrationsfaktoren zu Beginn des 21. Jahrhunderts sind kriegerische Auseinandersetzungen, Menschenrechtsverletzungen, wirtschaftliche Probleme, Hunger, Umweltkatastrophen und der Anstieg der Weltbevölkerung.

Die Ungleichheit zwischen Arm und Reich auf der Welt klafft immer weiter auseinander. Gelingt es einem „Gastarbeiter" aus Bangladesch eine Woche lang in Japan zum Durchschnittslohn bzw. zwei Wochen zur Hälfte des Durchschnittslohns zu arbeiten, so hat er so viel verdient, wie in seinem Heimatland in zwei Jahren. Eine Krankenschwester bekommt auf den Philippinen 146 Dollar im Monat. In den Golfstaaten sind es 500 Dollar und in den Vereinigten Staaten sogar 3.000 Dollar. Als Folge dieser Gehaltsunterschiede aber auch der besseren beruflichen Aufstiegschancen und Arbeitsbedingungen sind aus den Philippinen in den letzten Jahrzehnten mehr als 3.000 qualifizierte Krankenschwestern pro Jahr ausgewandert.

Weltweit gehen zwar Arbeitsplätze für Arbeitsmigranten beispielsweise durch Rationalisierungsmaßnahmen verloren. Aber viele Arbeitsbereiche, insbesondere im Dienstleistungsbereich, kann man nicht einfach ersetzen. Darüber hinaus – so die Beobachtungen der Internationalen Arbeitsorganisation (ILO) in Genf – nimmt die Arbeit, die einheimische Arbeitskräfte nicht mehr übernehmen wollen, offensichtlich noch zu. Taxifahren war in den Vereinigten Staaten bis vor etwa zehn Jahren eine hoch angesehene Tätigkeit für Einheimische. Heutzutage gibt es nur noch wenige einheimische Taxifahrer. In den letzten 25 Jahren hat sich der Anteil der im Ausland geborenen Taxifahrer in Washington D.C. von 25 auf 85 Prozent erhöht. In Deutschland zeichnet sich eine ähnliche Entwicklung ab. Nach Angaben des Deutschen Taxi- und Mietwagenverbandes liegt der Ausländeranteil bei den Taxiunternehmen in Deutschland bei rund 30 Prozent. Vor zehn Jahren machte er nur etwa zehn Prozent aus.

Menschenschmuggel

Experten gehen davon aus, dass Menschenschmuggel mit illegalen Arbeitskräften bereits einträglicher ist als der Handel mit Drogen. Bereits jetzt verdienen internationale Gangstersyndikate geschätzte zehn Milliarden US-Dollar im Jahr am Menschenhandel. Auch diesbezüglich sind die Vereinten Nationen bereits tätig. So trat am 28. Januar 2004 das Protokoll gegen den Schmuggel von Migranten an Land, in der Luft und auf See in Kraft. Es ist ein Meilenstein im Kampf gegen den Menschenschmuggel, da erstmals die illegale Migration an sich nicht mehr als Verbrechen betrachtet wird, sondern illegale Migranten als Opfer gesehen werden, die Schutz vor Menschenschmugglern benötigen. Die illegale Ausländerbeschäftigung wirft ein bezeichnendes Licht auf die doppelbödige Diskussion und Politik in den Industrieländern. So wird angenommen, dass Frankreich ein Drittel seiner Autobahnen mit illegalen Einwanderern gebaut hat und seine Autoproduktion ebenfalls zu einem Drittel mit illegal Beschäftigten bestreitet. Italien erwirtschaftet sein Bruttosozialprodukt schätzungsweise zu 20 bis 30 Prozent mit illegal Eingereisten. In den USA wiederum halten sich nach Angaben des Berichts der Weltkommission für Internationale Migration schätzungsweise zehn Millionen irreguläre Migranten auf.

Migration als Ausdruck des Armutsgefälles

Das Flüchtlings- und Migrationsproblem macht grundsätzlich deutlich, dass wir nicht nur in Deutschland jahrelang Scheindiskussionen über die Asylpolitik geführt haben. Die wirklichen Probleme und Fluchtursachen, wie der so genannte Nord-Süd-Gegensatz oder das „Weltumweltproblem", werden geradezu ausgeklammert. Die eigentlichen „Probleme hinter den Problemen" werden nicht benannt, weil sie zu einem grundsätzlichen Umdenken und beispielsweise zu einer anderen Politik gegenüber dem Süden führen müssten. Migrations- und Flüchtlingsströme sind nichts anderes als der Ausdruck der wirtschaftlichen, demographischen und politischen Ungleichgewichte auf der Welt. So viel ist sicher: eine von Krisen geschüttelte Welt, eine unstabile und ungerechte Weltordnung wird weiterhin Migrations- und Flüchtlingsbewegungen produzieren. Das rasche Bevölkerungswachstum in der Dritten Welt wird weiterhin zu einem

Internationale Migration im Überblick

- 2005 gibt es fast 200 Millionen internationale Migranten, was jedem 35. Menschen oder drei Prozent der Weltbevölkerung entspricht;
- 48,6 Prozent der internationalen Migranten sind Frauen;
- zwischen 1980 und 2000 stieg die Zahl der in der entwickelten Welt lebenden Migranten von 48 Millionen auf 110 Millionen an, verglichen mit einem Anstieg von 52 Millionen auf 65 Millionen in den Entwicklungsländern;
- im Jahr 2000 waren etwa 86 Millionen der Migranten weltweit erwerbstätig – das sind über 50 Prozent aller Migranten;
- jährlich überqueren geschätzte 2,5 bis vier Millionen irreguläre Migranten internationale Grenzen;
- zwischen 1990 und 2000 waren 89 Prozent des Bevölkerungswachstums in Europa auf Zuwanderung zurückzuführen.

Quelle: Bericht der Weltkommission für Internationale Migration

verstärkten Auswanderungsdruck führen. Bereits im Jahre 2043 wird die Zahl der Menschen voraussichtlich neun Milliarden Menschen betragen – neun Jahre früher als erwartet. Trotzdem ist nicht damit zu rechnen, dass sich schon bald ein Millionenheer von Armutsflüchtlingen auf den Weg zu den Wohlstandsinseln machen wird.

Diskussion um Fluchtursachen ist dringend erforderlich

Beseitigung der Fluchtursachen, das ist in der Tat der wichtigste Ansatz bei der Diskussion um die „Neue Völkerwanderung". In der Praxis geschieht aber immer noch viel zu wenig, um diese Erkenntnis umzusetzen. Fluchtursachen beseitigen, Umweltflüchtlinge verhindern – was heißt das? Wer ist Schuld an Umweltzerstörung und Ökoflüchtlingen? Die west- und osteuropäischen Staaten sind auf jeden Fall für 80 Prozent des Kohlendioxidausstoßes verantwortlich. Die Bundesrepublik bläst mehr Kohlendioxid in die Luft als Indien. Jede einzelne Person in den Industrieländern verbraucht im Durchschnitt soviel Energie wie zehn Personen in der so genannten Dritten Welt. Gemeinsame Anstrengungen gerade der europäischen Staaten in der Friedens-, Außen- und Entwicklungshilfepolitik zur Beseitigung der Fluchtursachen vor Ort sind dringend notwendig. Den 2000 von den Vereinten Nationen formulierten acht „Millenniums-Entwicklungszielen" (Armutsbekämpfung, allgemeine Grundschulbildung, Geschlechtergleichstellung, Verringerung von Kindersterblichkeit, Verbesserung der Gesundheit von Müttern, Infektionskrankheiten bekämpfen, Umweltschutz, Entwicklungspartnerschaften) kommt in diesem Zusammenhang ebenfalls eine wichtige Aufgabe zu. Zwar kann Entwicklungshilfe sicher nur einen kleinen Beitrag dazu leisten, dass der Auswanderungsdruck nachlässt. Sie sollte aber endlich, wie bereits 1970 festgelegt, 0,7 Prozent des Bruttosozialproduktes erreichen und damit eine alte Forderung der Vereinten Nationen umsetzen. Die Bundesrepublik – immer noch eines der reichsten Länder der Welt – erreicht kaum die Hälfte dieser Marke. Der Umfang der internationalen Hilfe geht zurück, obwohl die Flüchtlings- und Migrationsbewegungen in den vergangenen Jahren eine neue Dimension erreicht haben.

Die Rolle der Vereinten Nationen

Zur Beseitigung von Fluchtursachen muss die Rolle der Vereinten Nationen und ihrer Flüchtlingsorganisation gestärkt werden. Mehr Kompetenz und mehr Geld heißt die Forderung. Bislang wird das Budget des UNHCR ausschließlich durch freiwillige Beiträge der Geberstaaten finanziert, was immer wieder zu Problemen um ausstehende Gelder führt, mit denen internationale Hilfsprogramme finanziert werden sollen. Ein Vergleich mit kriegerischen Interventionen macht das Problem deutlich. Im Herbst 2004 zeichneten sich bereits Gesamtkosten des Irakkrieges in Höhe von 225 Milliarden US-Dollar ab. Geht man vom bestehenden Etat aus, entspricht dies in etwa der Summe, die dem Flüchtlingshilfswerk der Vereinten Nationen in den nächsten 200 Jahren zur Verfügung stehen wird.

Auf der Internationalen UN-Bevölkerungs- und Entwicklungskonferenz in Kairo wurde 1994 bereits ein Aktionsprogramm beschlossen, in dem die Herkunfts- und Aufnahmeländer zur Zusammenarbeit aufgerufen werden. Die Rechte der Migranten sollen dadurch besser geschützt, die illegale Migration verringert, sowie Rassismus und Fremdenfeindlichkeit bekämpft werden. Fragen der Migration standen im Mittelpunkt verschiedener internationaler Konferenzen, vor allem auf der Weltkonferenz gegen Rassismus, Rassendiskriminierung und Fremdenfeindlichkeit 2001 in Durban (Südafrika). Auch das Amt des Hohen Kommissars für Menschenrechte beschäftigt sich immer wieder mit Migrationsthemen. Zahlreiche weitere UN-Aktivitäten, beispielsweise die der UNESCO (United Nations Educational, Scientific and Cultural Organisation) 2004 im „Internationalen Jahr des Gedenkens an den Kampf gegen die Sklaverei und ihrer Abschaffung“, spielen in diesem Zusammenhang eine Rolle. Auch der „UN-Bericht über die menschliche Entwicklung 2004“ setzt sich für die Rechte von Migranten und kulturelle Freiheit weltweit ein. Mit Gedenktagen versuchen die Vereinten Nationen das Thema in das Bewusstsein von Politik und Medien zu rücken, unter anderem mit dem 18. Dezember, der zum „Tag der Migranten“ erklärt wurde. Hervorzuheben ist auch die Bildung einer „Geneva Migration Group“, die verschiedene UN-Organisationen wie die Internationale Organisation für Migration (IOM) in Genf oder die UNCTAD, die UN Conference on Trade and Development, an einen Tisch bringt, um Migrationsthemen zu besprechen.

Wichtige UN-Konventionen

Zum gleichen Zeitpunkt stellte die damalige UN-Sonderberichterstatterin für Menschenrechte von Migranten, Gabriele Rodríguez Pitarro, eine Verschlechterung der Menschenrechtslage für Migranten fest. Vor allem Einwanderer ohne Aufenthaltserlaubnis

Ausgewählte UN-Institutionen, die sich mit Migration beschäftigen

GCIM (Global Commission on International Migration): Die Weltkommission für Internationale Migration wurde von Kofi Annan initiiert und am 9. Dezember 2003 in Genf von mehreren Staaten ins Leben gerufen. (www.gcim.org)

ILO (International Labour Organization): Die Internationale Arbeitsorganisation befasst sich mit Migration insbesondere im Zusammenhang mit den Arbeitsbedingungen von Wanderarbeitnehmern. (www.ilo.org)

OHCHR (Office of the High Commissioner for Human Rights): Das Amt des Hohen Kommissars für Menschenrechte setzt sich für die universelle Umsetzung aller Menschenrechte ein und arbeitet in den Bereichen Flucht und Verfolgung, Arbeit und Menschenhandel. (www.ohchr.org)

UNESCO (United Nations Educational, Scientific and Cultural Organization): Die Organisation der Vereinten Nationen für Bildung, Wissenschaft und Kultur verfolgt in ihrem Programm zu internationaler Migration die Absicht, die Achtung der Rechte von Migranten zu fördern, sowie zu deren Eingliederung in die Einwanderungsgesellschaften beizutragen. (www.unesco.org)

UNHCR (United Nations High Commissioner for Refugees): Der Hohe Flüchtlingskommissar der Vereinten Nationen setzt sich gegen Verfolgung und für Migration ein. Der Schwerpunkt der Arbeit liegt im weltweiten Flüchtlingsschutz und den damit verbundenen Problemen. (www.unhcr.org)

UNODC (United Nations Office on Drugs and Crime): Innerhalb des UN-Büros für Drogen und Verbrechensbekämpfung arbeitet das Centre for International Crime Prevention (CICP) mit den Mitgliedstaaten u. a. an der Bekämpfung der wachsenden Bedrohungen durch transnationales organisiertes Verbrechen, Korruption und Menschenhandel. (www.unodc.org)

UNFPA (United Nations Fund for Population Activities): Der Bevölkerungsfonds der Vereinten Nationen nahm seine Arbeit 1969 auf und ist heute die größte internationale Organisation zur Förderung von bevölkerungspolitischen Programmen und Maßnahmen reproduktiver Gesundheit. (www.unfpa.org)

UN Population Division: Die Bevölkerungsabteilung der Vereinten Nationen arbeitet der UN Commission on Population and Development – einer Kommission des ECOSOC – zu und entwickelt regelmäßig demographische Projektionen zur Entwicklung der Weltbevölkerung. (www.un.org/esa/population/unpop.htm)

WHO (World Health Organization): Die Weltgesundheitsorganisation beschäftigt sich mit Migration v.a. im Zusammenhang mit der Wanderung von Fachkräften im Gesundheitswesen („Brain Drain"), gesundheitlichen Folgen von erzwungener Migration (z.B. Traumatisierung) sowie der Gesundheitsversorgung von Migranten im Zielland. (www.who.org)

seien immer mehr Ausbeutung und Rassismus ausgesetzt. Bei der Diskussion um Einwanderungspolitik müssten die Regierungen mehr Verantwortung für die Integration und Beschäftigung dieser Menschen übernehmen. Besonders ist darauf zu achten, dass auch Abkommen wie die Internationale UN-Konvention zum „Schutz der Rechte aller Wanderarbeitnehmer und ihrer Freiheiten" unterzeichnet werden. Bereits 1979 von der UN-Generalversammlung beschlossen, und am 18. Dezember 1990 verabschiedet, trat sie am 1. Juli 2003 in Kraft, nachdem mehr als zwanzig Staaten die Konvention unterzeichnet und ratifiziert hatten. Die wichtigsten Aufnahmeländer von Arbeitsmigranten – darunter auch Deutschland – haben bislang die Konvention jedoch nicht unterzeichnet, weil sie dadurch offensichtlich einen verstärkten Zustrom von Migranten befürchten. Auch die Forderung nach einer UN-Konferenz zum Thema Migration haben die Industrienationen bisher abgeblockt, offenbar um nicht von den Entsendeländern auf die Anklagebank gesetzt zu werden.

Deutschland als Einwanderungsland

Deutschland hat sich der Herausforderung durch die internationale Migration gestellt und nach langem Ringen ein Zuwanderungsgesetz verabschiedet, das am 1. Januar 2005 in Kraft getreten ist. Damit bekennt sich die Bundesrepublik offiziell zu ihrer Rolle als Einwanderungsland. Jetzt könnte Sachlichkeit in ein Politikfeld einkehren, das wie kein anderes von emotional geführten Auseinandersetzungen gekennzeichnet war. In der Praxis muss sich allerdings noch erweisen, wie sich die neuen Bestimmungen auswirken. Korrekturen an einem bestehenden Zuwanderungsgesetz sind sicher leichter vorzunehmen, nachdem kein Grundsatzstreit mehr um die Frage „Sind wir Einwanderungsland oder nicht?" geführt werden muss. Verbesserungen bringt das Zuwanderungsgesetz zum Beispiel im humanitären Bereich. So wird nicht-staatliche und geschlechtsspezifische Verfolgung als Fluchtursache anerkannt.

Nach den Anschlägen in Spanien am 11. März 2004 wurden im Vermittlungsverfahren umfangreiche Vorschläge der Unionsparteien zu Sicherheitsaspekten aufgenommen. Das besorgniserregende demographische Problem, vor dem nicht nur Deutschland steht, spielt im Gesetz praktisch keine Rolle mehr. Auch hier hat sich offensichtlich die Opposition mit der Ansicht durchgesetzt, dass sich demographische Probleme nicht durch Zuwanderung lösen ließen. Die Bevölkerungsabteilung der Vereinten Nationen oder auch die Süssmuth-Kommission hatten dagegen in ihren Berichten immer wieder ausführlich auf das demographische Defizit hingewiesen und den Zusammenhang zur Einwanderungspolitik betont.

Ein Umdenken im Sinne einer aktiven Einwanderungspolitik wird jedoch vermutlich erst einsetzen, wenn das demographische Problem im Alltag sichtbar wird. Ein immer älter werdendes und schrumpfendes Europa sollte aber schon heute eine vorausschauende Politik in Angriff nehmen. Jedenfalls steht die Weltgemeinschaft im Umgang mit der internationalen Migration erst am Anfang und nicht am Ende der Debatte, wie auch Wolfgang Schäuble betont. „Wir alle sollten uns darüber im Klaren sein, dass der hier vorgestellte Abschlussbericht der Global Commission on International Migration kein Schlussstein ist und das auch nicht sein darf, sondern eher ein Startschuss", so der Innenminister im

März 2006 bei der Präsentation der von der DGVN (Deutsche Gesellschaft für die Vereinten Nationen) herausgegebenen deutschen Berichtsfassung.

Literatur

Deutsche Gesellschaft für die Vereinten Nationen (Hrsg.) (2006): Bericht der Weltkommission für Internationale Migration: Migration in einer interdependenten Welt: Neue Handlungsprinzipien. Berlin

Deutsche Gesellschaft für die Vereinten Nationen (Hrsg.): Informationsdienst Bevölkerung und Entwicklung (jährlich 2 bis 3 Ausgaben)

Deutsche Gesellschaft für die Vereinten Nationen (Hrsg.) (2004): Bericht über die menschliche Entwicklung 2004: Kulturelle Freiheit in unserer Welt der Vielfalt. Berlin

Deutsche Stiftung Weltbevölkerung (DSW) (Hrsg.) (2004): Weltbevölkerungsbericht 2004. Kairo plus zehn: Bevölkerung, reproduktive Gesundheit und der weltweite Kampf gegen Armut. Stuttgart

Meier-Braun, Karl-Heinz (2003): Deutschland, Einwanderungsland. Frankfurt am Main, 2. Auflage

Meier-Braun, Karl-Heinz/Weber, Reinhold (Hrsg.) (2005): Kulturelle Vielfalt. Baden-Württemberg als Einwanderungsland. Stuttgart

Sachverständigenrat für Zuwanderung und Integration: Migration und Integration – Erfahrungen nutzen. Neues wagen. Jahresgutachten 2004 des Sachverständigenrates für Zuwanderung und Integration. Berlin

United Nations Population Division (2000): Replacement Migration: Is it a Solution to Declining and Ageing Populations? Doc. ESA/P/WP. 160. New York

Publikationen der Vereinten Nationen und ihrer Sonderorganisationen können über den UNO-Verlag erworben werden. Am Hofgarten 10, 53113 Bonn, bestellung@uno-verlag.de

Abstracts

Karl-Heinz Meier-Braun: Der lange Weg ins Einwanderungsland Deutschland

Langsam beginnt sich die Einsicht durchzusetzen, dass Deutschland ein Einwanderungsland ist. Karl-Heinz Meier-Braun bilanziert die Ausländerpolitik seit den 1950er-Jahren, als die ersten so genannten „Gastarbeiter" nach Deutschland geholt wurden, bis zum Inkrafttreten des Zuwanderungsgesetzes im Jahre 2005. Der Autor entwirft ein Panorama der Geschichte der Zuwanderung und analysiert in sechs Phasen die zumeist von arbeitsmarktpolitischen Überlegungen geprägte und unter dem Gesichtspunkt der Integration oft halbherzig betriebene Ausländerpolitik Deutschlands. Alle Phasen in diesem Politikfeld waren von kontrovers geführten und symbolisch aufgeladenen Debatten begleitet. Das am 1. Januar 2005 in Kraft getretene Zuwanderungsgesetz, dessen Eckpunkte in dem Beitrag erörtert werden, markiert den Beginn einer siebten Phase der Ausländerpolitik. Die grundlegende Bedeutung einer funktionierenden Integrationspolitik wurde im Koalitionsvertrag zwischen CDU/CSU und SPD hervorgehoben. So waren der 2006 im Kanzleramt abgehaltene „Integrationsgipfel" und die unlängst stattgefundene erste „Deutsche Islamkonferenz" wichtige Signale, weil Defizite der Integration benannt und Maßnahmen zu einer besseren Integrationspolitik in Angriff genommen wurden. Gleichwohl – so das Resümee des Beitrags – besteht auf den Ebenen der Sozial-, Bildungs- und Bevölkerungspolitik ein mit erheblichen Anstrengungen verbundener Nachholbedarf.

Maria Böhmer: Integrationspolitik aus bundespolitischer Sicht: Herausforderungen und Leitlinien

Die grundlegende Bedeutung einer funktionierenden Integrationspolitik wird im Koalitionsvertrag zwischen CDU/CSU und SPD hervorgehoben. Dies wird durch die Tatsache unterstrichen, dass Maria Böhmer, die Autorin des Beitrags, am 29.11.2005 ihr Amt als Beauftragte der Bundesregierung für Migration, Flüchtlinge und Integration antrat. Als Erste in diesem Amt ist sie als Staatsministerin dem Kanzleramt zugeordnet. Schwerpunkt ihrer Arbeit ist die Integrationsförderung der in Deutschland lebenden Migrantinnen und Migranten. Der im Kanzleramt abgehaltene „Integrationsgipfel" (14. Juli 2006) ist Ausdruck dieses gewandelten Verständnisses. Er bildet den Auftakt zur Erarbeitung eines Nationalen Integrationsplans bis zum Sommer 2007. Der Plan soll klare Ziele, konkrete Maßnahmen und Selbstverpflichtungen aller beteiligten Ebenen von Bund, Ländern, Kommunen und gesellschaftlichen Akteuren sowie Kriterien für die Evaluierung und Umsetzung von Zielvorgaben und Maßnahmen enthalten. Entsprechende Arbeitsgruppen wurden zu folgenden Schlüsselbereichen eingerichtet: Weiterentwicklung der Integrationskurse, Förderung der deutschen Sprache, Sicherung der Bildung und Ausbildung, Erhöhung der Arbeitsmarktchancen, die Verbesserung der Lebenssituation von Frauen und Mädchen mit Migrationshintergrund, die Förderung der Integration vor Ort und schließlich die Stärkung der Bürgergesellschaft.

Dieter Oberndörfer: Einwanderungsland Deutschland: Worüber reden wir eigentlich?

In Deutschland leben 15,3 Millionen Menschen mit Migrationshintergrund. Dies entspricht nahezu 20 Prozent der Bevölkerung. Davon besitzen 7,3 Millionen eine ausländische Staatsangehörigkeit. Trotz dieser Tatsache tut sich dieses Land immer noch mit der Integration der Zu- und Eingewanderten schwer. Gerade weil die jahrzehntelange Zuwanderung nach dem so genannten „Gastarbeitermodell" gestaltet und vornehmlich an ökonomischen Interessen ausgerichtet wurde, sind die Debatten über „Einwanderung" und „Integration" bis heute Tabuthemen geblieben. Ein Rückblick in die Geschichte der Zuwanderung zeigt die fehlende Akzeptanz tragfähiger Integrationskonzepte. Wenn auch Expertenberichte und Gutachten vom Sachverständigenrat für Migration und Integration die Blockade aufweichen konnten, wurden die Vorschläge nur halbherzig umgesetzt. Vorschläge für eine sozialverträglich gestaltete Einwanderung wurden oft ausgeblendet und notwendige Reformen blieben auf halbem Wege stehen. Das deutsche „Markenzeichen" ist ein kleinmütiges Vorgehen, das – gekoppelt mit einem xenophoben Zeitgeist und einer inhumanen Flüchtlingspolitik – deshalb zu „miesen Noten für die Zuwanderungspolitik" (Financial Times) führt. Eine sozialverträglich ausgestaltete Integrationspolitik, nicht billige Polemik und populistische Schreckensszenarien „selbst ernannter Experten", entspricht den vitalen Interessen der Aufnahmegesellschaft. Deshalb bleibt die Integration der Zuwanderer eine vorrangige politische und gesellschaftliche Herausforderung. „Leben in kultureller Vielfalt" meint die Akzeptanz von kulturellem Pluralismus und erweist sich als die große Zukunftsaufgabe der bundesrepublikanischen Gesellschaft.

Matthias Micus/Franz Walter: Mangelt es an „Parallelgesellschaften"?

Mit dem emotional aufgeladenen Begriff „Parallelgesellschaft" verbindet sich das apokalyptische Bild einer unkontrollierbaren, das Gewaltmonopol des Staates nicht akzeptierenden, zumeist islamischen Bedrohung. Weitaus nüchterner ist die rationale Definition des Begriffs: „Parallelgesellschaften" entwickeln sich in einer ethnisch, sozial und weltanschaulich homogenen (Minderheiten-)Gruppe auf freiwilliger Basis in mehr oder weniger deutlicher Abgrenzung zur Mehrheitsgesellschaft. Solche Segregationen sind für die kulturelle und soziale Selbstbehauptung nicht unwichtig, weil sie die Identität stabilisieren und die Integration in die Aufnahmegesellschaft erleichtern. Matthias Micus und Franz Walter schildern diesen Prozess gelingender Integration am Beispiel der so genannten „Ruhrpolen" und der parteipolitischen Milieus. Gefährdungen für eine demokratisch verfasste Gesellschaft ergeben sich stets dann, wenn „Parallelgesellschaften" den Dialog verweigern und ihre eigenen Werte absolut setzen. Diese Abgrenzung kann als Reflex auf Gegebenheiten der Aufnahmegesellschaft gedeutet werden: Mangelnde Teilhabe- und Erfolgschancen, sich dramatisch verschlechternde Integrationsbedingungen und eine nur partielle Integration lassen in jüngster Zeit die Empörung gerade der dritten Einwanderergeneration wachsen. Die zu beobachtende neue „Kultur der Armut" lässt eher auf einen Mangel an parallelgesellschaftlichen Strukturen, die eine Brücke zur Mehrheitsgesellschaft schlagen könnten, schließen.

Inken Keim/Rosemarie Tracy: Mehrsprachigkeit und Migration

Der Beitrag von Inken Keim und Rosemarie Tracy bringt zwei Gesichtspunkte in die aktuelle Diskussion über die unzureichenden Bildungschancen von Migrantenkindern ein:

Auf der Grundlage neuerer sprachwissenschaftlicher Forschungen plädieren die Autorinnen für eine Überwindung der Defizitannahme und zeigen anhand konkreter Beispiele, warum es dringend notwendig ist, vereinfachte Vorstellungen über die sprachlichen Kompetenzen von Migrantenkindern zu überwinden. Nach der Erörterung relevanter Ergebnisse der neueren Spracherwerbs- und Mehrsprachigkeitsforschung werden einige weit verbreitete Vorurteile widerlegt. Bisher ist es offensichtlich nicht gelungen, Bedingungen zu schaffen, unter denen sich das Lernpotenzial von Migrantenkindern optimal entfalten kann. Aus sprachwissenschaftlicher Perspektive ist das Problem klar identifizierbar: Migrantenkinder sind unterfördert und damit auch unterfordert. Bei der Beurteilung der Leistungen von Migrantenkindern muss ein grundlegender Perspektivenwechsel stattfinden, weg von der Defizitorientierung und hin zur Würdigung dessen, was Kinder unter den bisher gegebenen Lern- und Lebensbedingungen bereits erreicht haben.

Andreas M. Wüst: Wahlverhalten und politische Repräsentation von Migranten

Wahlrecht, parlamentarische Präsenz und die Mit-Entscheidung von Personen mit Migrationshintergrund sind wichtige Elemente der politischen Integration von Einwanderern und tragen zum Abbau struktureller Defizite bei. Es gibt bislang nur wenige empirische Analysen des Wahlverhaltens von eingebürgerten Personen in Deutschland. Aus verschiedenen Gründen hat es lange gedauert, bis Migranten als politisch relevante Subjekte und nicht nur als Objekte der Politik wahrgenommen wurden. Die Arbeiten von Andreas M. Wüst zum Wahlverhalten von Migranten haben hier eine entscheidende Lücke geschlossen: Herkunft, Zeitpunkt der Einwanderung, kulturelle und religiöse Orientierung der eingebürgerten Personen beeinflussen die Wahlbeteiligung, Parteibindung und die politischen Präferenzen. Die jeweiligen Parteipräferenzen sind prägnant und hängen in entscheidendem Maße von dem durch die Parteien jeweils vertretenen Gesellschaftskonzept ab: Aussiedler aus Russland und Osteuropa wählen überwiegend die Unionsparteien, eingebürgerte Ausländer favorisieren die SPD und die Grünen. Bei Abgeordneten mit Migrationshintergrund ist auffallend, dass sie der Repräsentation ‚ihrer' gesellschaftlichen Gruppe einen hohen Stellenwert einräumen und somit die nur unzureichend vertretene (Minderheiten-)Sicht in den politischen Prozess einbringen.

Thomas Straubhaar: Wirtschaftliche Folgen der Zuwanderung

Grenzüberschreitende Wanderungen in weltweitem Maßstab werden in den kommenden Jahren zunehmen. Das daraus resultierende wirtschaftliche Wachstum einzelner Gesellschaften wirft Fragen der Verteilung und des Umgangs mit sich daraus ergebenden Konfliktlinien auf. Die abstrakte neoklassische Sicht bewertet Migration positiv, weil sie den „Reichtum der Nationen" (Adam Smith) mehrt und unvollkommene Märkte ausgleicht. Verlässt man die Gefilde dieser Modellwelt, wird offenkundig, dass Migration zu ökonomischen Divergenzen führen kann: Zuwanderung erhöht das Humankapital und Wachstum der Aufnahmegesellschaft, hemmt hingegen die Entwicklung in den zumeist peripher gelegenen Herkunftsländern. Innergesellschaftliche Konfliktlinien entstehen dann, wenn sich die Verteilungsfrage stellt, d.h. der durch Zuwanderung ausgelöste Strukturwandel produziert Gewinner und trotz einem volkswirtschaftlichen Zugewinn auch (relative) Verlierer. Grundsätzlich stellt sich allerdings die Frage, ob die Verdrängung einheimischer Arbeitskräfte eine Ursache der Migration ist oder – so die These von Thomas Straubhaar – ein offensichtlicher Beleg für die räumliche und berufliche Immobilität vom Arbeitsplatzverlust Betroffener.

Die Frage nach dem Sozialkasseneffekt – mithin ein weiteres Spannungsfeld – ist aufgrund unzureichender Analysen nicht eindeutig zu beantworten. Positive Auswirkungen auf die Sozialkassen hängen stets vom Ausmaß der Integration der Zugewanderten ab. Der Grad der Integration jedoch wird von den politischen Rahmenbedingungen der Aufnahmegesellschaft bestimmt. Während die positiven Vorteile der Zuwanderung kaum thematisiert werden, erweisen sich die negativen Phänomene, die mit der Zuwanderung einhergehen und populistisch weidlich ausgenutzt werden, bei genauerem Betrachten letztlich als ein generelles Problem des Sozialstaats und entpuppen sich als eine Folge unzureichender politischer und ökonomischer Steuerung.

Herbert Brücker: Wirtschaftliche Effekte der Migration in alternden Gesellschaften

Die deutsche Bevölkerung wird in den nächsten Dekaden spürbar altern. Nicht nur der Altersdurchschnitt wird erheblich steigen, auch der Anteil der älteren Bevölkerung, der nicht mehr im Erwerbsleben steht, wird sich bis zum Jahr 2050 voraussichtlich verdoppeln. Mit diesem Alterungsprozess sind erhebliche Belastungen der Sozialsysteme verbunden. Dies gilt für umlagefinanzierte wie auch kapitalgedeckte Rentenversicherungssysteme, für die Gesundheitsversorgung und die Pflegeversicherung. Einem immer kleineren Teil der Erwerbsbevölkerung stehen immer größere Teile einer nichterwerbstätigen Bevölkerung gegenüber, deren Unterhalt durch die sozialen Sicherungssysteme finanziert werden muss. Angesichts dieser Entwicklungen wird in der öffentlichen Diskussion häufig die Hoffnung geäußert, durch Zuwanderung die Alterung der Bevölkerung aufzuhalten oder zumindest zu mildern. Angesichts stabiler Fertilitätsraten ist Migration tatsächlich die unbekannte Größe in allen demographischen Szenarien. Die Vorstellung, dass durch Zuwanderung der Alterungsprozess aufgehalten werden kann, ist aus zwei Gründen eine Illusion. Erstens ergibt sich, weil die Migrationsbevölkerung auch altert, ein dramatischer Zuwanderungsbedarf, wenn die Altersstruktur der Bevölkerung in Deutschland konstant gehalten werden soll. Zweitens altern die Bevölkerungen in den Herkunftsregionen der Migration ebenfalls, so dass es fragwürdig ist, ob ein derartiges Wanderungspotenzial überhaupt existiert. Allerdings steigen durch den demographischen Wandel die Gewinne durch Zuwanderung in Deutschland. Auch wenn der Alterungsprozess global ist, steigt das demographische Gefälle in der Welt durch die rapide Alterung in den entwickelten Ländern. Die Produktivität des Kapitaleinsatzes kann deshalb dadurch erhöht werden, wenn entweder verstärkt in Ländern mit jüngeren Bevölkerungen investiert wird, oder wenn Teile dieser Bevölkerungen in entwickelten Ländern wachsen. Empirische Untersuchungen zeigen, dass durch Kapitalmobilität nur kleine Teile dieses Produktivitätspotenzials genutzt werden können. Deutschland und andere OECD-Länder können deshalb erheblich von der Zuwanderung profitieren. Realistisch sind Wanderungsgewinne, die sich auf ein bis zwei Prozent des Bruttoinlandsproduktes in den Einwanderungsländern belaufen. Auch wenn durch Migration die Alterung nicht aufgehalten werden kann, so helfen diese Gewinne doch, die Kosten des demographischen Wandels zu senken.

Christoph Butterwegge: Medienberichterstattung – Abbau oder Verstärkung von Vorurteilen?

In der aktuellen Debatte über Zuwanderung spielen Massenmedien deshalb eine entscheidende Rolle, weil sie das Bewusstsein ihrer Rezipienten und damit den öffentlichen Diskurs prägen. Medien filtern Informationen, bereiten sie auf und beeinflussen durch die Art und

Weise der Darstellung in nicht unerheblichem Maße die öffentliche Wahrnehmung. Im Laufe der letzten Jahre kamen Studien zu dem Ergebnis, dass Medien häufig in einer skandalträchtigen und diffamierenden Weise über Migrantinnen und Migranten berichten und so wesentlich zu einem Negativimage beitragen. Sensationslüsterne Schlagzeilen und allseits bekannte Stereotypen haben Nachrichtenwert, nicht das alltägliche friedliche Zusammenleben von Zugewanderten und Deutschen. Zeitungs-, Rundfunk- und Fernsehkonsumenten übernehmen diese transportierten Zerrbilder zumeist unhinterfragt. Dies prägt letztlich auch die Haltung im Hinblick auf Modelle des Zusammenlebens zwischen Menschen unterschiedlicher Herkunft und Kulturen. Die von Christoph Butterwegge erörterten Beispiele, deren Inhaltsanalyse und die dabei zutage tretenden Sprachbilder zeigen mehr denn je, dass eine seriöse Berichterstattung anzumahnen ist, die sich dem journalistischen Ethos verpflichtet fühlt und elementare Persönlichkeitsrechte achtet.

Karl-Heinz Meier-Braun: Weltweite Migration und die Rolle der Vereinten Nationen

Ob Kriege, Flucht, Suche nach Arbeit, Perspektivlosigkeit oder Armut – weltweite Migrationsbewegungen zählen zu den großen Herausforderungen und epochentypischen Problemen unserer Zeit. Internationale Wanderungsbewegungen haben im Lauf der letzten Jahre sowohl innerhalb von Regionen als auch zwischen den Kontinenten deutlich zugenommen. Mit dem 2005 veröffentlichten „Bericht der Weltkommission für Internationale Migration" und einem „Hochrangigen Dialog" zu Beginn der 61. UN-Generalversammlung tragen die Vereinten Nationen dieser Aufgabe in besonderer Weise Rechnung. Bei der Vorstellung der deutschen Fassung des Weltmigrationsberichtes wurde offenkundig, dass bisherige Konzepte der Steuerung und Begrenzung von Zuwanderung einerseits, des Flüchtlingsschutzes andererseits und auch integrationspolitische Maßnahmen auf dem Prüfstand stehen. Doch nicht nur den Nationalstaaten kommt beim Schutz der Migranten eine große Bedeutung zu. Die Internationale Völkergemeinschaft ist ebenfalls aufgerufen, sich in Fragen weltweiter Migration zu engagieren und Handlungsoptionen aufzuzeigen.

Autorinnen und Autoren

Prof. Dr. Maria Böhmer ist seit November 2005 Staatsministerin im Bundeskanzleramt und Beauftragte der Bundesregierung für Migration, Flüchtlinge und Integration. Seit 2001 ist sie Bundesvorsitzende der Frauenunion und war bis 2005 stellvertretende Vorsitzende der CDU/CSU-Bundestagsfraktion. Maria Böhmer ist Mitglied des Bundesvorstandes der CDU. Mitglied des Deutschen Bundestages ist sie seit 1990.

Prof. Dr. Herbert Brücker leitet den Forschungsbereich „Internationale Vergleiche und Europäische Integration" beim Institut für Arbeitsmarkt- und Berufsforschung (IAB) in Nürnberg. Herbert Brücker hat sich an der Wirtschaftswissenschaftlichen Fakultät der Technischen Universität in Berlin mit einer Arbeit über Europäische Migration habilitiert und an der Universität Frankfurt am Main promoviert. Vor seiner Tätigkeit für das IAB war er u. a. Gastprofessor an der Aarhus School of Business und wissenschaftlicher Mitarbeiter beim DIW Berlin. Seine Forschungsinteressen umfassen die Migration von Arbeitskräften, die Arbeitsmarktökonomie und Probleme der Internationalisierung und Europäischen Integration. Er hat zahlreiche Bücher und Aufsätze in Fachzeitschriften veröffentlicht und u.a. im Auftrag der Europäischen Kommission die wirtschaftlichen Effekte der EU-Osterweiterung untersucht.

Prof. Dr. Christoph Butterwegge leitet seit 1998 die Abteilung für Politikwissenschaft und ist Mitglied der Forschungsstelle für interkulturelle Studien (FiSt) an der Universität zu Köln. Gemeinsam mit Gudrun Hentges hat er die beiden im VS-Verlag für Sozialwissenschaften erschienenen Bücher „Massenmedien, Migration und Integration" (2. Aufl. Wiesbaden 2006) und „Zuwanderung im Zeichen der Globalisierung" (3. Aufl. Wiesbaden 2006) herausgegeben.

Siegfried Frech ist Referent der Landeszentrale für politische Bildung Baden-Württemberg und dort für die Zeitschrift „Der Bürger im Staat" und die Didaktische Reihe zuständig. Er hat einen Lehrauftrag (Didaktik politische Bildung) am Institut für Politikwissenschaft der Eberhard Karls Universität Tübingen.

Inken Keim ist Wissenschaftlerin am Institut für Deutsche Sprache und Privatdozentin an der Universität Mannheim. Ihre Forschungsschwerpunkte sind Soziolinguistik, Ethnographie und Mehrsprachigkeit unter Migrationsbedingungen. Sie leitete zusammen mit Werner Kallmeyer das Projekt „Deutsch-türkische Sprachvariation und die Herausbildung kommunikativer Stile in Migrantenjugendgruppen" und ist zusammen mit Rosemarie Tracy in Sprachförderprojekten für Migrantenkinder engagiert.

Prof. Dr. Karl-Heinz Meier-Braun ist seit vielen Jahren als Wissenschaftler, Journalist und Berater im Bereich der Integrations- und Ausländerpolitik tätig. Er leitet die Abteilung SWR International beim Südwestrundfunk in Stuttgart, ist dort Ausländerbeauftragter des Senders und Honorarprofessor am Institut für Politikwissenschaft der Universität Tübingen. Als ausgewiesener Kenner der Materie hat Karl-Heinz Meier-Braun grundlegende Veröffentlichungen zu den Themen Migration, Integration und Ausländerpolitik publiziert.

Matthias Micus ist Mitarbeiter von Franz Walter an der AG Parteienforschung der Universität Göttingen. 2005 erschien von ihm das Buch „Die Enkel Willy Brandts. Aufstieg und Politikstil einer SPD-Generation" im Campus-Verlag.

Prof. em. Dr. Dr. h. c. Dieter Oberndörfer war von 1963 bis 1997 Direktor des Seminars für Politikwissenschaft an der Universität Freiburg und Direktor des Arnold-Bergstraesser-Instituts für Kulturwissenschaftliche Forschung in Freiburg. Von 1991 bis 1995 war Dieter Oberndörfer Gründungsdekan der Betriebs- und Sozialwissenschaftlichen Fakultät der Universität Rostock. Seine wissenschaftlichen Schwerpunkte, zu denen er zahlreiche Publikationen vorgelegt hat, sind Politische Theorie und Ideengeschichte, Politik in der Dritten Welt und Entwicklungszusammenarbeit, Meinungs- und Migrationsforschung. Dieter Oberndörfer ist u.a. stellvertretender Vorsitzender des Rats für Migration, einem bundesweiten Zusammenschluss von Wissenschaftlern, die sich mit Fragen von Migration, Integration und interkultureller Begegnung beschäftigen.

Rosemarie Tracy hat einen Lehrstuhl für Anglistische Linguistik an der Universität Mannheim. Ihre Forschungsschwerpunkte liegen im Bereich des Spracherwerbs und der Mehrsprachigkeit. Sie hat 2002 die Mannheimer Forschungs- und Kontaktstelle für Mehrsprachigkeit ins Leben gerufen, die in Weiterbildungsveranstaltungen Erzieherinnen, Erziehern, Lehrerinnen und Lehrern praxisrelevante Forschungserkenntnisse vermittelt. Sie begleitet diverse Förderprojekte in Schulen und Kindertagesstätten, u.a. das Ludwigshafener Sprachförderprojekt „Sprache macht stark!", ein von der BASF unterstütztes Projekt der offensiven Bildung.

Prof. Dr. Thomas Straubhaar ist Universitätsprofessor für Volkswirtschaftslehre, insbesondere Wirtschaftspolitik, an der Universität Hamburg; seit 1999 Präsident des Hamburgischen Welt-Wirtschafts-Instituts (HWWI); seit 1998 Direktor des Instituts für Integrationsforschung am Europa-Kolleg Hamburg. Seine Forschungs- und Publikationsschwerpunkte sind: Internationale Wirtschaftsbeziehungen, Ordnungspolitik, Bildungs- und Bevölkerungsökonomie.

Prof. Dr. Franz Walter ist Professor für Politikwissenschaft an der Universität Göttingen. Zum Thema „Parallelgesellschaften, Integration und Desintegration in sozial, ethnisch und religiös gespaltenen Gesellschaften" sind in Göttingen Planungen für ein größeres Forschungsprojekt in Vorbereitung. Bei Kiepenheuer & Witsch ist von Franz Walter zuletzt das Buch „Träume von Jamaika" erschienen.

Dr. Andreas M. Wüst, Politikwissenschaftler, Studium an der Universität Heidelberg und an der University of Delaware (USA). Von 1993 bis 2001 Projektmitarbeiter bei der Forschungsgruppe Wahlen, bei ZUMA (beide in Mannheim) und an der Universität

Heidelberg. 2002 Promotion an der Universität Heidelberg (Wie wählen Neubürger? Politische Einstellungen und Wahlverhalten eingebürgerter Personen in Deutschland. Opladen 2002). Seit 2002 Projektleiter und seit 2006 Fellow der Volkswagen-Stiftung am Mannheimer Zentrum für Europäische Sozialforschung (MZES) der Universität Mannheim. Von 1999 bis 2006 Lehrbeauftragter an der Universität Heidelberg, seit Wintersemester 2006 Lehre an der Universität Mannheim. Forschungsschwerpunkte sind die empirische Wahl- und Repräsentationsforschung.